国／家／社／会／科／学／基／金／重／大／项／目／成／果

新型农村社会养老保险制度试点研究

——基于三省六县的调查

XINXING NONGCUN SHEHUI
YANGLAO BAOXIAN
ZHIDU SHIDIAN YANJIU

Jiyu Sansheng
Liuxian De Diaocha

张思锋 王立剑 等 著

人民出版社

目　录

上　篇　调查报告

下　篇　专题研究报告

绪　　论

一、社会保障制度三阶段演进规律

人类历史上先后产生并不断更新的经济、政治、社会、文化等各类制度，在其生命期内，无不呈现出积极演进的特征，即从诞生到成长到成熟，是一个逐步趋于完善的进程。但是，自19世纪30年代开始建立并逐步形成的现代社会保障制度却有着与其他制度不同的独特的三阶段演进规律。第一阶段，制度诞生期，即某项社会保障制度建立初期，由于新制度提供了从无到有的保障福利，从而得到社会各方面的普遍认同和一致拥护，促成制度迅速建立并普及。第二阶段，制度成长期，由于新制度内在的不可避免的存在着对不同社会群体提供的福利差异，保障水平的公平性遭到强烈质疑，因此，解决保障差异、实现保障公平是这一阶段社会保障制度演进的主要内容；制度演进的方向是，以制度覆盖的全体保障对象中享受高福利人群的保障水平为标准，就高不就低，提高制度覆盖的全体保障对象的福利水平。第三阶段，制度成熟期，由于制度覆盖的全体保障对象福利水平的普遍提高，更由于社会保障支出的刚性特征，出现了巨额的社会保障资金收支缺口，引发社会保障制度的财务不可持续性危机。

从19世纪30年代英国颁布并实施新《济贫法》，到20世纪30年代美国社会保障制度的建立，是世界现代社会保障制度的诞生期。1834年英国通过的新《济贫法》，提出要求社会救助是公民的基本权利、实施社会救助是政府的应尽义务等理念①；19 世纪末 20 世纪初，英国先后颁布了《公共健康法》、《失业工人法》、《教育法》、《退休金法》、《劳工介绍法》、《国民保险法》等一系列法规，不断扩大社会保障制度的覆盖范围②。从 1881 年《工伤事故保险法草案》、1882 年《疾病社会保险法草案》到 1888 年《老年和残疾社会保险法草案》，仅 8 年时间，德国就完成了当时世界上最完备的工人社会保障计划③；1885—1914 年，德国疾病保险制度的参加者从 430 万人增加到 1560 万人，1882—1907 年，德国依靠养老金为生者的人数从 81 万增长到 230 万，同期，60—70 岁者继续接受雇佣的比例也从 78% 下降到 71%，70 岁以上男性老人继续接受雇佣的比例从 47% 下降到 39%④。1935 年，美国通过《社会保障法》，将社会保障的内容界定为社会保险、公共补助、儿童保健和福利服务四类⑤，为 1929—1933 年经济危机中的 1300 万失业工人、1100 万户农民提供了保障基本生活的制度⑥。

英、德、美等国社会保障制度的诞生期，都以救济贫困为直接目的，其结果是保障了贫困者的基本生活，创造了大量的就业机会，稳定了社会秩序，不仅使贫困者有了较强的社会归属感，高收入者也因为获得了稳定的市场环境的制度安排而具有了社会归属感，社会公众表现为对社会保障制度的普遍认同和一致拥护。

20 世纪 40 年代开始于英国，然后波及欧洲、北美、亚洲、大洋洲诸发达国家的"普遍福利"型社会保障体系的形成，是世界现代社会保障制度的成长期。1945 年英国工党上台后颁布了《家庭补助法》、

---

① 郑秉文等：《社会保障分析导论》，法律出版社 2001 年版，第 7 页。

② Simon Szreter,"The Right of Registration：Development，Identity Registration，and Social Security—A Historical Perspective", *World Development*,2007,35(1):67-86.

③ 鲁全：《德国的社会保障制度与社会公平》，《中国人民大学学报》2009 年第 2 期，第 24 页。

④ 丁建定：《德国社会保障制度的发展及其特点》，《南都学坛》，2008 年 7 月，第 28 卷第 4 期。

⑤ Altmeyer, Arthur J.,*The Formative Years of Social Security*,Madison：University of Wisconsin Press,1966.

⑥ 缪莉玲：《美国社会保障制度及其对我国的启示》，《长江论坛》2004 年第 4 期，第 53—54 页。

《社会保险法》、《国民救济法》等一系列法规，1948 年，担任英国首相的艾德礼宣布英国建成福利国家①。1948 年，美国独立的社会保障顾问委员会，批评社会保障的覆盖面和福利金不充分且资格审查过严；1950年至 1956 年，美国社会保障的受益者逐步扩大到公共服务者、农场工人、家庭佣人、自由职业者、军职服役者等；1960 年，美国社会保障税占雇主和雇员所得各为 3%②。1957 年以来，为了避免某一代人既负担本代又负担下代养老的代际不公平问题，德国坚持法定养老保险严格执行现收现付的财务模式；规定基本养老保险费由劳资双方各承担50%，确保雇主与雇员在雇员养老保险费用缴付上的相对公平；1992年，统一后的德国实现了原东德与西德社会保障制度的一致性③。

英、德、美等国社会保障制度的成长期，面对的主要问题是制度覆盖面不广泛和不同社会群体较大的社会保障待遇差别。在庇古等人倡导的福利经济学的社会福利概念与政策主张的影响下，各主要发达国家普遍开展了以建立"福利国家"为目标的社会保障制度改革，不仅使社会保障制度覆盖了社会各类人群，而且大规模提高了社会保障制度所提供的福利水平。

20 世纪 70 年代以来，英、德、美等发达国家进入了世界现代社会保障制度的成熟期。1979 年英国的政府开支占当年国民生产总值的45.7%，其中，社会福利开支就占到政府总开支的 41.2%④。1961—1990 年，德国社会保障预算支出实际年均增长 4.7%，高于国内生产总值年均增长速度 0.3 个百分点⑤。1985 年美国社会福利支出 1320 亿美元，超过当年的军事支出而跃居财政支出的首位⑥，1992 年，美国公、

---

① 杨思斌：《英国社会保障法的历史演变及其对中国的启示》，《中州学刊》2008 年第 3 期，第 79—81 页。

② 吕学静：《现代各国社会保障制度》，中国劳动科学出版社 2006 年版。

③ 陈培勇：《德国和瑞典养老保险法律比较》，《中国社会保障》2010 年第 4 期，第 33—34 页。

④ 陈建平：《撒切尔政府经济政策浅析》，《历史教学问题》2003 年第 1 期，第 46—49 页。

⑤ 胡税根：《德国社会保险制度及其对我国的启示》，《浙江金融》2000 年第 5 期。

⑥ 任彩利：《中美社会保障制度中的财政支出比较》，《新疆财经》1994 年第 1 期，第 54—58 页。

私社会保障的全部支出 20899.41 亿美元，占当年国内生产总值的 33.5%[①]。

面对社会保障支出绝对规模和相对规模的不断攀升，很多国家先后开展了社会保障制度的改革。美国社会保障制度改革的鲜明特点是拓宽社会保障的筹资渠道，从 1983 年开始实行部分积累制模式，其最主要的途径是征收占社会保障资金总额 85% 的社会保障税[②]；实施收益确定型和供款确定型的私人养老金计划，其中 401（k）、403（b）、457 等供款确定型计划的参与者都是以税前收入供款，至 2001 年，收益确定型计划的积累额为 18650 亿美元，供款确定型计划的积累额更是高达 24520 亿美元；其中，增长最快的 401（k）计划的资产、给付、参与者和供款等指标，占供款确定型计划总数的比例从 1984 年的 25%—35% 增加至 1999 年的 75%—80%；传统个人退休账户的存款限额从 1974 年的 2000 美元提高到 2008 年的 5000 美元[③]。1973 年、1974 年、1986 年英国政府先后三次修改社会保障法，以控制社会保障待遇的发放规模，其效果之一是国家基本养老金占社会平均工资的比例呈逐年下降趋势：1998 年为 24.4%，2006 年为 17.7%[④]。德国先后于 1992 年、1999 年、2001 年、2004 年对养老保险体系进行了多次改革[⑤]，改革的主要方向是增加养老金的筹集规模，稳定养老金的发放水平。

据联合国统计，全世界 65 岁以上人口 2010 年为 5.23 亿，到 2050 年将达到 15 亿，很快超过 5 岁以下儿童的人数[⑥]；60 岁以上人口占总人口的比例从 1950 年的 12% 将逐步上升到 2050 年的 35%[⑦]。全球范围

---

① 王萍：《美国社会保障制度的危机及其改革前景分析》，《世界经济与政治论坛》2005 年第 3 期，第 114—117 页。

② 马国强、谷成：《社会保障税：国际比较与借鉴》，《上海财税》2002 年第 2 期。

③ 李烨红：《美国企业年金制度及其对我国的启示》，《湖北社会科学》2006 年第 2 期，第 108—110 页。

④ 杨思斌：《英国社会保障法的历史演变及其对中国的启示》，《中州学刊》2008 年第 3 期，第 79—81 页。

⑤ 侯立平：《德国养老保险体制改革刍议》，《世界人口》2006 年第 4 期。

⑥ 约瑟夫·库格林：《世界人口老龄化危机》，《新民晚报》2011 年 3 月 25 日。

⑦ 鲍达民：《全球老龄化压力巨大 GDP 增速受到威胁》，搜狐财经，2010 年 10 月 20 日。

内人口老龄化进程始发于发达国家，而到目前为至，美国、欧洲70%的 GDP 增长却来自于劳动力的增长，只有 30% 的 GDP 增长是来自生产力的提升。[①] 老龄化一方面使劳动力供给逐步萎缩，社会保障收入仅系于生产力提升的单柱支撑；另一方面又造成社会保障支出逐年增加。巨额的社会保障资金收支缺口，以及由此造成的社会保障制度的财务不可持续性危机，将是长期困扰世界各国经济社会发展的世纪性难题。

二、我国社会保障制度演进的现阶段特征

20 世纪 50 年代起，我国逐步形成了以广泛就业为基础，"城乡分割、等级保障"的社会保障制度。"广泛就业"是指，农村非在校读书的进入劳动年龄的人口参加户籍所在生产队的集体劳动；城市非在校读书的进入劳动年龄的人口由政府劳动、人事部门安置就业。城乡分割、等级保障是指：（1）机关、学校、科研院所等行政、事业单位干部职工，由国家财政提供具有全面保障功能的生、老、病、死、伤、残等福利保障；（2）全民所有制企业职工由企业提供较好的医疗、养老、工伤、生育、丧葬、住房、子女顶职等福利保障；（3）城镇集体所有制企业职工由企业提供较低水平的医疗、养老、工伤、丧葬等福利保障；（4）农村居民由生产队以人口和劳动为依据分配基本生活资料并辅之以"五保供养"制度，由家庭提供养老、医疗、丧葬等基本保障，并且建立了具有较低保障功能的农村合作医疗制度。

起步于 1978 年的改革、开放与发展，改变了传统的城乡人口结构和劳动用工制度。由于制度变迁的路径依赖性，我国的全体人口被划分为国家行政机关公务员、事业单位干部职工、企业职工、城市居民、农村居民，其中不可忽略的是中国特殊国情下介于农村居民和城市居民之间的准企业职工的农民工群体。

我国社会保障制度改革是 20 世纪 80 年代中期作为国有企业改革配套措施起步的，迄今为止，逐步形成了以企业职工基本养老保险、城镇

---

① 鲍达民：《全球老龄化压力巨大 GDP 增速受到威胁》，搜狐财经，2010 年 10 月 20 日。

职工基本医疗保险、企业职工失业保险、企业职工工伤保险、企业职工生育保险和企业职工住房公积金制度等企业职工社会保障体系。2003年，各地开展了新型农村合作医疗试点，到2010年基本实现了覆盖全国农村居民；2004年，着手建立农村特困群众生活救助制度；2009年，开展了新型农村社会养老保险试点。2010年，全面推开城镇居民基本医疗保险试点，2011年国务院决定启动城镇居民社会养老保险试点。国家行政机关公务员和事业单位干部职工，除了参加住房公积金制度的改革之外，其他如养老、医疗等基本保持改革开放前的福利模式。

据此，我们可以做出如下判断：我国社会保障制度建设目前处于从制度诞生期向制度成长期的转变过程，其主要特征是，在全力实现社会保障制度对城乡人口全覆盖的进程中，制度建设受到被惠及者的普遍欢迎和整个社会的一致认可，同时也面临着不同社会群体社会保障待遇不公平的问题。

第一，现行企业职工社会保障体系，是对以1953年《中华人民共和国劳动保险条例》为依据的由企业向职工提供较为完善的医疗、养老、工伤、住房等的企业劳动保险制度改革而来的，其实质是，改变了传统的由企业包揽一切的福利供给制度，构建了由企业即雇主供款、职工即雇员供款和各级财政补助形成的社会统筹与个人账户相结合的企业职工社会保障体系。由于改革中采取了"老人老政策、新人新政策"和"老人、中人、新人"的差异供款策略，更由于这一改革是以给国有企业减负作为直接目标的，总体看来，得到了作为雇主的企业和作为雇员的企业职工的普遍认同。现行企业职工社会保障体系隐含的内在矛盾，一是不同行业、不同地区、不同类型企业之间的各项社会保障待遇差异；二是企业职工与农村居民、城市居民、事业单位职工、国家机关公务员之间的各项社会保障待遇差异；三是退休职工的养老保险收入与在职职工可支配收入之间的差别。

第二，由个人缴费、集体扶持和政府资助方式筹集资金的新型农村合作医疗制度和个人缴费、集体补助、政府补贴相结合的新型农村社会养老保险制度的显著特征，是由中央财政、地方各级财政供款启动的社会保障制度。农村居民各项社会保障制度的构建，与取消农业税具有同等重要的历史进步意义，当代中国农民先后获得"上学不付费，看病不太贵，养老不用愁，种田不交税"的制度与政策福利。但是由于我国地域辽阔，东、西、南、北、中各地的自然条件、经济发展水平、社会文化历史习惯不尽相同，不同地区之间的农村居民享有的各项社会保障待遇差异很大；更由于长期形成的城乡二元经济社会结构，农村居民与城市居民、企业职工、事业单位干部职工、国家行政机关公务员之间的各项社会保障待遇的差距更为悬殊。

第三，到目前为止，我国行政机关公务员、事业单位干部职工的退休生活费和公费医疗仍由国家财政负担。尽管事业单位分类改革将于2015年完成，到2020年将形成新的事业单位管理体制和运行机制，但是事业单位的养老保险、医疗保险、失业保险等各项社会保障制度的改革却步履艰难，其主要原因是，在由国家财政负担的福利型供款制度向由事业单位与干部职工共同缴费的保险型供款制度转变中，利益分配机制的逆向转化。在行政机关公务员、事业单位干部职工由国家财政负担的福利型供款的社会保障制度没有改革为由雇主和雇员共同缴费的保险型供款制度之前，我国的社会保障制度依然是双轨供款制运行，城乡居民、企业职工与事业单位干部职工、行政机关公务员之间社会保障待遇不公平的问题就依然存在。

第四，就业于企业、事业单位、行政机关的绝对规模超过2亿的农民工群体，其实际身份不同于农村居民、不同于城市居民、有别于具有城市户籍的企业职工、有别于事业单位的正式职工、更不是行政机关公务员。农民工中的一部分人参加了企业职工的养老、医疗、失业等社会保险，但是由于户籍障碍和工作岗位在行业、地区之间的高度流动性，更由于社会保障关系转续机制不健全且操作难度很大，他们无法享受与具有城市户籍的企业职工相同的社会保障待遇。农民工中的另一部分人由于同样的原因加之雇主单位的躲避缴费，干脆没有参加企业职工的各类社会保险；他们中间有的人因为长期远离户籍所在地，也耽误了参加农村居民的医疗、养老保险。

已经或者将要来临的我国社会保障制度成长期的主要任务是，在诞生期已经或者将要实现的社会保障制度对城乡人口全覆盖的基础上，着力提高制度覆盖的城乡人口的社会保障水平，分步解决同一社会群体内部、不同社会群体之间的社会保障待遇不公平问题：（1）随着我国城乡人均可支配收入和国家财政收入的不断提高，逐步提升城乡居民参保者的缴费档次，增加中央和地方各级财政对城乡居民、企业职工社会保障的补贴额度，调整城乡居民、企业职工的养老保险待遇，扩宽各类社会保障基金的保值增值渠道，以提升城乡居民、企业职工的社会保障待遇水平。（2）通过逐步提高企业职工、城乡居民社会保险各险种社会统筹账户资金的统筹层次，提高各类社会保障基金的管理层次，完善企业职工、城乡居民个人账户资金的关系转续办法，以解决城乡居民、企业职工之间社会保障待遇不公平问题。（3）借鉴企业职工养老保险制度改革的成功经验，采用"老人老政策，新人新政策"、"老人、中人、新人"的差异供款策略和"就高不就低"的待遇发放原则，改革事业单位干部职工、行政机关公务员的社会保障制度，实现覆盖全国所有人口的由雇主和雇员共同缴费的统一的保险型供款社会保障制度。

三、努力防范社会保障制度财务不可持续性危机

第六次全国人口普查数据显示，2010 年，我国大陆 60 岁及以上人口占 13.26%，2009 年发达国家的这一比例为 21%[1]；65 岁及以上人口占 8.87%，高于世界平均水平；0—14 岁人口占 16.60%，接近发达国家的总体水平。[2] 一方面，随着我国社会保障制度覆盖的全体人口保障水平的普遍提高和不同社会群体之间社会保障待遇不公平问题的逐步解决，我国社会保障制度建设将进入制度成熟期；另一方面，随着我国迈入老龄化社会，20 世纪 70 年代以来，已经发生在发达国家的巨额社会保障资金收支缺口所引发的社会保障制度财务不可持续性危机，将成为

---

[1]　http://www.un.org/zh/development/population/conclusions.shtml.

[2]　乔小春：《中国人口布局的现实特征与未来展望：来自"六普"数据的分析》，《甘肃社会科学》2011 年第 4 期。

我国未来经济社会发展面临的不可回避的重大难题。

如上文所述，20世纪70年代以来，英、美、德等发达国家应对社会保障制度财务不可持续性危机的改革，一是控制社会保障待遇的发放规模，二是拓宽社会保障的筹资渠道。就社会保障制度建设而言，我国具有典型的后发优势，即在社会保障制度尚处于从诞生期向成长期转变的今天，防患于未然，把未来制度成熟期将要出现的巨额社会保障资金收支缺口，尽可能控制在确保社会保障制度财务可持续的范围内。

影响和决定社会保障待遇发放规模的因素，一是社会保障制度覆盖的全体人口数量，二是人均社会保障待遇的发放标准。在人口总量、人口结构既定的条件下，人均社会保障待遇发放标准就成为社会保障待遇发放规模的决定性因素。为了控制未来社会保障待遇发放规模，在我国全体人口还区分为低收入者、中等收入者、高收入者三类不同收入人口群体的情况下，在实现社会保障制度对全体人口广覆盖的同时，在解决同一社会群体内部、不同社会群体之间的社会保障待遇不公平问题的进程中，我国社会保障制度建设必须始终坚持"保基本"和"多路径"两个重要原则。所谓"保基本"，就是在未来任何条件下，都要确保社会保障制度覆盖的全体人口在生、老、病、死、伤、残、失业等没有劳动能力或丧失劳动能力或有劳动能力但缺乏其他劳动条件或已经就业但收入较低时基本的生存资料和必要的发展条件，即确保基本养老、基本医疗、失业、工伤、生育五项社会保险制度和最低生活保障制度、义务教育制度、住房公积金制度的顺畅运行。所谓"多路径"，就是在"保基本"的基础上，充分发展补充养老保险、补充医疗保险、社会慈善事业、各类商业保险和家庭财产保障，以形成向三类不同收入人群提供生存与发展保障的多条路径：低收入者主要依靠"保基本"和补充养老保险、补充医疗保险以及社会慈善事业；中等收入者应该更多的参加各类商业保险；高收入者的家庭财产足以保障家庭成员的生存、发展和享受需要。这样，在人口总量、人口结构既定的条件下，即使保障标准有必要随着经济发展水平和社会进步程度适时进行一些调整，但是由于把"保基本"界定为基本的生存资料和必要的发展条件，也由于"多路径"强调了商业保险和家庭财产的保障功能,"保基本"的保障对象主要集中在低收入人群,其数量具有相对稳定性,因而社会保障待遇的发放规模是可控的。

"保基本"的社会保障的筹资渠道一般有雇主(单位)缴费、雇员(个人)缴费、政府财政补贴三个渠道。多年来,在企业职工基本养老保险、城镇职工基本医疗保险等改革和制度建设的探索中,我国逐步形成并进而推广到新型农村合作医疗、新型农村社会养老保险、城镇居民基本医疗保险、城镇居民社会养老保险等的制度试点和建设的核心经验,是由政府财政和雇主(单位、集体)共同出资的社会统筹与由雇主(单位、集体)和雇员(个人)按一定比例共同缴费的个人账户相结合的部分积累制模式。部分积累制模式的历史作用是,在各项社会保险制度建立初期,运用现收现付制方式,满足各项社会保险的当下需要;运用积累制方式,为满足各项社会保险未来需要积累资金。但是,由于我国在建立城镇企业、农村居民、城市居民各项社会保险制度初期,都不同程度的遇到了"老人"、"中人"、"新人"问题,在现收现付部分不能满足主要是"老人"的部分社会保险项目当下需要时,就挪用了积累制的个人账户资金,遗留了令人生畏的个人账户空账运行问题。不仅如此,以养老保险为例,社会统筹部分采取的现收现付制,属于正在工作的一代人养活已经退休的一代人的财富代际之间再分配,进入老龄化社会后,由于正在工作的一代人与已经退休的一代人数量比例的变化,必然出现供款与给付之间的财务不平衡;个人账户部分采取的积累制或称基金制,是一个人在职工作时向基金缴款并形成个人账户,其本息构成本人退休后的养老金,是个人一生收入与支出的均衡化措施。从 20 世纪 60 年代起,著名经济学家亨利·艾伦(Aaron Henry J. ,1966)、斯普里曼(K. Spreemann, 1984)、萨缪尔逊(Paul Anthony Samuelson, 1975)等人都先后参与了关于现收现付制与基金制孰优孰劣的讨论[①];从 20 世纪 80 年代起,英、美、德等国进行了建立部分积

---

① 和春雷:《社会保障制度的国际比较》,法律出版社 2001 年版

累制的改革①②③；瑞典、意大利等国尝试建立个人账户基金制④；新加坡更是从 1955 年开始，建成了具有完全积累制性质的中央公积金制度⑤。雇主和雇员共同缴费建立的各类具有积累功能的基金，具有个人自助和社会互济双重功能的保险型供款性质，我国"保基本"中的五项社会保险和住房公积金应该逐步过渡到由雇主（单位、集体）和雇员（个人）按一定比例共同供款、强制性、积累制的个人账户基金制度；借鉴美国 401（k）、403（b）、457 等供款确定型计划的成功经验，为雇主（单位、集体）和雇员（个人）提供用税前收入供款的税收优惠制度。政府财政补贴具有财富再分配的福利型供款性质，主要用于最低生活保障制度、义务教育制度和类似于全国社会保障基金这样具有战略性调节功能的拨款；也用于对五项社会保险和住房公积金缴费中有困难的社会成员的缴费补助；在当前和今后一段时期，还要用于做实历史遗留且数额巨大已经空账运行多年的个人账户。

多年来"人口红利"一直是我国社会科学界讨论的热门话题，用以解释我国过去三十年经济高速增长的动因，预告即将到来的"未富先老"的我国老龄化社会因劳动力短缺而可能导致的经济增长动力不足问题。在众多的关于"人口红利"的诠释中，我们赞赏下述具有积极意义的解释⑥⑦："人口红利"具有两个方面的含义，一是由于劳动年龄人口在总人口中所占比重很大，GDP 高速增长主要来自于劳动力的增长；二是由于劳动力增长推动的 GDP 高速增长，为未来老龄化社会聚集、积累、储存巨额的社会财富或社会资产，形成未来老龄化社会强大的

①　马国强、谷成：《社会保障税：国际比较与借鉴》，《上海财税》2002 年第 2 期。

②　杨思斌：《英国社会保障法的历史演变及其对中国的启示》，《中州学刊》2008 年第 3 期，第 79—81 页。

③　侯立平：《德国养老保险体制改革刍议》，《世界人口》2006 年第 4 期。

④　http://csss. whu. edu. cn/html/whdx/Doc. aspx? id = 5333.

⑤　http://www. legaldaily. com. cn/international/content/2010 – 10/19/content_2320413. htm? node = 20773.

⑥　Mason, Andrew, Lee, Ronald. , "Reform and Support Systems for the Elderly in Developing Countries: Capturing the Second Demographic Dividend", Genus. ,2006. 2(62). 11-35,1.

⑦　张学辉：《人口红利、养老保险改革与经济增长》，中国社会科学院 2005 年博士论文。

"资本红利"。把"人口红利"提升为"资本红利"的枢纽是基金制。防范我国社会保障制度财务不可持续性危机的有效路径，是在社会保障制度尚处于从诞生期向成长期转变的今天，把由雇主和雇员共同缴费建立的五项社会保险和住房公积金等个人账户资金、企业年金构成的各类补充保险资金、社会慈善事业积累的慈善资金、商业保险积累的保险资金、政府财政投入的战略性调节资金等等，组成一个雄厚、庞大的基金体系；培育以政府为主导、以专业投资公司为主体的基金保值、增值运营体系。加之伴随人口老龄化引起的劳动力供给萎缩和运用"资本红利"而必然并迅速兴起的替代人力的各类简易的、复杂的机器人研发、制造、使用、服务等产业链的形成，以及整个经济体系的现代化、后现代化，我国未来 GDP 增长必将从目前主要来自于劳动力的增长转变为主要来自于生产力的提升，社会保障制度财务不可持续性危机是完全可以避免的。

上　篇

调查报告

1　新型农村社会养老
保险试点调查概述

1.1　问题提出

1.1.1　调查背景

在农村传统家庭保障功能、土地保障功能逐渐弱化的背景下，随着农村人口老龄化趋势的加快，健全和完善农村社会养老保险制度成为一项迫切的社会需求。2000 年我国第五次人口普查数据显示，农村 60 岁以上人口数已经超过农村总人口数的 10.92%，进入了老龄化社会；据预测，农村老年人口将以每年 3.3% 的速度快速增长，一直持续到 2040 年左右。[①] 在农村老年人口快速增长的过程中，70% 以上的农村老年人口有后顾之忧，8.5% 的农村老年人口属于农村贫困人口，[②] 农村居民养老的群体性风险将成为影响社会公平正义、构建和谐社会的重要因素。

为了寻找合适有效的解决农村居民养老问题的途径，我国从 20 世

---

① 参见国务院发展研究中心"推进社会主义新农村建设"课题组：《农村养老保险建设的紧迫性、发展现状与政策建议》，《中国经济时报》，2007 年 4 月 13 日。

② 数据来源于民进长春市委员会 2007 年的提案《关于应对我市人口老龄化问题的建议》。

纪 80 年代中期开始，探索性地在一些经济发达地区建立农村社会养老保险制度。1986 年，民政部和国务院有关部委在江苏沙洲县召开了"全国农村基层社会保障工作座谈会"，确定了农村社会养老保险的首批试点地区；1991 年 6 月，民政部制定了《县级农村社会养老保险基本方案》，决定从 1992 年 1 月 1 日起开始在全国范围内建立农村社会养老保险制度；1998 年，全国大部分地区农村社会养老保险工作出现了参保人数下降、基金运行难度加大等问题；1999 年 7 月，国务院认为"中国农村尚不具备普遍实行社会养老保险的条件"，基于 1992 年《县级农村社会养老保险基本方案》的农村社会养老保险制度建设陷入停滞阶段。

在"老农保"的停滞时期，"新农保"逐渐孕育而生[1]。2000 年 10 月，党的十五届五中全会审议通过的《中共中央关于制定国民经济和社会发展第十个五年计划的建议》中提出，要"坚持广覆盖、保基本、多层次、可持续的方针，加快推进覆盖城乡居民的社会保障体系建设。实现新型农村社会养老保险制度全覆盖。"2006 年 1 月，原劳动和社会保障部选择北京市大兴区、山东省烟台招远市及荷泽市牡丹区、福建省南平市延平区、安徽省霍邱县、山西省柳林县、四川省巴中市通江县、云南省南华县 8 个县（市、区），启动了新型农村社会养老保险制度建设试点工作；2007 年 8 月，《劳动和社会保障部、民政部、审计署关于做好农村社会养老保险和被征地农民社会保障工作有关问题的通知》提出"新型农村社会养老保险制度"一词，指出"建立以个人账户为主、保障水平适度、缴费方式灵活、账户可随人转移的新型农村社会养老保险制度和参保补贴机制"；2008 年 10 月，在《中共中央关于推进农村改革发展若干重大问题的决定》中，要求按照个人缴费、集体补助、政府补贴相结合的模式建立新型农村社会养老保险制度；2009 年 3 月，国务院总理温家宝在《政府工作报告》中明确了"新型农村社会养老保险试点要覆盖全国 10% 左右的县（市）"的工作目标。

---

[1] 本书中的"老农保"是指基于《县级农村社会养老保险基本方案》的农村社会养老保险，"新农保"是指新型农村社会养老保险。

在前期各地实践和理论探索的基础上，2009年9月，国务院颁布了《关于开展新型农村社会养老保险试点的指导意见》（下文简称《指导意见》）。该《指导意见》提出"试点→扩大试点→普遍实施"的新型农村社会养老保险制度建设思路，其基本内容可以概括为："探索建立个人缴费、集体补助、政府补贴相结合的新型农村社会养老保险制度，实行社会统筹与个人账户相结合"的"两个结合"；"与家庭养老、土地保障、社会救助等其他社会保障政策措施相配套，保障农村老年居民基本生活"的"三个配套"；"2009年新型农村社会养老保险制度试点覆盖面为全国10%的县（市、区、旗），以后逐步扩大试点，在全国普遍实施，2020年之前基本实现对农村适龄居民的全覆盖"的"三个阶段"；"保基本、广覆盖、有弹性、可持续"的"四个原则"。《指导意见》的具体内容见表1-1。

表1-1 《关于开展新型农村社会养老保险试点的指导意见》的具体内容

	基本原则		保基本、广覆盖、有弹性、可持续
新型农村社会养老保险制度	参保对象		年满16周岁（不含在校学生）、未参加城镇职工基本养老保险的农村居民，在户籍地自愿参加
	基金筹集	个人缴费	每年100元、200元、300元、400元、500元五个档次，自主选择
		集体补助	①有条件的村集体应当给予补助 ②鼓励其他经济组织、社会公益组织、个人提供资助
		政府补贴	①政府支付新农保基础养老金，其中中央财政对中西部地区按中央确定的基础养老金标准给予全额补助，对东部地区给予50%的补助 ②地方政府补贴标准不低于每人每年30元；对选择较高档次标准缴费的，可给予适当鼓励。对农村重度残疾人等缴费困难群体，地方政府为其代缴部分或全部最低标准的养老保险费
	养老金待遇	基础养老金	①中央确定的基础养老金标准为每人每月55元 ②地方政府可以根据实际情况提高基础养老金标准，对于长期缴费的农村居民，可适当加发基础养老金

新型农村社会养老保险制度	养老金待遇	个人账户养老金	①个人缴费以及各项补贴全部计入个人账户 ②参考中国人民银行公布的金融机构人民币一年期存款利率计息 ③月计发标准：个人账户全部储存额除以139 ④参保人死亡，个人账户中的资金余额，除政府补贴外，可以依法继承；政府补贴余额用于继续支付其他参保人的养老金
		待遇领取	①年满60周岁、未享受城镇职工基本养老保险待遇的农村有户籍的老年人，按月领取 ②已年满60周岁、未享受城镇职工基本养老保险待遇的，不用缴费，直接领取，但其符合参保条件的子女应当参保缴费
		待遇调整	根据经济发展和物价变动等，适时调整基础养老金的最低标准
	基金管理	管理	①新农保基金纳入社会保障基金财政专户，收支两条线管理，按有关规定实现保值增值 ②试点阶段，新农保基金暂实行县级管理，逐步提高管理层次；有条件可直接实行省级管理
		监督	①各级人力资源社会保障部门、财政、监察、审计部门按各自职责实施监督，确保基金安全 ②经办机构和村民委员会每年对村内参保人缴费和待遇领取资格进行公示，接受群众监督
	经办管理服务		①建立参保档案，长期妥善保存 ②建立全国统一的新农保信息管理系统，纳入社会保障信息管理系统（"金保工程"）建设，并与其他公民信息管理系统实现信息资源共享 ③大力推行社会保障卡，方便参保人持卡缴费、领取待遇和查询本人参保信息 ④新农保工作经费纳入同级财政预算，不得从新农保基金中开支
	制度衔接		①凡已参加了老农保、年满60周岁且已领取老农保养老金的参保人，可直接享受新农保基础养老金；对已参加老农保、未满60周岁且没有领取养老金的参保人，应将老农保个人账户资金并入新农保个人账户，按新农保的缴费标准继续缴费 ②与其他养老保险衔接具体办法由人力资源社会保障部、财政部会同有关部门研究制订

《指导意见》颁布后，各省根据本省实际先后制定了相应的实施办法，从 2010 年开始，试点县的新农保工作陆续开展，首批有 320 个国家级试点区县。2010 年 7 月 23 日，人力资源和社会保障部新闻发言人尹成基表示，新农保国家级试点县将扩大到 23% 的县，明确了西藏及四川、云南、甘肃、青海四省藏区和新疆重点扩大新农保试点的方案。2010 年 12 月全国人力资源和社会保障工作会议提出，2011 年全国 40% 的县（市、区、旗）开展新农保试点；2011 年 4 月 20 日国务院常务会议决定，2011 年新农保覆盖地区提高至 60%。2011 年 6 月 20 日全国城镇居民社会养老保险试点工作部署暨新型农村社会养老保险试点经验交流会议上，温家宝总理指出，国务院决定加快新农保试点进度，在本届政府任期内基本实现制度全覆盖。

1.1.2　问题界定

《指导意见》对于我国农村社会养老保险制度建设工作具有划时代的意义，但其只是在制度框架上给予了原则性规定，我国新型农村社会养老保险制度从逐步扩大试点到实现对农村适龄居民的全覆盖，面临着"建设什么，怎样建设"两个重要问题。

2009 年 12 月，以西安交通大学公共政策与管理学院张思锋教授为首席专家的国家社会科学基金重大招标项目《新型农村社会养老保险制度的建设模式与推进路径研究》（编号：09 & ZD057）批准立项。

该课题针对"建设什么样的新型农村社会养老保险制度"和"怎样建设新型农村社会养老保险制度"两个操作性难题，以我国农村社会养老保险需求和供给的现实为基础，以"保基本、广覆盖、有弹性、可持续"为制度建设目标，探索我国新型农村社会养老保险制度的建设模式和推进路径，主要研究以下问题：（1）社会养老保险制度的发展规律研究。以国内外社会养老保险制度的发展事实为基础，从理论高度归纳社会养老保险制度的创立、发育、成熟等不同发展阶段的特征和规律，作为指导我国新型农村社会养老保险制度建设的理论基础。（2）新型农村社会养老保险试点的跟踪调查研究。通过对陕西、河南、江苏三个省新型农村试点区县的新型农村社会养老保险制度的现状进行归纳、分析，了解新型农村社会养老保险制度建设的现实基础。（3）新型农村社会养老保险制度的理想模式设计与推进战略研究。包括新型农村社会养老保险制度的理想模式、新型农村社会养老保险制度的推进路径、新型农村社会养老保险制度模式路径的可行性三部分研究内容：以2020年我国农村人口和经济发展预期为依据，以《关于开展新型农村社会养老保险试点的指导意见》为目标，设计"保基本、广覆盖、有弹性、可持续"的新型农村社会养老保险制度，作为新型农村社会养老保险制度建设的理想模式；新型农村社会养老保险制度在发展的不同阶段都有特定的建设模式和推进政策，设计新型农村社会养老保险制度创立阶段、发育阶段、成熟阶段的推进政策、措施，作为新型农村社会养老保险制度推进的实践措施；以实现新型农村社会养老保险制度的可持续性为重点，提供新型农村社会养老保险制度发展各阶段的建设模式与推进路径。

课题立项答辩会评审专家的评审意见是"课题设计较好，框架结构合理，逻辑性强，并已做过'新农保'的试点调研工作。提出的新农保模式和推进路径的政策建议有新意，有可操作性。首席专家是社会保障方面的专家，团队结构合理，科研力量较强，评审组一致同意立项。课题组要加强对新农保试点过程中各种不同地区实践的调研和总结，不断提出适合各地情况、实际的模式和推进方案，以期把第一阶段的试点工作做扎实做好，使之顺利向第二、第三阶段推进，并要注意典型经验的总结和概括，提高理论层次，用以指导这项具有重大意义的'新农保'顺利实现"。开题论证会上，论证专家同样提出"必须注重社会调查工作，坚持理论导向下的实证社会科学研究"。

基于课题的设计和专家们提出的意见，新农保试点跟踪调查工作在课题研究中具有重要的地位。第一，新农保试点跟踪调查是掌握新农保制度建设现状、过程和特点的前提。新农保制度目前的建设现状和进度是研究新农保制度的建设模式和推进路径的起点；通过新农保试点工作跟踪调查，可以掌握新农保建设现状和过程的第一手资料，了解农村居民参保状况、基本认知和制度需求，总结新农保制度试点中的经验和问题，进而归纳出新农保制度建设的现状、过程和特点。第二，新农保试点跟踪调查是设计新农保理想模式的基础和前提。新农保理想模式设计必须基于各地的社会经济文化条件，以试点过程中出现的新农保建设模式为基础；我国农村地区经济发展水平、社会进步程度、文化习俗差别很大，新农保试点过程中出现了多种建设模式，这些建设模式的共同点和差异点需要通过对社会调查资料的分析来总结，进而为设计新农保理想模式提供基础。第三，新农保试点跟踪调查是探索新农保制度推进路径的基本依据。新农保试点工作既是新农保制度建设的一个步骤，也是新农保制度前期推进的缩影；通过对新农保试点工作的跟踪调查，掌握新农保推进过程中可能遇到的问题以及农村居民对新农保制度的期望，才能设计出更加切合实际的新农保制度推进路径。

新农保制度的健全和完善需要准确掌握新农保制度建设的现状和进程，了解农村居民对新农保制度的认知、期望与建议，为新农保制度的全国推广提供基础资料。基于此，本次调查主要涉及以下问题：(1)农村居民的基本生活状态与环境是什么？(2)新型农村社会养老保险制度建设现状是什么？(3)农村居民参加新型农村社会养老保险制度的状态是什么？(4)农村居民对新型农村社会养老保险制度有什么认知、需求、意愿与行为？(5)农村居民对新型农村社会养老保险建设有哪些期望和建议？在对上述问题进行定量分析的基础上，通过定性评价，总结新农保制度试点经验与推广价值，为建立具有中国特色的新农保制度提供现实依据。

1.2　文献综述

2009年国务院《指导意见》的颁布标志着新农保试点工作的正式启动，此后学者们对新农保试点实践日益关注，对新农保制度设计和运行中存在问题的研究、讨论逐渐增多，其中以调查为依据的论文在文献中比重较大。

1.2.1 宏观视角分析

　　新农保试点正在有序展开，开局良好，但是学者们通过调查仍然认为新农保制度还面临着挑战和难题：（1）各级财政的责任分担问题。中央财政有能力负担补贴，但中西部地区地方财政筹资难，集体补助在绝大部分农村地区是一句空话，这已经成为学者们的共识[1-2]。（2）农村居民长期缴费能力和缴费意愿问题。一般情况下，除了"4050"农村居民、经济落后地区农村居民和丧失劳动能力的农村居民参加新农保的难度较大以外[3]，其他农村居民均具有缴费能力。但是，考虑到对政策的信任度、养老金替代率低和收入水平的限制等因素，农民的缴费意愿维持却成为一个难题[4-5]，而且，青年农村居民的选择也会导致"逆向选择"的风险出现[6-7]。（3）经办能力问题。由于农村人口众多，居住分散，流动性大，因此，无论是在机构、人员方面，还是在硬件设施和基层网络建设方面，新农保的经办力量都严重不足[2][8]。（4）基金投资管理和保值增值问题。由于缺乏统一规范的基金投资管理办法，基金投资无章可循，保值增值成为新农保基金的最大风险[9]。（5）与其他养老保险制度的衔接问题。新农保的跨制度、跨城乡、跨地区转移接续办法都有待完善[6][2]。此外，还有学者提到，捆绑政策可能会出现帮富不帮贫的后果[10]、隐性财政压力缺乏释放机制、个人账户中政府补贴资金非私有性[5]等问题。

　　针对新农保试点工作中存在的问题，学者们从宏观角度提出了对策建议。一是立法先行[11-12]。二是要明确各级政府职责。研究表明，个人、集体、地方财政和中央财政的筹资能力中，筹资最困难的是地方财政，尤其是中西部贫困地区，因此要明确各级政府对财政投入责任的分配，建立中央对地方财力薄弱地区新农保的专项转移支付制度[2][13-15]。三是基金保值增值。比如，提高基金管理监督机构的层次，借鉴新疆"呼图壁模式"等金融工具的创新模式，建立国家新农保基金理事会或基金政策银行等[16-17]。四是制度的衔接。比如，预留制度接口、改进计发办法、提高统筹层次,加快信息化建设等[18]。简单地说,新农保应达到的目标,就是"实现农村劳动者老有所养"[19]。另外,还有学者在精算的基础上指出,我国新型农村社会养老保险制度应在有限财政的理念下,采取分区域、分群体的差异性非均衡的动态推进政策[20]。

1.2.2 微观视角的分析

由于新农保试点在各个地区差异较大,因此很多学者分别对各地实践中的新农保进行了研究,包括北京三区县,山东莱芜、青岛、烟台,江苏无锡、如皋,浙江宁波、慈溪,成都温江等经济较发达地区[21-27];江苏金湖、东海、苏北地区,河南罗山,山西运城,陕西宝鸡等经济欠发达地区[28-31];少数民族地区[32]。但是,这些研究多数只是简单的现状、问题与对策的思考,对于一手调查资料的采集和应用研究较为少见。张方[33]借助访谈资料和统计数据,发现武汉市汉南区新农保试点中存在着个人账户激励机制未能有效发挥、养老金待遇水平偏低等政策设计层面的缺陷,也存在政策宣传不到位等政策执行过程的问题;张朝华等[34]对广东粤西四个试点县(区)的调查表明,"新农保"在推广过程中存在宣传力度不够、农户个人缴费困难、基础养老金发放存在制度性缺陷、集体补助缺口较大、强制农户参保现象仍然突出、原有制度对农户的心理影响较大等问题;米红等[35]以青岛市城阳区新农保制度实行四年来真实的参保率数据为基础,应用生命表、系统仿真等技术对青岛市城阳区总基金发展趋势进行了预测。王德文等[36]以北京模式为案例,探讨了制度设计及其特征,并对效果与财务可持续性进行了深入分析,认为:鉴于北京市的财政能力及其增长前景,北京模式不会面临太大的财政压力,但这种模式会给农村劳动力输出大省和不发达西部省份的地方财政带来很大的压力。

从现有关于新农保试点研究的成果来看,宏观视角的分析把新农保试点中遇到的问题进行了归纳分析,并且将理论和实践相结合;微观视角的分析,文章数量很多,尤其是利用问卷调查、访谈和统计资料开展的研究基本反映了新农保试点的现状。但是,现有研究大多以某地区为例,反应的是县域范围内的新农保试点工作现状,随着新农保试点工作的循序推进,立足于全国范围的新农保试点跟踪调查研究较为缺乏,因此有必要基于我国西部、中部、东部新农保试点的差异,设计覆盖西部、中部、东部地区的新农保试点调查方案,全面地掌握我国新农保试点的推进状况。

1.3 调查设计

1.3.1 调查目的

第一,实地考察农村的经济、社会环境,农村居民的基本生活状态,了解新型农村社会养老保险制度运行的环境。

第二,掌握农村居民参保情况及对新型农村社会养老保险制度的基本认知与意愿,搜集农村居民对新型农村社会养老保险的主观需求和客观需求资料。

第三,总结新型农村社会养老保险制度的宏观和微观运行状况,归纳新型农村社会养老保险制度试点经验与推广价值。

第四,征求农村居民对新型农村社会养老保险制度的期望和建议,为建立符合我国实际、具有中国特色的新型农村社会养老保险制度建设模式和推进路径提供依据。

根据本次调查的目的设计《新型农村社会养老保险制度建设基础资料搜集表》、《农村社会养老保险各级经办机构建设情况调查表》、《新型农村社会养老保险制度调查问卷(国家级试点区(县)专用)》、《新型农村社会养老保险制度访谈提纲》等调查资料。

1.3.2 调查对象

调查对象是指被调查的总体。为了掌握新农保试点工作的基本状况,本次调查的对象包括三类:

1. 农村居民

农村居民是指具有农业户籍的人口。根据《国务院关于开展新型农村社会养老保险试点的指导意见》，新农保制度的参保范围是"年满16周岁（不含在校学生）、未参加城镇职工基本养老保险的农村居民，可以在户籍地自愿参加新农保"，根据陕西、河南等地新农保试点工作的推进实际，参加新农保制度的要求之一是具有农业户籍，非农业户籍人口不允许参加新农保制度，因此本次调查把农村居民界定为具有农业户籍的人口。农村居民是新农保制度的参保人和待遇享受者，将农村居民列为调查对象能够全面的搜集新农保制度的微观运行资料，掌握农村居民的参保状况和对新农保制度的期望与需求。

2. 新农保相关的行政管理人员

各级人力资源与社会保障部门是新农保行政管理机构。本次调查将市、县、乡（镇）的人力资源与社会保障部门行政管理人员做为访谈对象，从管理的角度了解新农保试点的宏观运行资料以及管理人员对新农保制度未来发展的预期。由于村民委员会在新农保试点过程中起着十分重要的推进作用，本次调查将村民委员会人员也作为行政管理人员进行访谈。

3. 新农保经办机构的经办服务人员

新农保经办机构是新农保业务的具体办理部门。新农保经办机构处于行政管理部门和农村居民之间，掌握着新农保试点工作的中观资料，且新农保经办机构的经办能力直接影响着新农保试点工作的推进速度，因此本次调查将新农保经办机构的经办服务人员做为问卷调查和访谈的对象。

1.3.3　调查方法

本次调查主要采用四种调查方法：

1. 资料搜集表法

资料收集表法是指研究者向实际工作部门索取与研究问题相关的各

类资料的一种方法[37]，所搜集的资料包括规章制度、统计报表、总结报告、工作计划等。本次调查主要面向县（区）级人力资源和社会保障局、县（区）级新农保管理中心（经办机构）搜集新农保试点的政策法规类、基金运行类、制度运行环境类等资料。

2. 访谈法

访谈，就是研究性交谈，是以口头形式，根据被询问者的答复搜集客观的、不带偏见的事实材料，以准确地说明样本所代表的总体的一种方式[38]。本次调查中访谈的对象包括各试点县（区、市）的主管副县（区）长、人力资源与社会保障局局长、副局长，农保中心主任、副主任，乡镇新农保负责人，村委会主任或书记，乡镇新农保经办机构管理人员等。其中，乡镇级及以上管理干部人数占访谈人数的 60%，村委会主任或书记人数占访谈总数的 40%。访谈形式是，课题组依据访谈提纲两人一组对一名访谈对象进行规范的深度访谈，一人询问，一人进行访谈记录，每次访谈时间为 30—60 分钟。

3. 访问式问卷调查法

问卷调查法是调查者运用统一设计的问卷向被选取的调查对象了解情况或征询意见的调查方法[39]。访问式问卷调查法就是调查员携带调查问卷分赴各个调查地点，按照调查方案的要求，对所选择的被调查者进行访问，并按照问卷的格式和要求记录下被调查者的各种回答[40]。访问式问卷调查法所花费的人力和物力成本较高，花费时间长，但是这一方法能够控制调查过程，根据被调查者的现场表现，改变提问方式，获得相对可靠的调查结果，且问卷的回收率较高。

4. 情景体会法

情景体会法是指调查员通过现场直接观察和参与，感知所调查问题的答案，并形成文字性心得体会的方法。本次调查中，要求调查员采用情景体会法了解农村的经济社会环境、农村居民的生活状态、农村居民参加新型农村社会养老保险制度的态度、意愿等。每个工作日结束时，以小组交流的形式，每个调查员汇报当日的心得体会。调研结束后，将调查员的体会整理成册。

1.3.4　抽样设计

本次调查中，涉及抽样的调查方法主要是访问式问卷调查法。按照国务院的部署，2009年新农保国家级试点开始在全国10%的县开展，到2009年末有27个省、自治区的320个县（市、区、旗）和4个直辖市部分区县列入首批新型农村社会养老保险试点，本次调查的抽样总体是新农保国家级试点县的农村居民。由于农村居民的收入、支出、养老状况等基本是以家庭为单位的，因此本此调查在设计中既调查单个农村居民的情况，也调查居民家庭户的基本情况，抽样总体是农村居民户，在每一户居民中选取一名知情最多的成年人进行访问式问卷调查。

由于我国农村地区经济发展水平、社会进步程度、文化习俗差别很大，新型农村社会养老保险制度将出现多种建设模式，因此在设计抽样框时要充分考虑新农保试点的地区差异。《国务院关于开展新型农村社会养老保险试点的指导意见》中规定"中央财政对中西部地区按中央确定的基础养老金标准给予全额补助，对东部地区给予50%的补助。"[①]为了便于与国家统计数据接轨，本次调查沿用国家统计局在2003年制定的划分方法，首先将我国的省份分为东部、中部、西部三类，东部地区包括北京、天津、河北、辽宁、上海、江苏、浙江、福建、山东、广东、广西、海南12个省、自治区、直辖市；中部地区包括山西、内蒙古、吉林、黑龙江、安徽、江西、河南、湖北、湖南9个省、自治区；西部地区包括重庆、四川、贵州、云南、西藏、陕西、甘肃、宁夏、青海、新疆10个省、自治区、直辖市。在确定东、中、西部地区所包含的省份后，把每个省份的新农保试点县（区）、乡（镇）、村依次编号，以备抽取。

确定样本容量是具体调查必须解决的问题之一。统计学中通常以

---

① 在《国务院关于开展新型农村社会养老保险试点的指导意见》中并未单独提出"东北地区"因此本次调查将全国的省份也分为东、中、西部地区，而不是《中国统计年鉴》中划分的东、中、西、东北地区。

30 为界，30 个及以上的样本称为大样本，30 个以下的样本称为小样本[41]。样本容量大于 30 时，常用的统计学公式都可以应用，因此本次调查要保证抽取的每个村的样本容量在 30 以上。风笑天确定的计算样本容量的公式是[41]：

$$n = \frac{t^2}{4e^2} \qquad (1-1)$$

其中，n——样本容量；

t——置信度所对应的临界值；

e——容许的抽样误差。

风笑天所确定的样本容量计算公式相对于 Scheaffer 等[42]确定的样本容量计算公式以及统计学上常用的知道总体标准差后的样本容量计算方法具有三方面的优势：一是所需参数更少。社会调查中总体的规模和标准差往往是较难查找的，风笑天的样本容量计算公式可以在不需要这些数据的前提下计算出样本容量。二是可以保证样本容量足够大。式（1-1）中假设总体成数①$p = 0.5$，可以保证 $p(p-1)$ 的值最大，从而保证样本容量大于等于任意一种按照真实总体成数计算的样本容量，保证样本容量的科学性。三是计算简便。式（1-1）中，t 可以查表得到，e 根据调查实际设定，计算简便。因此，本次调查选择了风笑天的样本容量计算公式。

一般而言，社会调查中的置信区间选择 95%，此时 $t = 1.96$。按照总体规模与样本规模之间的相关关系，当总体规模超过 50 万时，样本规模应在 800 以上，此时的 $e < 3.46\%$；作为大型调查，样本规模应在 1000—3000 之间，此时的 $1.7\% < e < 3\%$。由于本书总体规模超大，且要保证县（区）、乡（镇）、村样本的误差较小，同时考虑到调查成本，本书选取 $e = 1.5\%$，计算得到 $n = 4269$。考虑到实际调查过程可能出现的诸如拒绝回答、回答不全等误差因素，本次调查实际的样本容量是 5000，即本次调查抽取 5000 户农村居民进行调查。

---

① 总体成数是指总体中具有某一相同标志表现的单位数占全部总体单位数的比重，一般用 p 表示；总体成数的方差为 $p(1-p)$。

本次调查采用非概率抽样中的配额抽样确定县（区）、乡（镇）、村的样本量；采用同一层次内随机抽样的方法确定要调查的县（区）、乡（镇）、村。配额抽样是指调查人员将调查总体样本按一定标志分类或分层，确定各类（层）单位的样本数额，在配额内任意抽选样本的抽样方式[43]。配额抽样适用于设计调查者对总体的有关特征具有一定的了解而样本数较多的情况。本次调查既要把全国新农保的推进情况调查清楚，又要对每个调查县（区）的情况进行初步的了解，再加上东、中、西部试点县农村居民人口总数差异较大，因此不适用于 PPS 法。采用配额抽样能够达到本此调查的目的。配额抽样又分为独立控制配额抽样和相互控制配额抽样。其中，独立控制配额抽样是指调查人员只对样本独立规定一种特征（或一种控制特性）下的样本数额。本次调查采用仅控制样本居住地特征的方法，进行配额抽样，因此调查结果不影响样本其他特征的随机性。

在设计县级样本容量时，考虑到有的试点县（区）农村居民总数超过 50 万人，每个试点县的样本规模不应少于 800 人，因此将被调查试点县的数量设计为 6 个，东、中、西部各 2 个；同时，考虑到基层调查的成本问题和统计方法的应用问题，调查设计的每个村的样本量不少于 30 个。

本次调查采用的是多阶段分层整群随机抽样步骤：第一步，运用简单随机抽样方法，在东、中、西部各抽取一个省份，抽取结果为江苏省、河南省、陕西省；第二步，运用简单随机抽样方法，在江苏省、河南省、陕西省的新农保制度制度试点县中，分别随机抽取 2 个试点县，抽取结果为江苏省南京市高淳县、苏州市常熟市，河南省开封市通许县、南阳市西峡县，陕西省宝鸡市陈仓区、商洛市商南县；第三步，在抽取的每个新农保试点县中，按照地图法[44]抽取 5 个乡（镇）；第四步，按照简单随机抽样方法，在抽取的乡（镇）中，每个乡（镇）抽取 4 个村；第五步，按照整群随机抽样的方法，将抽取到的村依据居民户数和居住聚集度划分为若干村民小组，采用简单随机抽样的方法抽取村民小组，对所抽取的村民小组所包含的全体居民户进行调查。抽样过程见图 1-1。

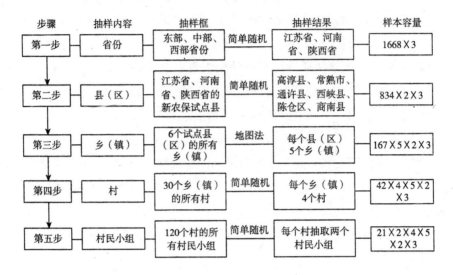

图 1-1 抽样步骤

1.4 调查实施

1.4.1 调查实施过程

本次调查的前期准备工作主要有三方面:

1. 参与调查人员

本次社会调查的调查员是西安交通大学公共政策与管理学院的 30 名师生。其中,副教授 1 人,讲师 6 人,博士生 4 人,硕士生 14 人,本科生 5 人;男性 12 名,女性 18 名。调查员分三批分别赴调查地点进行调查,共计 51 人次。

2. 培训调查员

2010 年 5 月 20 日—30 日,先后召开了三次全体调查员参加的培训会和两次讨论会；各组又至少召开了一次讨论会。培训和讨论的内容包括调查目的、入户访问技巧、访谈技巧、熟悉问卷、质量控制、分组管理等，每名调查员至少试调查一份问卷。

3. 调查资料的准备

本次调查共需准备调查问卷 5000 份，访谈提纲 30 份，资料搜集表 12 份，调查员手册 30 份。

在人力资源和社会保障部农村社会保险司和被调查省、市、县的人力资源和社会保障厅（局）的大力配合下，在乡镇劳动保障服务所和村劳动保障服务站的协助下，调查工作得以顺利开展。

鉴于调查工作的复杂性，本次调查共分三阶段：

（1）赴宝鸡市陈仓区进行预调研

2010 年 6 月 21 日—25 日，课题组一行 10 人赴陈仓区进行了为期 5 天的社会调查，在陈仓区农保中心的协助下，调查了陈仓区周原镇、潘溪镇、阳平镇、千河镇、虢镇的 20 个自然村，完成对 34 人的访谈，831 个农村家庭的访问式问卷调查，31 名经办机构人员的问卷调查，搜集了包括政策法规、基金运行、运行环境三类的基础资料。调查结束后，对资料进行了预处理，并总结了调查中的经验，对调查方案进行了微调。

（2）赴商洛市商南县进行社会调查

2010 年 7 月 5 日—9 日，12 名课题组成员对商南县清油河镇、试马镇、富水镇、城关镇、过风楼镇进行了新农保制度专项调查。本次调查访谈了 13 名新农保相关管理干部，对 835 户农村居民进行了问卷调查。通过商南县的调查工作，证实了调查方案的可行性，为大规模调查提供了基础。

（3）赴江苏省、河南省进行社会调查

2010 年 7 月 12 日，国家社会科学基金重大项目《新型农村社会养老保险制度的建设模式与推进路径研究》首席专家、西安交通大学张思锋教授与其博士生赴人力资源和社会保障部汇报了陈仓区和商南县新农保试点调查的基本结论，并汇报了下一步的调研计划，得到了人力资源和社会保障部有关领导的支持和帮助。2010 年 7 月 24 日—8 月 12 日，调查组分四个小组分赴河南省开封市通许县、南阳市西峡县，江苏省高淳县、苏州市常熟市进行社会调查，共完成对 3366 户农村居民的问卷调查，对 138 名经办机构人员的问卷调查和 73 名管理人员的访谈。

本次调查共完成了对 5032 户农村居民的问卷调查，197 名经办机构人员的问卷调查，120 名新农保管理干部的访谈，并搜集了大量的新农保政策法规、基金运行、运行环境类资料。

需要说明的是，本次调查严格遵照访问式问卷调查的要求，所有问卷均由调查员根据访问结果填写，不允许将问卷发放到被调查者手中由被调查者自行填写。在调查之初，每份问卷耗时 45—60 分钟，熟练之后，每份问卷用时 30 分钟。调查员在调查时，每天都是 7：00 出发，7：00—12：00 是第一工作单元，13：00—19：00 是第二工作单元，工作长达 11 小时。午餐在所调查的村解决，晚餐后 20：00—23：00 是第三工作单元，分小组审核问卷、讲述情景体会结果、总结调研情况、布置第二天的工作。

1.4.2　过程与结果的质量控制

首先，制订了控制调查质量的管理办法，如调查小组管理办法、调查组岗位职责细分、资料复核办法、抽样实施办法以及问卷、访谈、资料搜集的标准方式等管理办法，要求调查员必须严格按照管理办法执行。其次，在实地访问中严格控制调查质量，要求调查者严格按照问卷进行访问，不得漏答；设置答疑专线，对有争议的问题或遇到的新情况，由专人负责给予统一答案；调查过程中两人一组开展调查，两人可分赴两户家庭，但一户家庭调查结束后，两人须互换问卷审核，遇到问题及时再入户追问。再次，建立调查问卷的三审制度。每份问卷必须填写调查员姓名和调查时间，一份问卷完成后，两人一组互换审核，称之为"一审"；每一个工作单元结束后，由调查组副组长审核小组成员的问卷，如有疑问，下一个单元继续对该户进行访问，称之为"二审"；每天工作结束后，由调研组组长对调研组的问卷进行一一审核，发现问题，第二天继续追问，称之为"三审"。三审过后，没问题的问卷由专人统一保管。最后，调查资料的复核。在调查工作结束后，由赴各县调研组的负责人对调查资料进行复核，对问题较大的问卷作为废卷处理。

2010年9月，课题组对调查资料进行了整理。首先，利用 Epidata 3.0 建立了数据输入程序，并采用双录入的方式，对问卷调查数据进行了整理，最大可能的避免了输入错误带来的数据误差；其次，对访谈资料进行了整理和编号，作为调查报告写作的依据；最后，对搜集的内部资料进行了归类整理。

尽管调查过程和数据处理过程中对调查资料进行了质量控制，但是仍有部分答案存在误差，引起误差的因素主要有：（1）空户的存在。抽样过程中，在抽取居民小组时采用的是整群抽样方法，每一居民小组设计21户，遇到所抽取的村民小组中某户无人在家时，采用就近原则对空户家庭附近的居民进行补缺调查，以确保样本数量。（2）行政力量的参与。农村入户调查只有在村干部的协助下才能顺利开展。但是，村干部在场的条件下，被调查者由于某种忌讳有可能提供虚假信息。（3）被调查者对某些问题确不知情。农村居民中的留守人员有相当大比例的老年人，这些老年人对某些问题不太了解，有些问题他们确实不能回答，致使部分调查信息缺失。（4）调查样本的不独立性。由于不可避免的存在着部分居民对调查过程的围观，一些围观者喜欢抢先或提示被调查者回答问题，影响了调查对象的独立性。（5）调查结果的同质性。由于新农保试点工作刚开始不久，农村居民的缴费情况、参保时间等极为类似，具有同质性；且他们在对满意度回答时，更加倾向于满意，一些选项具有趋同性。

2010年10月，课题组对六个县的调查资料进行了处理，形成了《新型农村社会养老保险试点调查技术分析报告》。2010年11月，为了全面描述新农保试点工作的状况、研究新农保试点推进中的重大问题，设计了本书的著述体系。本书的上篇是陕西省宝鸡市陈仓区、商洛市商南县，河南省开封市通许县、南阳市西峡县，江苏省南京市高淳县、苏州市常熟市六个区县新农保试点工作调查报告以及新农保制度试点调查的比较研究；本书的下篇以专题研究报告的形式重点分析新农保制度推进过程中亟需研究的问题：新农保实施过程中的人口问题、新农保制度的建设模式、新农保试点的进程、新农保制度的最优参数、新农保基金的保值增值、新农保基金管理与经办管理服务等。

参考文献

［1］林义：《破解新农保制度运行五大难》，《中国社会保障》2009年第9期，第14—16页。

［2］邓大松、薛惠元：《新型农村社会养老保险制度推行中的难点分析——兼析个人、集体和政府的筹资能力》，《经济体制改革》2010年第1期，第86—92页。

［3］贾丽萍：《新型农村社会养老保险中农民退休年龄的调整及其可适性研究》，《甘肃行政学院学报》2010年第4期，第29—34页。

［4］余桔云：《强制性制度变迁到诱致性制度变迁——"普惠制"新农保可持续发展的变迁路径》，《兰州学刊》2010年第6期，第95—99页。

［5］杨翠迎、孙珏妍：《推行新农保，瞻前顾后很重要》，《中国社会保障》2010年第7期，第25—27页。

［6］卢海元：《中国特色新型养老保险制度的重大突破与政策取向》，《社会保障研究》2009年第6期，第3—17页。

［7］庞哲：《我国新型农村养老保险制度的SWOT分析》，《河北工程大学学报（社会科学版）》2009年第26卷第4期，第50—53页。

［8］董关岭：《采用新型商业社保模式破解新农保问题》，《现代经济：现代物业中旬刊》2010年第2期，第70—71页。

［9］唐钧：《新农保的三大"软肋"》，《医院领导决策参考》2009年第22期，第24—27页。

［10］郑风田：《新农保政策藏隐忧》，《农产品市场周刊》2010年

第 2 期，第 14—16 页。

[11] 张腊梅、刘艳：《安徽省新型农村社会养老保险制度研究》，《乡镇经济》2009 年第 12 期，第 60—63 页。

[12] 曹云清、张占平、李斯：《和谐社会下新型农村养老保险制度的思考》，《经济与管理》2009 年第 3 期，第 26—29 页。

[13] 刘昌平、谢婷：《基金积累制应用于新型农村社会养老保险制度的可行性研究》，《财经理论与实践》2009 年第 6 期，第 26—31 页。

[14] 李强、薛兴利：《政府职能作用对农户养老保险参保意愿影响的实证分析——以山东省为例》，《山东农业大学学报（社会科学版）》2010 年第 2 期，第 21—25 页。

[15] 王章华：《关于新型农村社会养老保险模式的思考》，《南昌大学学报（人文社会科学版）》2009 年第 2 期，第 90—94 页。

[16] 米红、王鹏：《新农保制度模式与财政投入实证研究》，《中国社会保障》2010 年第 6 期，第 28—30 页。

[17] 张晓莉、孔令英：《新型农村社会养老保险"呼图壁模式"的推行困境研究》，《农业经济》2009 年第 4 期，第 60—61 页。

[18] 韩俊江：《完善我国新型农村社会养老保险制度研究》，《社会保障研究》2010 年第 2 期，第 3—7 页。

[19] 褚福灵：《新农保：改革目标与制度框架》，《中国社会保障》2009 年第 11 期，第 22—23 页。

[20] 米红：《我国新型农村社会养老保险制度推进的若干问题与对策建议》，《中共浙江省委党校学报》2009 年第.5 期，第 5—11 页。

[21] 白霜、付燕：《关于农村新型养老保险模式的研究——以山东省莱芜市为例》，《当代经济》2009 年第 13 期，第 36—37 页。

[22] 徐清照：《关于加快山东省新型农村养老保险制度建设的思考》，《山东农业大学学报（社会科学版）》2008 年第 4 期，第 19—22 页。

[23] 方晓红：《经济发达地区建立新型农村养老保险制度的思

考——以江苏省无锡市为例》，《安徽冶金科技职业学院学报》2009年第1期，第88—90页。

［24］许根友：《苏中经济较发达地区农村养老保险的实践与探索——基于江苏省如皋市农村养老保险的经验分析》，《华东理工大学学报（社会科学版）》2008年第2期，第19—22页。

［25］李俊林、王虹、张霞：《建立新型农村社会养老保险体系的分析研究——以河北省青县为例》，《河北工业大学学报（社会科学版）》2010年第2卷第3期，第87—91页。

［26］许韶辉、肖潇：《新型农村社会养老保险试点现状的调查报告——以成都市温江区为例》，《大众商务（下半月）》2010年第1期，第251页。

［27］关博：《新型农村社会养老保险制度分析——以北京市为例》，《北京工业大学学报（社会科学版）》2009年第2期，第35—40页。

［28］沈在春：《金湖：新农保推进遇难题》，《中国社会保障》2008年第9期，第22—23页。

［29］杜广庆、朱云：《欠发达地区新型农村养老保险制度建设问题探讨——基于江苏省东海县的实证分析》，《湖南行政学院学报》2008年第4期，第48—50页。

［30］柯楠：《科学构建新型农村养老保险制度的法学思考——基于河南省农村改革发展综合实验区罗山县的调研》，《调研世界》2010年第3期，第24—25页。

［31］王霞：《以运城市为例：看新型农村养老保险试点工作》，《经济师》2009年第12期，第185—189页。

［32］张艳春：《少数民族地区农村养老保障的建立和发展分析——以朝鲜族聚居的延边地区为例》，《黑龙江民族丛刊》2009年第5期，第62—69页。

［33］张方：《武汉市新型农村社会养老保险试点推行概况、存在问题及建议》，《企业导报》2010年第6期，第6—8页。

［34］张朝华：《"新农保"推广中存在的主要问题——基于广东粤西农户的调查》，《经济纵横》2010年第5期，第9—12页。

［35］米红：《基于真实参保率的新型农村社会养老保险基金发展预测研究——以青岛市城阳区为例》，《山东科技大学学报：社会科学版》2009年第11卷第1期，第71—75页。

［36］王德文：《新型农村养老保障制度改革——北京模式的探索意义及其适用条件》，《社会保障研究》2010年第1期，第40—50页。

［37］Xu, Y. , Survey Research, Online document, http://www. comp. nus. edu. sg/ ~ xuyj, accessed on your_date, 2009.

［38］杨威：《访谈法解析》，《齐齐哈尔大学学报（哲学社会科学版)》2001年第4期，第114—117页。

［39］谢洪涛、王孟钧：《我国重大工程项目决策阶段工作现状与问题问卷调查分析》，《中国工程科学》2010年第12卷第1期，第18—23页。

［40］风笑天：《社会调查中的问卷设计》，天津人民出版社2001年版，第19页。

［41］风笑天：《现代社会调查方法》，华中科技大学出版社2005年版，第92页。

［42］Scheaffer, Richard L. , William Mendenhall, et al. , *Elementary Survey Sampling*, MA：Duxbury Press, 1979：1178-1194.

［43］陈权宝：《相互控制配额抽样样本的确定方法》，《连云港化工高专学报》1996年第2期，第57页。

［44］边燕杰、李路路、蔡禾：《社会调查方法与技术：中国实践》，社会科学文献出版社2006年版，第70—90页。

2 陕西省宝鸡市陈仓区新型农村社会养老保险试点调查报告

陈仓区隶属陕西省宝鸡市，位于关中西部，辖区 2580 平方公里，城区规划面积 60 平方公里，是宝鸡大城市"五横十纵"交通网络的重要结点；现辖 18 镇，3 个街道办事处，332 个行政村，13 个社区居委会，总人口 61.21 万，其中农业人口 49.55 万。2009 年，陈仓区实现生产总值 101.6 亿元，其中，第一产业增加值 13.89 亿元，第二产业增加值 58.06 亿元，第三产业增加值 29.65 亿元；人均生产总值（按常住人口计算）1.69 万元；全年财政总收入 4.79 亿元，财政支出 14.60 亿元。① 陈仓区按照"稳粮、强牧、优菜、兴果"的发展思路，以渭河南 3 万头奶畜、县功和新街地区万头肉牛羊养殖、西部山区 20 万亩 1500 万株花椒、周原和贾村两大原区 20 万亩优质专用粮、渭河川道 10 万亩无公害蔬菜等"四大基地五大产业带"为载体开展农村产业化经营。

2010 年 6 月 21 日—25 日，课题调研组一行 10 人赴陈仓区进行了为期 5 天的社会调查，走访了宝鸡市陈仓区周原镇、潘溪镇、阳平镇、千河镇、虢镇的 16 个自然村，对 34 名新农保管理干部进行了访谈，对 831 个家庭和 31 名经办机构人员进行了问卷调查，搜集了包括政策法规、基金运行、运行环境等方面的基础资料。

---

① 数据来源于宝鸡市陈仓区人民政府网站 http://www.ccq.gov.cn/。

2.1 农村社会养老保险探索历程

陈仓区是我国较早实施农村社会养老保险制度和较早开展新型农村社会养老保险制度试点的地区之一。陈仓区农村社会养老保险制度的探索经历了四个阶段。

2.1.1 "老农保"制度实施阶段

1992—2002 年，陈仓区依据民政部《县级农村社会养老保险基本方案》，探索实施农村社会养老保险制度，后来被称为"老农保"。"老农保"的参保对象是非城镇户口、不由国家供应商品粮的农村人口；资金筹集以个人缴费为主，集体补助为辅，国家予以政策扶持，月缴费档次设 2 元、4 元、6 元、8 元、10 元、12 元、14 元、16 元、18 元、20元十个档次；年满 60 周岁可按月领取养老金，保证期[①]为十年，养老金支付终身。

2003—2006 年，参加"老农保"的人数不再增加，处于停滞阶段。在此阶段中，陈仓区有 11021 人参加"老农保"，其中缴费人数 10969人，待遇领取人数 52 人。"老农保"2006 年当年基金收入 7.73 万元，基金支出 46.09 万元，基金累计节余 429.28 万元。[②]

2.1.2 "新农保"制度试点阶段

2007 年 9 月 10 日，陈仓区依据《宝鸡市新型农村社会养老保险试行办法》，在虢镇李家崖村、天王镇毛家沟村、阳平镇宝丰村、千河镇张家崖村和慕仪镇东城村五个村启动了新型农村社会养老保险试点

---

① 农村社会养老保险的保证期是指个人账户养老金的月领取金额的计发系数。领取养老金时间不足保证期身亡者，保证期内的养老金余额可以继承；领取养老金时间超过保证期者，按照原计发标准继续领取养老金，直至死亡。

② 数据来源于陈仓区农保中心内部资料。

工作。

《陈仓区新型农村社会养老保险试行办法》规定，凡具有本市行政区域内农业户籍，年满 18 周岁以上、且未参加被征地农民社会养老保险的农村居民均可参保；农村社会养老保险费的年缴费标准（含财政补贴和集体补助）为上年度本县（区）农民人均纯收入的 10%—30%，并随着经济发展和农民人均纯收入的增长适时调整。市、县（区）财政对参保人员养老保险费给予适当补贴，补贴标准为市财政每人每年 15 元，县（区）财政每人每年不低于 15 元。财政补贴资金既可列入当年财政预算，也可在参保人员年满 60 周岁时，按规定计入养老待遇，由市、县（区）财政按月拨付至农保经办机构统一计发。完全丧失劳动能力的农村贫困残疾人参加农村社会养老保险，养老保险费按市、县（区）财政各承担一半的原则全额补助。参保人员养老保险待遇由个人账户养老金和养老补贴两部分组成：个人账户养老金月领取标准＝个人账户积累总额÷139；养老补贴标准为 60 周岁以上每人每月 60 元，由市、县（区）财政各承担 50%，根据当年实际需要分别列入市、县（区）财政预算，养老金保证期为 139 个月，支付终身。

2007 年，陈仓区五个试点村应参保 5195 人，实际参保 3280 人，其中 45 周岁以下人员参保 1397 人，占应参保人数的 44.71%；45—59 周岁人员参保 1142 人，占应参保人数 1310 人的 87.2%；60 周岁以上享受待遇人员 741 人，占应享受待遇人员 761 人的 93.8%。年缴费标准按照陈仓区 2006 年度农民人均纯收入 2910.25 元的 10% 确定为 291 元，共征缴农保基金 66.95 万元；陈仓区财政预算配套资金 29.57 万元，其中，正常参保 2566 人，补助 3.85 万元，残疾人 1 人补助 145.5 元，享受待遇人员 714 人，补助 25.70 万元。

2.1.3 "新农保"制度扩大试点阶段

2008 年，陈仓区将"新农保"试点向西山八镇①推广；2009 年扩

---

① 西山八镇是指陈仓区县功镇、新街镇、坪头镇、香泉镇、赤沙镇、拓石镇、凤阁岭镇、胡店镇。

大至川塬十镇①。2009 年，西山八镇缴费标准为每人 165 元/年，农民个人和集体缴费 135 元，政府补贴 30 元。截至 2009 年 3 月 20 日，西山八镇参保 61132 人，其中续保缴费 42894 人，续保率达到了 95%，新增参保缴费 3228 人（其中：补缴 2008 年保费 983 人，补费标准为每人 170 元/年），享受待遇人员 15010 人，其中，因补费新增享受待遇 553 人，因短保较少享受待遇 158 人，征缴农保基金 638 万元。截至 2009 年 7 月 20 日，川塬十镇 202 个村参保 18.59 万人，占应参保 23.87 万人的 77.9%，60 周岁以上享受待遇人员 37013 人，占应享受待遇 40942 万人的 90.4%，征缴保费 2711 万元。

2.1.4 "新农保"制度全区推广阶段

2009 年下半年，陈仓区被确定为国家级新农保试点县。2010 年 3 月 10 日，依据新颁布的《国务院关于开展新型农村社会养老保险试点的指导意见》，宝鸡市制定了《宝鸡市新型农村社会养老保险实施办法》。该实施办法规定，具有本市行政区域内农业户籍，年满 16 周岁以上、且未参加被征地农民社会养老保险的农村居民均可参保；实行个人缴费、集体补助、财政补贴相结合的筹资模式，个人年缴费档次设 100 元、200 元、300 元、400 元、500 元、600 元、800 元、1000 元八个档次，但最低年缴费标准原则上不得低于上年标准；政府对参保缴费者给予财政补贴，标准为：200 元及以下缴费者每人每年补贴 30 元，300 元缴费者补贴 40 元，400 元缴费者补贴 45 元，500 元及以上缴费者补贴 50 元，鼓励经济状况较好的农村居民多缴费。财政缴费补贴所需资金陕西省财政承担 50%，市、区财政各承担 25%，分别列入当年财政预算，由市、区财政部门在参保人员个人缴费到账次月拨付到位；县（区）农保管理经办机构为每个新农保参保人建立终身记录的养老保险个人账户，核发《新农保缴费证》，建立养老保险档案。参保人员养老

---

① 川塬十镇是指陈仓区虢镇、阳平镇、千河镇、磻溪镇、天王镇、幕仪镇、周原镇、贾村镇、桥镇、钓渭镇。

金待遇由个人账户养老金和基础养老金组成，支付终身。个人账户养老金计发办法为：个人账户养老金月领取标准＝个人账户积累总额÷139。基础养老金标准为：60—69 周岁每人每月 60 元，70—79 周岁每人每月 70 元，80—89 周岁每人每月 80 元，90 周岁以上每人每月 90 元。由于陈仓区是国家级新农保试点县，参保者基础养老金由中央财政承担 55 元，超过 55 元的部分，由市、区财政各承担 50%。

截至 2009 年底，陈仓区参加新农保人数 24.71 万，占应参保人数 33.09 万的 74.67%，是宝鸡市下达的 12.2 万人任务的 2.03 倍。60 周岁以上享受待遇人员 52023 人，占应享受待遇 54373 万人的 95.67%。基金积累 4843.1 万元，其中征缴保费 4108.9 万元，财政缴费补贴 733.2 万元。

2.2 新农保试点的现状分析

2.2.1 参保现状

陈仓区自 2007 年开始试行新农保制度，到 2009 年被确定为国家级新农保试点县，是国内较早建设新农保制度的县（区）。表 2 - 1 是对陈仓区 831 份调查问卷关于被调查者参保状况的统计结果。

表 2 - 1　被调查者的参保状况

项目	统计结果（选择人数/有效百分比）			
了解新农保政策途径	媒体	当地政府	邻居家人	其他
	222 人/26.76%	544 人/65.51%	51 人/6.12%	13 人/1.61%
是否参保	是		否	
	2181 人/77.53%		632 人/22.47%	
是否被强制	是		否	
	164 人/7.61%		1991 人/92.39%	

续表 2 - 1

项目	统计结果（选择人数/有效百分比）							
	100 元	200 元	300 元	400 元	500 元	600 元	800 元	1000 元
缴费档次	20 人/ 1.11%	1753 人/ 97.01%	9 人/ 0.50%	16 人/ 0.89%	3 人/ 0.17%	0 人/ 0%	0 人/ 0%	6 人/ 0.33%
是否领取 养老金	是				否			
	485 人/23.75%				1557 人/76.25%			
领取时间 （月）	均值		标准差	众数	中位数	最大值		最小值
	11.65		6.48	11	11	35		3
参保对生活 水平影响	生活水平降低		没有影响		生活水平提高			
	55 人/6.98%		618 人/78.43%		115 人/14.59%			

　　表 2 - 1 显示，65.51% 的被调查者①是通过当地政府的宣传了解新农保政策，有 92.39% 的参保者系自愿参保，77.53% 的被调查者参加了新农保，97.01% 的参保者选择 200 元的缴费档次。23.75% 的参保者领取了养老金，与陈仓区 60 岁及以上人口数占 17 岁及以上人口数 24.64% 的比例基本一致；42.07% 的老人领取养老金的时间为 11 个月，20.43% 的老人领取养老金的时间为 10 个月，领取时间最短的为 3 个月，最长的为 35 个月，平均时间为 11.65 个月。78.43% 的被调查者认为参加新农保对生活水平没有影响；14.59% 的被调查者认为参加新农保提高了生活水平；6.98% 的被调查者认为参加新农保降低了生活水平，其原因是参加缴费但未到领取养老金年龄且家庭收入较低。

　　表 2 - 2 是对调查问卷中关于不同年龄段人群参保状况的统计结果。

---

　　①　本报告所说的被调查人群是指调查对象中 16 周岁以上的人群。

表2-2 不同年龄段被调查者的参保状况列联分析表

		参加新农保	没有参加新农保	总计	p值
16周岁以下	人数（人）	10	364	374	
	百分比（%）	2.67	97.33	100.00	
16—45周岁	人数（人）	967	586	1513	
	百分比（%）	62.27	37.73	100.00	0.00
46—59周岁	人数（人）	687	48	735	
	百分比（%）	93.47	6.53	100.00	
60周岁以上	人数（人）	529	37	566	
	百分比（%）	93.46	6.54	100.00	

表2-2显示，60周岁以上被调查者的参保率为93.46%；46—59周岁的被调查者的参保率为93.47%；16—45周岁被调查者的参保率为62.27%。调查问卷中还出现了10名16周岁以下的参保者，经现场确认，是参保者的实际年龄与申报参保时的登记年龄存在差异。列联分析结果显示，$p = 0.00 < 0.05$，表明年龄对参保率有显著影响。

图2-1是对调查问卷中关于被调查者缴费变更情况的统计结果。

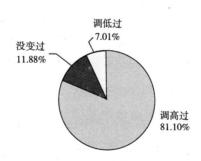

图2-1 被调查者新农保缴费变更情况

图2-1显示，81.10%的参保者调高过新农保缴费档次，7.01%的参保者调低过新农保缴费档次。访谈得知，多数参保者2009年缴费水平为175元，2010年提高到200元。

表2-3是调查问卷中关于被调查者领取养老金情况的统计结果。

表2-3　被调查者领取养老金情况

	平均值	众数	最小值	最大值
月基础养老金（元）	60.83	60	60	90
月个人账户养老金（元）	1.84	0	0	60

表2-3显示，陈仓区被调查者中参加新农保的老人，每月领取到的基础养老金最低为60元，最高为90元，91.40%的老人所领取的月基础养老金为60元，平均值为60.83元；每月领取到的个人账户养老金最低为0元，最高为60元，96.17%的老人没有个人账户养老金的积累，个人账户养老金平均值为1.84元，这是因为陈仓区新农保制度在2009年下半年才开始全区推广，多数领取养老金的被调查者个人账户养老金积累额为0。

在新农保养老金发放的及时性方面，81.55%的养老金领取者表示能够按月领取养老金。不能按月领取养老金的被调查者中，51.33%的人认为是经办机构没有按月发放，20.35%的人认为是不方便领取，17.70%的人表示不知道能够按月领取养老金。

需要指出的是，陈仓区新农保制度建设初期有两个重要现象：一是参保者缴费档次的选择具有很高的相似性。97.01%的被调查者选择了200元的缴费档次。列联分析发现，选择200元缴费档次的被调查者中，65.00%的人是通过当地政府和村干部的宣传知道新农保政策的。访谈得知，部分镇、村干部只向农民宣传了200元一个缴费档次，致使被调查者的缴费档次集中在200元；此外，由于新农保制度实施初期，多数被调查者尚持观望态度，而不是根据自身的经济能力和未来的养老风险预期选择缴费档次，因此选择了陈仓区政府允许的最低缴费档次200元。二是被调查者没有充分认识到新农保对当前或未来生活水平的影响。84.30%的16—45周岁被调查者、86.50%的46—59周岁被调查者、61.60%的60周岁及以上被调查者认为新农保制度对自身的生活没有影响。其原因是，农村居民对未来的养老风险预期不足，在面向农村居民的宣传中对新农保的制度原理和操作细则又解释不够。可见，新农保制度扩大试点的进程中，舆论宣传工作是十分重要的。

2.2.2 制度认知

把陈仓区新农保政策进行分解，通过主观赋值法①及对主观赋值原始数据的标准化处理，计算被调查者对新农保政策的了解度、满意度和合理度。均值越大说明被调查者越了解、越满意，政策设计越合理；均值越小说明越不了解、越不满意，政策设计越不合理；均值等于3时，表示中立态度。

表2-4是调查问卷中关于被调查者对新农保制度了解度、满意度、合理度认知的统计结果。

表2-4 被调查者对新农保制度了解度、满意度、合理度认知统计表

	了解度		满意度		合理度	
	均值	标准差	均值	标准差	均值	标准差
新农保总体政策	3.63	0.921	3.99	0.71	3.97	0.718
缴费档次的设定	3.18	1.193	3.81	0.676	3.82	0.672
缴费年限的设定	3.73	1.061	3.77	0.78	3.78	0.776
保险费按年缴纳	3.92	0.891	4.04	0.685	4.04	0.7
政府补贴政策	3.1	1.277	3.81	0.771	3.83	0.757
集体经济补助政策	2.52	1.273	3.44	0.795	3.44	0.809
残疾人优惠政策	2.46	1.241	3.68	0.78	3.7	0.754
一年期同期存款利率计息政策	2.45	1.214	3.47	0.755	3.48	0.734
基础养老金标准	3.53	1.208	3.97	0.706	3.98	0.706

---

① 了解度、满意度、合理度分为五级，分别为："1"非常不了解、"2"不了解、"3"一般、"4"了解、"5"非常了解；"1"非常不满意、"2"不满意、"3"一般、"4"满意、"5"非常满意；"1"非常不合理、"2"不合理、"3"一般、"4"合理、"5"非常合理。

续表 2 - 4

	了解度		满意度		合理度	
	均值	标准差	均值	标准差	均值	标准差
个人账户计发系数为139	2.52	1.254	3.4	0.713	3.42	0.695
符合参加社会养老保险条件的家庭成员，均已按规定参保并正常缴费，才可享受养老金待遇	3.77	1.079	3.85	0.839	3.86	0.862
经办人员的服务	4	0.722	4.07	0.6	4.07	0.611
新农保政策的宣传	4	0.68	4.08	0.596	4.07	0.627
允许农民流转土地承包权	3.15	1.212	3.56	0.773	3.56	0.752
新农保交钱多养老金发放多，交钱时间长养老金发放多	3.76	1.054	4	0.738	4	0.756

表 2 - 4 显示，被调查者对新农保政策的了解度得分集中在 2.45—4.00 分之间，得分最低的是"一年期同期存款利率计息政策"2.45 分，得分最高的是"经办人员的服务"4 分，平均得分是 3.30 分。被调查者对新农保政策的满意度得分集中在 3.40—4.08 之间，得分最低的是"个人账户计发系数为139"3.40 分，得分最高的是"新农保政策的宣传"4.08 分，平均得分是 3.80 分。被调查者认为新农保政策的合理度得分集中在 3.42—4.07 分之间，得分最低的是"个人账户计发系数为139"3.42 分，得分最高的是"新农保政策的宣传"4.07 分，平均得分是 3.81 分。

在了解度、满意度、合理度认知的基础上，陈仓区被调查者表现出较高的参保意愿。14.06% 的被调查者非常愿意参加新农保，79.65% 的被调查者愿意参加新农保，仅有 3.57% 的被调查者表示不愿意参加新农保。在愿意参加新农保的被调查者中，有 34.63% 的人愿意提高缴费档次，32.36% 的人不愿意提高缴费档次，其他人愿意维持现在的缴费档次。

图2-2是调查问卷中被调查者是否愿意鼓励全家人参加新农保的统计结果。

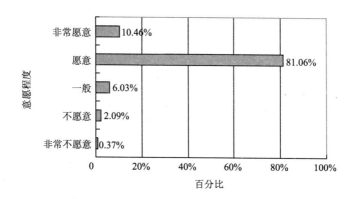

图2-2　被调查者鼓励全家人参加新农保的意愿情况

图2-2显示，10.46%的被调查者非常愿意鼓励全家人参加新农保，81.06%的被调查者愿意鼓励全家人参加新农保；持"不愿意"和"非常不愿意"态度的共有20人，占被调查者总数的2.46%。调查问卷中关于部分农村居民未参保原因的选项显示，23.07%的被调查者认为未参保者不太了解新农保制度，18.28%的被调查者认为未参保者觉得缴费率过高，14.37%的被调查者认为是因为未参保者没有固定收入，还有10.26%和9.29%的被调查者认为未参保者对政府不信任和家庭关系不和谐。

图2-3是调查问卷中关于新农保养老金是否够用选项的统计结果。

图2-3显示，8.73%的被调查者认为现在老人每月领取的养老金"完全不够用"，29.52%的被调查者认为现在老人每月领取的养老金"不太够用"，有20.91%的被调查者认为现在老人每月领取的养老金"基本够用"，仅有1.72%的被调查者认为现在老人每月领取的养老金"完全够用"。访谈得知，相对于农村居民的基本生活支出，新农保制度的保障水平仍然偏低。

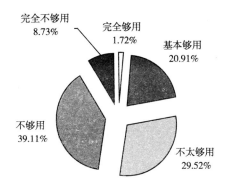

图 2 - 3　被调查者对新农保养老金是否够用的认知

2.2.3　期望与需求

1. 农村居民期望的养老方式

图 2 - 4 是调查问卷中被调查者期望的养老保障方式的统计结果。

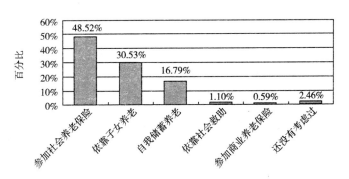

图 2 - 4　被调查者期望的养老保障方式

　　图 2 - 4 显示，48.52% 的被调查者期望参加社会养老保险，30.53% 的被调查者期望依靠子女养老，16.79% 的被调查者期望依靠自我储蓄养老。此外，还有 1.10%、0.59% 的被调查者分别期望依靠社会救助、参加商业养老保险养老。

　　关于老年人的居住方式，66.30% 的被调查者认为老年时与子女住在一起最好，26.17%的被调查者表示愿意自己或与配偶单独住，只有1.60%的被调查者想住在敬老院，还有5.31%的被调查者回答没有考虑过这个问题。

2. 农村居民期望的养老费用

在被调查者中，每年专门用于养老方面的投入平均值为413.07元（包括新农保缴费、购买商业养老保险以及其他与养老有关的投入），其中，74.84%的被调查者每年除了参加新农保的200元缴费投入外，没有其他的养老投入。在现有养老投入前提下，62.34%的被调查者认为自己年老时的生活水平一般，30.73%的被调查者认为自己年老时的生活水平会比较好，1%的被调查者认为年老时生活水平会非常差。

关于农村居民预期的月养老费用，25.97%的被调查者选择100元及以下，34.68%的被调查者选择101—200元，22.09%的被调查者选择201—300元，也有1.61%的被调查者预期月养老费用1001元及以上。

3. 农村居民的期望值与新农保制度现行规定的差异

（1）保障水平。调查数据显示，被调查者期望每月领取的养老金均值为251.82元，是陈仓区农村老年居民每月领取养老金平均值62.67元的4倍。

（2）缴费金额。2010年，陈仓区允许选择的最低缴费档次是200元，而被调查者期望的缴费金额平均值为160.16元/年。其中，49.27%的被调查者期望的缴费金额是100元及以下，10.62%的被调查者期望的缴费金额是101—200元，7.51%的被调查者期望的缴费金额是201—300元。

（3）缴费年限。缴费满15年且达到领取条件是45周岁以下参保者领取新农保养老金的必要条件。调查结果显示：28.4%的被调查者期望的缴费年限为10年，63.0%的被调查者期望的缴费年限为15年；被调查者期望的缴费年限平均值为12.91年。

（4）参保补贴。访谈中，被调查者普遍认为参保补贴的数额太少，有的建议各级财政按照1:1的比例给予缴费补贴，也有建议把基础养老金发放水平提升至100—150元之间。

2.2.4 基金管理与经办管理服务

2007 年以来，陈仓区依照《宝鸡市新型农村社会养老保险试行办法》、《宝鸡市新型农村社会养老保险管理工作规程（试行）》、《新型农村社会养老保险经办规程（试行）》《宝鸡市新型农村社会养老保险实施办法》等政策法规，逐步建立起了"四级"联动的新农保管理体制：人事和劳动社会保障局负责新农保制度的政策制定、组织实施和监督管理；农村社会养老保险管理中心负责各项具体工作的分配和落实，设政秘股、参保登记股、待遇审批股、财务与基金管理股、档案室等；镇劳动保障事务所承担具体业务办理工作；村劳动保障服务站协助劳动保障事务所，组织村民统一办理新农保具体业务。《宝鸡市新型农村社会养老保险实施办法》规定，县（区）农保管理中心工作人员应按农业人口规模核定编制，人口在 20 万人以下的应不少于 10 人，人口在 20 万人以上的应不少于 15 人；每个乡镇政府要配备 1—2 名编制内专职工作人员，1—3 名新农保协管员，村级劳动保障服务站要保证至少有 1 名村干部具体负责办理新农保业务。

表 2－5 是陈仓区农村社会养老保险管理中心、劳动保障事务所、劳动保障服务站的人员配备、主要职责和业务职能。

表 2－5　陈仓区新农保经办机构的人员配备、主要职责和业务职能

	县农村社会养老保险管理中心	镇劳动保障事务所	村劳动保障服务站
人员配备	24 人（其中 12 名协管员）	1—5 人（其中 1—3 名协管员）	1—2 名工作人员
主要职责	①宣传、贯彻执行新农保政策；②对镇业务指导、人员培训和检查考核；③保险费汇集、存储及基金管理；④参保人员资格审查、建立个人账户、办理	①宣传和贯彻执行新型农保政策；②本镇保险费汇集、上缴；③对参保缴费、享受待遇、转包、注销登记资格及有关表格进行审核；④配	①宣传和贯彻执行新型农保有关政策；②本村参保缴费及待遇享受人员资格、增减变化的初审上报；③本村

		县农村社会养老 保险管理中心	镇劳动保障事务所	村劳动保障服务站
		保险关系转移、注销登记审批；⑤审查养老金领取人员的资格、养老金给付标准和拨付养老金；⑥新型农保信息管理系统和区农保业务档案管理工作；⑦新型农保数据统计工作	合区农保中心建立本镇参保人员个人账户；⑤本镇新型农保信息管理系统及档案管理工作；⑥本镇新型农保数据统计工作	保险费收集、上缴；④本村参保人员养老金申领、注销登记及转保申报；⑤村级新型农保档案管理和统计工作
业务职能	调查摸底	建立汇总资料	统计本镇调查情况	专人入户调查
	参保缴费	核查参保人员资料	审核村资料并汇总	统一填写资料
	资金归集	完成资金归集	每日资金存入专户	专人保管每日上缴
	账户管理	建立、管理个人账户	配合农保中心建账户	——
	待遇审批	审核、审批、备案	审核并报送农保中心	公示公告、上报
	注销/转移	审批	开具证明	提出申请
	基金管理	收缴、报送	核实、报送	预算决算、内外监督
	统计稽核	整理、汇总、分析、稽核	核实、报送台账和数据	报送台账和数据
	信息系统	建立系统，专人管理	专人管理	
	档案管理	建立档案，专人管理	专人保管	

陈仓区新农保经办机构包括农保中心、乡（镇）劳动保障事务所、村劳动保障服务站三级。调查结果显示，陈仓区农保中心共 24 名工作人员，其中编制内 12 名，编制外协管员 12 名；男性 8 名，女性 16 名；年龄在 21—30 岁之间的 14 名，在 31—40 岁之间的有 8 名，40 岁以上的 2 名；具有高中专、大专和本科学历的分别为 6 名、13 名和 5 名。访谈得知，陈仓区新农保经办的主体工作量在乡（镇）劳动保障事务所、村劳动保障服务站，周原镇有 4.3 万农村居民，需要 5 名经办人员处理新农保的日常事务，集中缴费期和待遇审核期则需要 10 名新农保经办人员，而（镇）劳动保障事务所仅有 3 名新农保兼职经办人员；虢镇

是陈仓区政府所在地，基础条件较好，4.7 万农村居民中，有 1.9 万参加新农保，但也只有 1 名新农保专职经办人员，3 名新农保协管员，平均每万农村居民不足 1 名经办人员。

2.3　新农保试点的基本经验

2.3.1　"执政为民，勇于创新" 是较早实施新农保的根本经验

宝鸡市人均耕地 1.23 亩，土地养老的功能较弱，随着人口老龄化和农村家庭结构的变化，迫切需要建立有效的农村社会养老保险体系。1992 年宝鸡市就开始构建 "老农保" 制度，但是由于缺乏政府的公共投入，"老农保" 的效果不够理想。2007 年，宝鸡市委、市政府以 "执政为民" 为理念，提出 "解决宝鸡农民的养老问题，目标全覆盖" 的重大任务：2007 年 6 月，在吸取老农保教训的基础上，制定了《宝鸡市新型农村社会养老保险试行办法》，对传统的农村养老保险制度保障范围、资金筹集方式、财政补贴办法、待遇享受模式、激励约束机制等方面进行了创新。

在市委、市政府的领导和支持下，陈仓区委、区政府在认真总结 "老农保" 的局限，分析区财政的支付能力之后，积极申请宝鸡市的 "新农保" 试点。2007 年，陈仓区有五个村获得宝鸡市首批新农保试点资格；2009 年，陈仓区又成为宝鸡市唯一的国家级新农保试点县。

为了做好新农保试点工作，陈仓区委、区政府勇于体制创新，细化各项政策，采取得力措施。2009 年 10 月、2010 年 3 月先后两次印制、更新了《陈仓区全面推行新农保文件资料汇编》；在个人账户缴费工作结束后，及时汇总征缴数据，建立基金收入专户，审核收费票据，区、镇、村三级对账，以确保账票、账表、账卡三相符。对不愿意参保的农

村居民，区别情况，分类宣讲、解释新农保政策。千河镇劳保所对各村参保情况排队公示，每周二、周五公布征费进度，形成村与村之间的赶超局面。

2.3.2 "深入实际，调查摸底"是新农保制度推进的着力点

2009 年 12 月，陈仓区组织力量对全区农村居民户进行了全面摸底调查。首先，村委会、村民小组组织专人入户调查，如实填写入户调查表，报村劳动保障服务站；其次，村劳动保障服务站对入户调查表进行汇总，填写村调查统计表，报镇劳动保障事务所；再次，镇劳动保障事务所对村调查统计表进行汇总，填写镇调查统计表，报区农保中心；最后，区农保中心对镇调查统计表统计分类后，建立应参保、应捆绑参保两类摸底调查汇总资料，并以镇、村为单位建档装盒。由此，陈仓区建立了"镇、村、组、户"四级农村居民基础档案资料的数据库，掌握了应参保、应捆绑参保的农村居民人数、年龄及缴费数额，提供了减少漏保、预防重复参保、杜绝骗取待遇等监察、审核工作的依据，为新农保试点奠定了基础。

2.3.3 "统一标准，规范行政"是新农保推进的重要支撑

1. 机构建设

陈仓区从 2007 年开始新农保试点，到 2009 年全区推开，实现了工作机构、办公场地、工作人员、业务经费四到位，健全了区、镇、村三级管理服务体系和工作网络。确定区农村社会养老保险管理中心为正科级单位，制定了镇、村两级新农保经办机构的建设规范，对区、镇、村级新农保经办机构的办公场地、工作人员、电脑配备等的数量做了统一规定。通过公开招聘的方式为每个镇配备了 1—3 名协管员。

2. 制度规范

2009 年 7 月，陈仓区制订了《新型农村社会养老保险管理工作规程（试行）》，对新农保管理机构、业务管理、财务管理、基金管理、

统计与稽核、信息系统管理、档案管理、经办业务的流程和标准等给予了具有操作性的规定，提供了新农保管理标准化、规范化、制度化的依据。

3. 信息化建设

2010 年 7 月，陈仓区上线试运行新农保信息管理系统，目前已基本完成参保人员数据录入任务。该系统包括参保登记、缴费管理、个人账户、待遇发放、关系转移、财务管理、信息公示、稽核管理、社会保障卡管理、相关部门系统接口、综合查询、统计报表、系统管理等 13 个子系统、48 项功能菜单、286 个业务经办功能，为县（区）、乡（镇、街道）、村三级新农保管理提供了平台。

4. 档案管理

陈仓区按照"统一标准、规范运作、以人为件、以村建档"的要求，将档案存入档案柜，并有规范的档案柜、档案盒、档案册，目前共有 64 柜、3586 盒、1128 册档案。

2.3.4　"多方筹资，人财支持"是新农保持续发展的强大推力

2007 年新农保试运行期间，陈仓区财政局就构建了新农保的预算体制，即依据全区新农保参保人数、缴费状况、养老金发放等数据，编制市、区两级财政新农保补贴预算。2009 年新农保的推广期间，参保人数急剧增加，区财政的压力倍增，区级财政预算超过计划。区委、区政府组织多方筹资，向宝鸡市财政申请专项补助；借用乡（镇）劳动保障事务所和各级残联为镇级配备的硬件设施；使用区人才发展基金为各镇招聘新农保协管员；区人劳局挤出其他经费为区农保中心招聘协管员；区财政拨款为每个镇劳动保障事务所配备一台电脑和一台打印机，以确保新农保业务的电子化、网络化运转。

2.4　新农保试点中存在的问题

2.4.1　适龄居民参保率偏低

2009 年底，陈仓区参加新农保人数 24.71 万，占应参保人数 33.09 万的 74.67%。其中，16—59 周岁缴费人员 19.51 万，占应缴费人数 27.65 万的 70.56%；60 周岁以上享受待遇人员 52023 人，占应享受待遇 54373 万人的 95.67%。2010 年 6 月，在我们调查的 2816 名农村居民中，有 77.53% 参加了新农保。其中，16—59 周岁的 2248 名居民中，参保 1653 人，占 73.53%；60 周岁以上的 568 名居民中，参保 531 人，占 93.49%。我们调查的三省六个县中被调查者的新农保参保率分别为，江苏省常熟市 99.01%、高淳县 83.68%，河南省通许县 88.12%、西峡县 78.91%，陕西省商南县 82.91%、陈仓区 77.53%。其中，陈仓区被调查者的新农保参保率最低。

分析发现，陈仓区参加新农保不够积极的人群主要是：（1）45 周岁以下人群。在存款利息率低于通货膨胀率的条件下，养老保险缴费时间与首次领取养老金的时间间隔越长，货币贬值越多。制度规定，新农保累计缴费不少于 15 年，45 周岁开始参保至 60 周岁领取养老金，时间间隔最短，对于缴费者来说也最经济、最划算。因此，农村 45 周岁以下的人群缺乏参加新农保的积极性。（2）16 周岁以上的未婚女性。陈仓区的捆绑政策主要约束儿子和儿媳，对未婚女性没有约束；未婚女性婚后一般会将户口迁出现在的家庭，是否参保对现有家庭没有影响。（3）关系不和谐的家庭。陈仓区老年人领取养老金的条件之一是符合参保条件的家庭成员均已参保，当兄弟之间在赡养老人问题上存在矛盾，为了不让老人领取养老金，有的家庭成员故意不参保。（4）收入水平较低人群。访谈得知，每人每年 200 元的缴费标准，超过了家庭收入较低、家庭成员数量较多家庭的经济承受能力。

陈仓区新农保制度的参保率偏低的主要原因：一是农村居民对新农保的认识不足。29.6%的未参保人员认为自己对新农保制度不了解；在部分农村居民看来，自己缴费是为了家中老人领取养老金，并未与自己的养老问题相联系。二是新农保制度本身存在问题。23.4%的未参保者认为新农保缴费率过高，16.9%的未参保者认为缴费年限过长，13.2%的未参保者认为新农保政策不稳定。三是新农保参保率计算方法不科学。参保率是已参保人数与应参保人数之间的比值。访谈得知，陈仓区对应参保人数的统计不准确，没有剔除16周岁以上的学生和已参加其他社会养老保险的农村居民，导致参保率的计算基数过大，计算得到的参保率比实际低。

2.4.2　镇、村级宣传存在政策简化和误导现象

一是没有详细介绍缴费是"有弹性"的。陈仓区农村居民可在100元、200元、300元、400元、500元、600元、800元、1000元八个档次间选择任一档次缴费，但是部分村为了收取方便，直接要求村民统一按照200元的缴费档次缴费。二是没有说明个人账户的用途。新农保个人账户采取的是完全积累制的原理，但是有些镇、村干部直接宣传缴费的目的是为家中老人能够顺利领取到养老金，使得部分居民不知道还有个人账户养老金。三是鼓励"双参双保"。有的村干部为了提高本村的新农保参保率，鼓励进城务工人员在参加城镇职工基本养老保险的同时，也参加新农保。四是没有宣传参保补贴。参保补贴是新农保的重要特色之一，在宣传新农保时应以参保补贴为重要宣传点，但是访谈过程中发现超过50%的农村居民不知道新农保参保补贴是多少。五是强调缴费不强调待遇。镇、村级新农保经办机构的工作重心是参保缴费，因此他们在宣传新农保时主要宣传应当缴费多少，而对于今后如何领取养老金的宣传不足。

2.4.3　行政强制与居民自愿间的矛盾依然存在

按照新农保制度的规定，农村居民具有选择是否参保、选择何种缴

费档次参保的自愿权利。但是，7.61%的参保居民明确表示自己是被强制参保的，还有大量的农村居民是由于"捆绑政策"或不参保就不能享受村集体的部分福利等原因，被迫的"自愿"参加新农保。在缴费档次的选择上，陈仓区规定缴费档次的选择不能低于上年度的缴费标准，2010年可选择的最低缴费档次是200元。

造成陈仓区新农保参保工作行政强制与居民自愿间产生矛盾的原因是陈仓区对各镇下达了参保人数和参保率的硬性指标规定，各镇也对所辖村下达了参保人数和参保率指标。在新农保制度推行初期，只有采取行政强制手段，才能完成上级下达的目标任务。

2.4.4 新农保业务办理便捷程度不高

1. 工作流程复杂

新农保业务经办中需要采集的资料很多，涉及的表格有《新型农村社会养老保险参保登记表》、《新型农村社会养老保险缴费明细表》、《缴费证》、《缴费汇总表》、《宝鸡市新型农村社会养老保险完全丧失劳动能力的农村贫困残疾人参保登记表》、《新型农村社会养老保险个人账户结存清单》、《新型农村社会养老保险个人账户明细表》、《新型农村社会养老保险待遇审批表》、《新型农村社会养老保险待遇审批花名册》、《享受待遇死亡人员花名册》、《新型农村社会养老保险注销审批表》、《新型农村社会养老保险关系转出审批表》等。

2. 金融服务网点布局较少

陈仓区新农保养老金代发机构是陕西邮政储蓄银行，该银行只在陈仓区18个镇中的少部分镇建立了营业网点，造成农村居民养老金领取不方便。访谈得知，一些镇的邮政储蓄银行网点要求定时定期办理业务；有些老人容易带不齐资料，造成多次往返；陕西邮政储蓄银行不具备代办缴费业务的条件，参保者的缴费工作只能采取村上收取的方式。

3. 基层经办经费短缺

部分村在参保人员资料复印、照相等方面没有专项经费，只能用其他经费垫付,给基层经办带来了新的债务;西山八镇在电脑、打印机等硬件设施配备上捉襟见肘,难以适应新农保的网络化管理;陈仓区每年集中一段时间受理参保业务,其他时间由于经办能力的限制无法随时为参保者办理参保业务,有参保意愿但未能参保的居民只能等下一年参保。

2.4.5 新农保信息化建设相对滞后

陈仓区新农保档案记录工作主要依赖于纸质版表格,尚未建立起统一的互联网式信息管理系统,不便于参保人对参保缴费信息、待遇领取信息、家人参保信息的查询、添加与更改。2010 年 7 月,陈仓区开始上线试运行新农保管理信息系统,但是尚未完成村级新农保信息化建设。

人力资源和社会保障部统一开发的新农保管理信息系统的总体框架和业务模块,并未涉及新农保具体业务;由于新农保尚处于试点阶段,宝鸡市尚未开发出全市适用、转接方便的新农保信息管理系统;陈仓区除资金原因,还有与宝鸡市其他区县新农保信息系统衔接方面的问题,不具备独立开发新农保管理信息系统的条件。

2.5　对策建议

2.5.1　循序推进适龄居民参保工作

2010 年,陈仓区新农保参保缴费人数的目标任务是 18.1 万,且不含 60 周岁以上享受待遇的人群。访谈得知,18.1 万人的参保任务远超过陈仓区新农保经办机构的经办能力。应当从实际出发,考虑经济发展水平和农村居民收入水平的约束,真实了解农村居民的意愿,坚持政策全覆盖与农村居民自愿为前提,重点做好农村困难群体和老年人群的参保工作;科学计算参保基数,在农村人口总数中剔除 16 周岁以下人口、

16 周岁以上的学生及已参加其他社会养老保险的人群，以此数为基数上报宝鸡市人力资源和社会保障局，并据此计算科学的参保目标任务。陈仓区要采取多种方式把开展新农保的意义讲透、政策讲清、实惠讲明，使广大农民认识、认知、认同，增强参保自觉性和积极性，循序引导农民自觉自愿参保。针对各级新农保工作人员少、参保农民人数多、居住分散、人员流动性大等实际，加强领导、集中时间、集中力量，在每年的 7 月、8 月农忙时间和 1 月、2 月农闲时间，组织参保登记、收缴保费，确保年度目标任务按时完成。

2.5.2 完善基层经办机构建设

1. 对镇、村级经办人员进行规范、统一的培训

建议由省人力资源和社会保障厅督促各市人力资源和社会保障局对乡镇、村主管干部进行培训，由市人力资源和社会保障局印制统一的宣传资料，保证基层宣传准确、全面、统一。

2. 加强对基层经办机构的经费和人员支持

建议省财政能够拨付专项资金对新农保经办的行政办公经费给予支持，可按照参保人数多少拨付行政办公经费，如每参保 1 个人每年给予 3 元的办公经费。此外，还要加强经办机构的人员队伍建设，增加经办人员数量，提高经办服务质量。

3. 简化新农保的业务流程

新农保经办过程中要填写大量表格，陈仓区农保中心应研究简化新农保经办的程序，不重复采集信息，保证所采集信息的互用；同时，在新农保经办过程中应抓大放小，特事特办，以保证老年居民老有所养为出发点，简化老年居民领取养老金的繁杂程序。

4. 寻找布点广泛的金融合作机构

邮政储蓄银行是布局相对较为广泛的国有商业银行，但是仍有不少镇没有邮政储蓄银行服务网点，建议陈仓区借鉴陕西省商南县、河南省通许县等地的做法，与金融服务网点更为广泛的陕西信合合作，办理新

农保缴费和待遇领取业务。

2.5.3　尽快布局新农保信息管理网络系统

宝鸡市已经对人力资源和社会保障部开发的新农保管理软件进行了改进，陈仓区应加快信息电子化的进程，及时引进新农保信息管理软件，将现有信息尽快录入到管理系统中。各镇、各村劳动保障所（站）配备可联网的电脑，组织培训各镇、村系统管理员，使其准确掌握和熟练操作系统，努力实现新农保业务科学化、信息化、高效化管理。建议在新农保信息系统建立过程中，陈仓区出台具体的制度衔接细则和具体衔接步骤，使得进城务工人员能够及时参保。

2.6　结论与启示

陈仓区是我国较早探索新农保制度的区域之一，并经历了试点、扩大试点、全区推广三个发展阶段，这与我国新农保制度推进的思路是一致的。本章利用社会调查资料，从参保现状、制度认知、期望与需求、基金管理与经办管理服务四个方面对陈仓区新农保试点的现状进行了分析，总结了陈仓区新农保试点的基本经验。研究发现，陈仓区新农保制度推进过程中存在适龄居民参保率偏低，镇、村级宣传存在政策简化和误导现象，行政强制与居民自愿间的矛盾依然存在，新农保业务办理便捷程度不高及新农保信息化建设相对滞后等问题，并针对这些问题提出了对策建议。陈仓区的新农保工作对于在全国范围内全面推进新农保制度有以下启示：

1. 重视新农保制度的基层宣传工作

陈仓区的实践表明，基层工作人员的宣传水平决定了农村居民对新农保政策的认知水平。但是，在基层宣传过程中常会出现政策简化宣传、政策误解宣传等现象，影响了农村居民的参保积极性。因此，应当对基层宣传人员进行统一的培训，规范基层工作人员的宣传口径。

2. 科学设计新农保基金筹集与养老金发放的相关参数

陈仓区新农保制度的缴费水平和保障水平都不能令农村居民满意，缴费档次的设置和基础养老金的发放水平是否合理需要进一步的探讨。全国推进新农保过程中，要充分考虑各地经济发展水平的差异，设计科学、合理的基金筹集与养老金发放参数，以提高农村居民的满意度。

3. 选择便捷的金融服务机构

全国推进新农保制度时应当允许各地根据自身实际选择合适的金融服务机构合作，开展新农保缴费和待遇发放的工作，如选择布点广泛的农村信用合作社等机构，以增强农村居民缴费和领取待遇的便捷性。

4. 建立健全新农保信息管理系统

开发新农保信息管理系统是提高新农保经办管理服务准确性和便捷性的必要前提。由于新农保信息管理系统实施较晚，目前陈仓区仍然依赖纸质档案保存参保信息，使经办管理服务工作仍有诸多不便。建议人力资源和社会保障部尽快开发并推广新农保信息管理系统的国家标准，加快新农保信息化建设进程。

3 陕西省商南县新型农村社会养老保险试点调查报告

商南县地处陕、豫、鄂三省八县结合部，总面积 2307 平方公里，浅山丘陵地貌。全县辖 16 个乡镇，167 个行政村，总人口 23.85 万人，其中农业人口 21.06 万人，[1] 适龄参保人口 15.20 万人。2009 年，全县完成生产总值 22.73 亿元，完成地方固定资产投资 22.23 亿元，财政总收入 1.59 亿元，其中地方财政收入 8988 万元，城镇居民人均可支配收入 12743 元，农民人均纯收入 2998 元。

2010 年 7 月 5 日—9 日，课题调研组一行 12 人赴商南县进行了为期 5 天的新农保试点实施情况调研，先后访谈商南县人事与社会保障局及五镇十六村的领导和新农保工作人员 13 人；发放并收回新型农村社会养老保险调查问卷 835 份、新型农村养老保险经办机构经办人员服务能力调查问卷 10 份、农村养老保险各级经办机构建设情况调查表 4 份，搜集了商南县新型农村养老保险相关资料和制度文件，为本次研究提供了可靠、详实的数据资料。

3.1 农村社会养老保险探索历程

商南县农村养老保险制度建设始于 1992 年，到目前可以划分为

---

[1] 资料来源于《商南洛南列入首批社会养老保险试点县》，http：//epaper. cnwest. com。

"老农保"制度建设和"新农保"制度建设两个阶段。

3.1.1 老农保制度建设阶段（1992—2008 年）

1991 年，民政部制定了《县级农村社会养老保险基本方案（试行)》，随后商洛市被列为农村社会养老保险（简称"老农保"）试点。1992 年商洛市政府制定了《商洛市县级农村社会养老保险基本方案（试行)》，商南县"老农保"工作由此开始起步。2002 年，根据劳动保障部的部署，商洛市下发了《关于印发 2002 年农村养老保险工作安排的通知》；2003 年，根据党的十六大关于在有条件的地方探索建立农村养老保险制度的要求，《商洛市关于认真做好当前农村养老保险工作的通知》中提出"要坚定做好农保工作的信心和决心，把整顿、规范、改革、完善农保作为实践'三个代表'重要思想的具体行动"。

商南县"老农保"制度的基本内容包括，以个人缴费为主、集体补助为辅、国家予以政策扶持为原则的资金筹集方式；以非城镇户口、不由国家供应商品粮的农村人口为参保对象，以村为单位确认并组织投保的组织形式；缴费年龄设置为 20—60 周岁；月缴费标准设定为 2 元、4 元、6 元、8 元、10 元、12 元、14 元、16 元、18 元、20 元十个档次，适龄农村居民根据个人经济状况，可以选择不同的缴费档次；个人缴费和集体补助记入个人账户；根据个人收入周期，实行按月、按季或按年缴费；农村居民在年满 60 周岁之后，根据缴费情况，享受相应的农村社会养老保险待遇。

"老农保"是我国在农村建立社会养老保险制度的初次尝试。在 16 年的"老农保"实践工作中，商南县鼓励和引导农村居民参加养老保险，在一定程度上缓解了农村居民的养老压力，但限于当时的条件，主要靠农民个人缴费，缺少村集体经济和政府财政的支持，养老保障水平低，农民参保积极性不高，覆盖面窄，致使"老农保"制度缺乏生命力。

3.1.2 新农保制度建设阶段（2009—2010 年）

2009 年，根据胡锦涛总书记关于"加快建立覆盖城乡居民的社会保障体系，积极开展新农保试点"的指示和国务院《关于开展新型农村社会养老保险试点的指导意见》，商洛市制定了《商洛市新型农村社会养老保险试点工作实施办法》（以下简称《实施办法》），确定 2010 年在商南等县开展新农保试点。

新农保的参保对象为年满 16 周岁（不含在校学生）、未参加城镇职工基本养老保险的农村居民；采取个人缴费、集体补助、财政补贴相结合的资金筹集方式；缴费标准设置为每年 100 元、200 元、300 元、400 元、500 元五个档次；由省、市、县三级财政在一定范围内进行"入口补贴"和"出口补贴"；年满 60 周岁的参保者可按月领取养老金，除中央给予每位老人每月 55 元的补贴外，县财政还对缴费期超过 15 年的参保人加发一定数额的基础养老金，70—79 周岁加发 10 元，80 周岁以上加发 20 元。个人账户养老金的月计发标准为个人账户全部储存额除以 139。

商南县政府高度重视新农保试点工作，通过科学规划、整体部署、精心组织、广泛动员，确保了新农保试点工作的顺利开展，取得了阶段性成效。政府公布的数据显示，截至 2010 年 7 月中旬，全县参保缴费人数达 10.2 万人，占适龄参保人数的 67.1%，收缴保费 1530 万元；从 2009 年 12 月 1 日起，2.56 万 60 周岁以上的农村老年人开始领取养老金，养老金发放累计金额达 819.9 万元。

3.2 新农保试点的现状分析

3.2.1 参保现状

自 2009 年新农保试点工作实施起，商南县相关部门通过强化组织领导、开展摸底调查、上门宣传、算账对比、收缴与发放同步进行等方式，调动了农民参保的积极性，确保了新农保试点工作的顺利进展。

本次对商南县五镇十六村的抽样调查结果显示，经过 10 个月的工作，商南县新农保总体参保率较高，但仍存在外出务工人员和 45 周岁以下人群参保率较低，以及 90% 以上的参保户都选择了 100 元/年的缴费档次等方面的问题。

1. 农民总体参保率较高

表 3 - 1 是对商南县 835 份调查问卷关于被调查者参保状况的统计结果。

表 3 - 1 总体参保情况分布表

年龄区间	参保（人）	比例	未参保（人）	比例
16 周岁以下	0	—	403	—
16—59 周岁	1844	81.31%	424	18.69%
60 周岁以上	354	92.43%	29	7.57%
总和	2198	71.97%	856	28.03%

表 3 - 1 显示，商南县农村居民的参保率为 71.97%。如果剔除 16 周岁以下年龄的人口，被调查人群的参保率已达到 82.91%，其中 16—59 周岁人口的参保率为 81.31%。待遇领取方面，92.43% 的农村老年人领取了养老金，还有部分没有领取养老金的老年人，其主要原因是正在办理养老金领取手续。但从养老金领取水平来看，由于制度刚起步半年多，农村老人均没有个人账户资金积累，只能领取基础养老金，因此农村老年人每月领取的养老金平均在 56.32—59.05 元之间，领取时间平均在 3.87—4.01 个月。

2. 外出务工人员参保率低

表 3 - 2 是对调查问卷中关于外出务工人群参保状况的统计结果。

表 3 – 2 参保人群的务工情况表

		数量	百分比（%）
迁移户数		364	43.59
务工总人数		703	22.97
就业地点	外出务工	591	84.07
	本乡镇打工	112	15.93
性别	男性	449	63.87
	女性	254	36.13
年龄	16—30 周岁	374	42.45
	31—45 周岁	182	22.25
	46—59 周岁	25	3.81
	60 周岁以上	3	0.78

表 3 – 2 显示，当前商南县劳动力表现出较强的外出流动倾向。
43.59% 的被调查户家中有外出务工人员，其中 15.93% 的外出务工人员在本乡镇工作，84.07% 的外出务工人员跨省市流动。外出务工人员多为 16—45 周岁的青年人口，占总外出人口的 64.70%。16 周岁以上外出务工人员的参保比例为 76.74%，低于商南县适龄人口参保率 82.91% 6.17 个百分点，其原因可能在于：外出务工人员多为青年人群，养老需求较弱，导致参保意愿较低；加之部分农民在外务工时间较长，很少和村干部联系，因此村干部很难对他们进行新农保政策宣传；另外，部分农民在外地打工时，已登记参加外县的新农保，这部分人口数量难以统计，因而影响当地政府统计参保率的准确性。

3.45 周岁以下人口的参保率较低

表 3 – 3 是调查问卷中关于不同年龄段的被调查者参保情况的统计结果。

表3-3 参保情况年龄分布表

	参保		没有参保	
	人数	百分比	人数	百分比
16—45周岁	1229	76.24%	383	23.76%
46—59周岁	615	93.89%	40	6.11%
60周岁以上	354	92.43%	29	7.57%

在本次调研的农村居民中，相当一部分45周岁以下的受访者表示，即使晚几年参保也能按政策要求缴够15年，所以倾向于暂缓几年参保。为了进一步研究年龄差异对参保行为的影响，本研究中以16周岁和45周岁为界，通过对16—45周岁、46—59周岁、60周岁以上三个年龄段的参保情况进行列联分析，通过卡方检验发现参保情况与年龄存在显著相关关系。

表3-3显示，45周岁以上人群和16—45周岁人群的参保率确实存在较大差异。60周岁以上老人的参保率为92.43%，46—59周岁人群的参保率达到93.89%，16—45周岁人群的参保率仅为76.24%。由于养老意识不强、认为缴费周期过长、看不到眼前实惠、对政策稳定性的不信任等原因，造成了45周岁以下人群的参保意愿较低。

4. 缴费档次选择差异不大

表3-4是调查问卷中关于被调查者选择缴费档次的统计结果。

表3-4 缴费档次总体分布表

缴费档次	频数	有效百分比	累积百分比
100元	1811	94.82%	94.82%
200元	26	1.36%	96.18%
300元	20	1.05%	97.23%
400元	3	0.16%	97.39%
500元	50	2.61%	100%

表3-4显示，选择100元这个缴费档次的农民占了94%以上，选择其他缴费档次的农民则非常少，缴费档次的差异性不大。在对商南县缴费档次的统计分析中发现，本地区存在着缴费档次选择的高度一致性。商南县农村经济条件落后，家庭年收入1万元以下的占17.9%，1万—2万元的占54.7%，2万—3万元的占34.3%，3万—5万元占8%，5万元以上的仅占3%。此外，调研过程中发现参保者普遍存在着就低不就高、试试看、从众等心理特征。因此，尽管政府为满足不同收入群体的需要，除了设定100元、200元、300元、400元、500元五个不同的年缴费档次外，还提出了对个人缴费（进口）给予差异化的补贴政策，其中缴费100元、200元的财政补助30元，缴费300元的财政补助40元，缴费400元的财政补助45元，缴费500元的财政补助50元。但是，由于收入水平的限制，绝大多数农民参保后都选择了100元的年缴费档次。

3.2.2 制度认知

商南县各乡镇相关部门采取多种形式深入村组农户进行新农保制度、政策宣讲，在通过电视、广播、报纸等媒体进行宣传的同时，各级乡镇干部和协管员还亲自到农户家中或者田埂上向农民宣传。各乡镇在征缴养老保险费工作中，采取重点突破、由易到难的方法，以60周岁以上和45—59周岁的人群为突破口，带动其他群体的参保积极性。为了使农民对新农保政策认识更直观，商南县的宣传材料上还提供了与参保者的缴费金额、缴费年限相对应的养老金水平。如缴费档次为100元，缴费20年，每月可领取养老金83.3元。此外，商南县的每个乡镇都确定一个重点示范村，由乡镇主要领导亲自包抓。

图3-1是调查问卷中被调查者了解新农保途径的统计结果。图3-2是调查问卷中乡镇政府对新农保政策宣传状况的统计结果。

图3-1显示，95.79%的被调查者是通过当地政府、村干部的宣传了解新农保政策的；图3-2显示，47.66%的被调查者接受过两次以上的宣传。各级政府和工作人员的大力宣传，保证了农村居民及时、准确

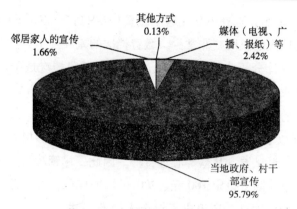

图3-1　农民了解新农保的途径

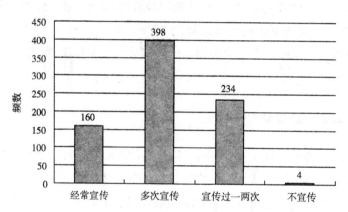

图3-2　乡镇政府对新农保政策宣传频数统计

的了解新农保政策，有力地推动了新农保制度的顺利发展。

　　表3-5是调查问卷中被调查者对新农保了解度、满意度、合理度的统计结果。

表3-5　新农保了解度、满意度、合理度集中位置统计表

	了解度		满意度		合理度	
	均值	标准差	均值	标准差	均值	标准差
总体政策	3.53	0.872	4.03	0.686	4.04	0.691
档次设定	3.47	1.134	3.87	0.786	3.90	0.788

	了解度		满意度		合理度	
	均值	标准差	均值	标准差	均值	标准差
缴费年限设定	3.57	1.106	3.75	0.830	3.78	0.845
按年缴费	3.92	.995	4.14	0.778	4.16	0.780
补贴政策	3.03	1.243	3.75	0.800	3.79	0.795
集体补助政策	2.52	1.028	3.38	0.740	3.40	0.733
残疾人优惠政策	2.89	1.149	3.79	0.753	3.82	0.776
计息政策	2.59	1.143	3.40	0.724	3.40	0.742
基础养老金标准	3.67	1.044	3.67	0.854	3.69	0.859
个人账户计发月数	2.62	1.173	3.37	0.773	3.37	0.790
参保继承	3.10	1.161	3.80	0.784	3.83	0.773
捆绑政策	3.79	0.985	3.93	0.790	3.95	0.804
经办服务	3.90	0.796	3.99	0.680	4.01	0.694
政策宣传	3.83	0.803	3.94	0.712	3.95	0.735
土地流转政策	3.05	1.084	3.39	0.889	3.44	0.887
多缴多得	3.92	0.963	4.14	0.713	4.12	0.747

1. 新农保政策了解度分析

本研究的了解度分析是在新农保试点一段时间后,对试点地区居民对新农保各项政策规定的明了程度的量化调查。由表 3 - 5 可以看出,农村居民对总体政策的了解度比较高,得分为 3.53 分。但从各项政策的得分对比来看,农村居民对各项具体政策的认知程度差异较大,他们对按年缴费方式、经办人员的服务、多缴多得三项政策的认知水平最高,认知得分高达 3.9 分以上;对新农保集体补助政策、计息政策、个人账户的计发月数的认知程度很低,认知得分在 2.6 分以下。

2. 新农保政策满意度分析

本研究的满意度分析是为了测量参保者对新农保的期望与实际感受间的差距。新农保试点以来,大多数农村居民(89%)认为新农保制度是国家推出的又一项惠民举措,较好地缓解了农民的养老压力。调查资料显示:291 位已经开始领取养老金的老人中,51.55% 的老人认为新农保使他们的生活水平得到了提高。但我们在调查中还发现,部分农村居民不愿意参加新农保的主要原因是对政策不了解(18.6%)、对政府不信任(15.8%)。

此外,表 3 - 5 显示被调查者对总体政策的满意度很高,得分为4.03 分。在具体政策方面,被调查者对新农保多缴多得、按年缴纳的满意度最高,分值为 4.14 分;对新农保经办服务、政策宣传、家庭捆绑政策、缴费档次、个人账户继承的满意度也较高,得分都在 3.80 分以上;对新农保政策中的计息政策、集体缴费补助、个人账户计发月数三项的满意度最低。这表明,新农保政策中对缴费档次的设置、家庭捆绑及继承规定较符合农村实际,政策推行中的宣传与服务工作到位。

3. 新农保政策合理度分析

本研究的合理度分析是由参保者对新农保政策制定的科学性进行评判。表 3 - 5 显示,被调查者对新农保各项政策的合理度评判和对各项政策的满意度打分情况较为一致,普遍认为按年缴纳、多缴多得、经办服务、政策宣传、家庭捆绑、缴费档次、个人账户继承、残疾人补贴等方面政策规定的合理度较高,合理度得分在 3.80 分以上;另外,在新农保政策中的计息政策、集体缴费补助、个人账户计发月数等政策规定方面的合理度最低。

3.2.3 期望与需求

表 3 - 6 是调查问卷中被调查者期望改进新农保政策的统计结果。

表 3 - 6　参保户期望的新农保政策改进参数

	缴费环节	个人账户	政府补贴	参保范围	新农保管理	制度衔接	待遇环节
需要	185	44	169	19	57	30	128
	22.73%	5.37%	20.56%	2.31%	6.93%	3.65%	15.57%

续表 3 - 6

	缴费环节	个人账户	政府补贴	参保范围	新农保管理	制度衔接	待遇环节
不需要	629	776	653	803	765	792	684
	77.27%	94.63%	79.44%	97.69%	93.07%	96.35%	83.21%

表 3 - 6 显示，较多被调查者认为缴费环节、政府补贴和待遇环节是新农保政策中最需要改进的地方。

1. 缴费环节

我们在调查中发现，商南县很多农村居民在 2009 年之前就以商业保险等方式为自己或家人购买过养老保险，每年专门用于养老方面的投入平均为 284.5 元，部分农村居民保险投入达到 500 元以上。因此，商南县农村居民通过保险方式为自己进行养老保障的意识较强。面对国家制定的新农保政策，商南县受访者的平均期望缴费水平为每年 149.28 元。在缴费年限上，相当一部分参保者认为当前 15 年的缴费年限设置过长，被调查者平均期望缴费年限为 13 年。

2. 待遇环节

图 3 - 3 是调查问卷中被调查者对养老金待遇是否够用的评价统计结果。

图 3 - 4 是调查问卷中被调查者期望养老金水平的统计结果。

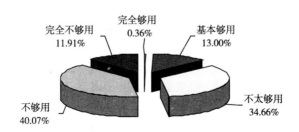

图 3 - 3 养老金待遇调查图

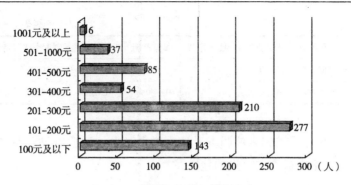

图3-4 参保者的期望养老金水平

图3-3显示，仅有13.00%的参保者认为发放的养老金基本够用，34.66%的参保者认为不太够用，40.07%的参保者认为不够用，11.91%的参保者认为完全不够用。被调查者普遍认为现有的养老金待遇偏低，每月60元的基础养老金很难保障老年人的日常生活开支。

图3-4显示，68.50%的被访者认为60周岁以上老人每月需201—300元才够用。另外，被调查者平均期望的月养老金水平为289.72元。这说明，当前的养老金水平未能达到商南县农村居民的养老期望水平。

3. 期望的养老方式

图3-5是调查问卷中参保者期望养老方式的统计结果。

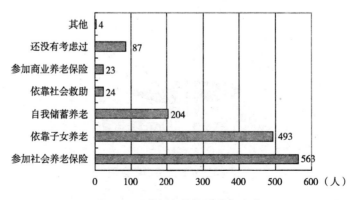

图3-5 参保者的期望养老方式

图 3-5 显示，40.30% 的农村居民期望的养老方式是参加社会养老保险，但同时仍有相当比例的被调查者认为子女养老（35.30%）和自我储蓄养老（14.60%）也很重要。这表明在农村，虽然越来越多的农村居民开始寻求社会养老途径，但由于政策不完善、稳定性差等原因，传统的依靠子女养老仍然是农村居民心中重要的养老方式。

3.2.4 基金管理与经办管理服务

在新农保试点初期，商南县通过领导机构、工作班子、人员配备等组织机构的建设，逐步搭建起新农保建设工作的管理平台。

一是成立了专项领导小组。2009 年末，成立了由常务副县长任组长，县政府办、监察局、人劳局、财政局、发展计划局、老龄办等部门负责人为成员的新农保试点工作领导小组，在县人劳局设立了新农保试点工作办公室，负责组织并指导全县新农保工作。各乡镇也成立了相应的工作机构，制定了工作实施方案，形成了上下对应、协调一致的工作组织机构。

二是明确了各级新农保管理部门的责任和任务分工。商南县人劳局是新农保工作的主管部门，具体负责宣传贯彻国家、省、市、县关于新农保工作的有关政策，指导工作开展，会同有关部门制定工作实施方案和细则，对养老保险费的收缴、养老金的支付进行监督，总结推广先进经验，及时解决工作中存在的新情况、新问题。县农保办是新农保工作的经办机构，具体负责新农保工作的业务指导、培训、考核、基金管理、个人账户建立、领取人员资格审核、养老金给付标准核算及拨付养老金。乡镇劳动和社会保障事务所是农户个人养老保险基金征缴的责任主体，负责本辖区内新农保工作的具体事务。县财政、审计、农业、民政等相关部门各司其职、密切配合，积极支持新农保工作的开展。

三是落实各级经办机构人员配备，加强管理与服务队伍建设。县级新农保经办机构配备了 6 名专职人员；每个乡镇政府为劳动保障事务所至少配备 1—2 名专职工作人员；虽然大多数村级新农保经办机构还未建成，但每个行政村至少配备 1 名新农保协办员，一般由村文书、会计兼职。商南县对新农保经办人员进行了统一的业务培训，确保经办人员能够准确领会政策，并熟悉业务流程。经办人员对工作的满意度较高[1]，多数被访工作人员认为自己的工作目标明确（4.13），各岗位人员分配安排合理（3.38），考核指标和奖惩措施设计科学（3.75），上级机构对本级部门的支持力度较大（3.63）、稽查力度较强（3.88），这些都大大激励了经办人员的工作热情。

表 3-7 是调查问卷中商南县新农保基金管理与经办现状的统计结果。

表 3-7　商南县新农保基金管理与经办现状

基金管理	管理	基金专户管理	选择陕西省信用合作社联社作为新农保的合作金融机构，基金封闭式管理，收支两条线
		基金管理层次	实行基金县级管理
	监督	相关部门监管	①各级劳动和社会保障行政部门应切实履行新农保基金的监管职责。财政、监察、审计部门按照各自职责实施监督，严禁挤占挪用，确保基金安全 ②县级社保机构应对特殊困难人员接受补助资格的相关信息进行复核；县级社保机构应对参保者退保的相关信息进行复核；县级社保机构应对参保金领取资格的相关信息进行复核
		群众监督	试点县农保经办机构和村民委员会每年在行政村范围内对村内参保人缴费和待遇领取资格进行公布，接受群众监督
经办服务管理		建立参保档案	县级管理部门建立起规范的参保者纸质档案
		建设新农保信息管理系统	尚未建立起统一的互联网式的信息管理系统
		推行社会保障卡	尚未推行社会保障卡
		经办经费来源	新农保工作经费，由各级财政根据实际工作需要和有关经费支出标准合理安排，纳入财政预算，不得从新农保基金中提取

---

① 此处得分为经办人员对工作的满意度得分，得分最高 5 分，最低为 1 分。

表 3 – 7 显示，陕西商南县选择了陕西省信用合作社联社作为新农保的合作金融机构。在保费收取方面，由乡镇劳保所委托村级新农保协管员/代管员代收，收缴后由乡镇劳保所存入财政专户。在养老金发放方面，商南县陕西省信用合作社联社在接到县农保办相关文件后，直接发放到老年居民的养老金账户上，基本实现了基金封闭式管理，收支两条线。

商南县新农保基金实行县级管理，具体表现为县级相关部门制定政策和推动实施。县人力资源和社会保障局负责制定《商南县新型农村社会养老保险实施细则》，并在此细则实施期间，可会同县财政局提出养老待遇水平的调整方案，经县人民政府研究后报市人民政府批准。

在基金监督方面，《实施办法》中明确指出，商南县"各级劳动和社会保障行政部门应切实履行新农保基金的监管职责。财政、监察、审计部门按照各自职责实施监督，严禁挤占挪用，确保基金安全"。调研中我们发现，县级社保机构已形成了较为完善的操作监管流程，每月县级社保机构都需要对特殊困难人员接受补助资格的相关信息进行复核，对参保者退保的相关信息进行复核；此外，商南县新农保经办机构和村民委员会每年在行政村范围内对村内参保人缴费和待遇领取资格进行公布，接受群众监督。

总体看来，由于受经济、技术、设备等因素的影响，商南县新农保经办服务管理水平还有待提高。县级管理部门建立起规范的参保者纸质档案，但尚未建立电子档案。信息管理系统建设困难较大，基金经办服务仍依靠经办人员手工填写、提送表格，经办服务效果不佳，且容易出错。商南县新农保《实施办法》中也未见推行社会保障卡的相关政策，导致社会保障卡推行工作成为新农保试点的空白。但商南县借助信用合作社提供的存折或银行卡，基本实现了对参保者个人信息的收集和登记，也方便了养老金领取，所以这些金融产品可被视为"类社会保障卡"。

3.3 新农保试点的基本经验

3.3.1 制定分阶段试点实施计划

2009 年 10 月，商南县政府制定了新农保试点工作三个阶段的实施计划。第一阶段（2009 年 11 月 10 日—12 月 31 日）为宣传发动阶段，主要工作任务是完成组建机构、配备人员、调查摸底、制定方案及实施细则、确定试点乡村、印发宣传资料、召开试点工作动员大会、举办试点工作培训班、进村入户宣传政策等各项组织准备工作。第二阶段（2010 年 1 月 1 日—11 月 30 日）为组织落实阶段，主要任务是完成逐村逐户宣传动员、参保登记、组织缴费及养老保险待遇审核、审批、发放工作。第三阶段（2010 年 12 月 1 日—12 月 31 日）为检查验收阶段，主要任务是完成查漏补缺、规范完善、工作总结、检查评比。[①]

3.3.2 建立个人缴费激励机制

为了调动农村居民的参保积极性，《指导意见》规定，地方政府给予参保者不低于每人每年 30 元的缴费补贴。商南县根据本县实际，制定了具有激励效应的差异化补贴标准：选择 100 元、200 元缴费档次的，给予 30 元财政补贴；选择 300 元、400 元、500 元缴费档次的，分别给予 40 元、45 元、50 元财政补贴。其中，由省级财政承担 50%，市级财政承担 10%，县级财政承担 40%。为了鼓励参保者延长缴费年限，商南县规定，由县级财政给予缴费期超过 15 年的参保者加发一定数额的基础养老金。调查中我们发现，被调查者在调查问卷的了解度、满意

---

① 资料来源于《我市争取三年实现农村社会养老保险基本覆盖》，http://epaper.cnwest.com。

度、合理度评分中，对商南县新农保政策中关于多缴多补贴的规定给予了很高的评分。

3.3.3　设立高龄老人基础养老金补贴

为了满足不同年龄段参保老人的生活需求，商南县实施了基于年龄差异的待遇发放模式，即60—69周岁参保老人的基础养老金标准为每人每月55元，70—79周岁参保老人每人每月65元，80周岁以上参保老人每人每月75元，超过55元的部分由县财政承担；同时规定，随着经济发展和物价变动，适时调整新农保基础养老金的发放标准。

3.3.4　开展广泛的摸底调查

为了全面掌握新农保工作的基础信息，新农保试点初期，商南县开展了新农保基础信息调查摸底工作。在现有农村户口管理信息基础上，以村干部和村民组长为主体，组织调查摸底工作小组，集中时间，进村入户，实查统计，对全县农业户籍人员的年龄构成、60周岁及以上年龄农业户籍人员和其家庭成员的基本信息、各类家庭的收入状况、困难群体、金融服务网点等进行全面摸底、核实。对农民参加新农保的意愿、缴费承受能力、养老金待遇期望值等情况进行抽样调查。

3.3.5　选择布局广泛的金融服务网点

目前，我国农村金融体系尚不完善，农村地区普遍存在金融服务网点少、服务能力不足等问题，影响了新农保基金收缴和养老金发放。商南县依据本县实际，选择陕西信合作为新农保基金收入和支出专户开户银行。与其他银行系统相比，陕西信合布局广泛，网点较多，实现了乡镇全覆盖。

3.4 新农保试点中存在的问题

3.4.1 部分群体参保率较低

调查结果显示，目前商南县 45 周岁以下的中青年参保率只有 76.24%，远低于 45 周岁以上 90% 的参保率。其原因是，中青年群体的缴费起始时间与领取养老金的起始时间相隔很长，导致中青年群体对养老保险关注程度低，对政策的观望心理强。尽管商南县已经采取了由县级财政给予缴费期超过 15 年的参保者加发一定数额的基础养老金措施，但是由于其力度有限，不足以调动 45 周岁以下中青年农村居民参保的积极性。同时，由于外出务工人口有的参加了城镇职工基本养老保险，有的因信息不畅而未能参加新农保，也有 45 周岁以下的外出务工者不愿意过早参加新农保，商南县外出务工人员的参保率仅有 76.74%。此外，商南县地处山区，农村居民居住分散，给新农保业务办理带来诸多不便，也是影响参保率的重要原因。

3.4.2 对困难群体的补贴范围较窄

商南县《实施办法》把困难群体界定为残疾人，规定：由省级财政按养老金缴费最低档次对重度残疾人全额补贴；由市级财政按养老金缴费最低档次对中度残疾人给予 7.5% 的补贴，县级财政对中度残疾人给予 67.5% 的补贴，其余 25% 由本人缴纳；由县财政对轻度残疾人按所缴纳最低标准的保费给予 50% 补贴。

调查中发现，除了残疾人之外，需要政府补贴资助的困难群体还有"五保户"、"低保户"、"烈士军属"、"独生子女户"、大龄未婚男性等。目前尚无对这些困难群体的财政补贴政策。

3.4.3　信息化建设滞后

商南县尚未建设新农保信息管理系统，与各镇、各村之间还处在纸质报表的信息传递阶段，全县十几万农民的参保档案均是由经办人员手工填写，并以纸质形式建档、保存，没有推行社会保障卡。农民个人参保登记，需要填写《参保登记表》、《缴费明细表》、《缴费汇总表》、《缴费记录卡》等，经历近十道手续才能完成，花费时间约一周。不仅造成参保人缴费、领取待遇、查询本人参保信息等过程的诸多不便，也大大增加了经办机构的工作量，增加了参保者的时间成本。

3.4.4　新农保经办人员不足

商南县新农保经办能力严重不足，主要表现在县、镇、村经办人员数量严重不足，经费短缺，办公条件简陋。县级农保中心只有 6 名正式编制的工作人员、7 名协管员，面对全县 15 万参保者，显得经办力量单薄。各乡镇劳动保障事务配备专职、兼职工作人员及协管员 2—3 名。村级由村会计或其他村干部兼职经办。在每年的集中缴费期，县、乡镇必须从其他部门临时借用人力，工作才能正常开展。新农保基金收入和支出专户开户银行陕西信合的基层营业所工作人员不足，也影响新农保养老金的按时发放。

3.5　对策建议

3.5.1　扩大财政补贴的范围，提高新农保的补贴力度

建议把财政补贴资助的范围扩大到"五保户"、"低保户"、"烈士军属"、"独生子女户"、大龄未婚男性等困难群体。这些群体中大部分家庭经济困难，缺乏稳定的基本生活经费来源，年老时更是没有养老依

靠。建议参照残疾人的财政补贴办法，实施对较大范围的困难群体的养老保险缴费补贴。对 45 岁以下的应参保农村居民，实施更有激励作用的差异缴费补贴，对缴费超过 15 年以上的参保者，年缴费档次越高，缴费时间越长，给予缴费补贴越高。

3.5.2 加强信息化建设，提高经办机构服务能力

加强新农保信息化建设是实现新农保业务规范化和现代化的重要举措，更是加快推进新农保试点工作的必然选择。建议尽快建立统一的信息网络系统，实现基础信息采集和输入电子化、县乡村信息传递网络化、新农保资源信息共享、参保者简便查询政策法规和个人参保信息，真正实现贴近基层、提高效能、方便群众、提升服务能力的目的。尽快建成县、乡镇统一的新农保信息系统和业务数据库，使信息网络覆盖县、乡镇、村三级新农保经办机构，形成社保、财政、公安、银行、民政、计生、残联等部门之间的信息共享。

整合新农保基层服务资源，尽快建立健全"乡镇有机构、村级有专人、覆盖无死角"的基层经办服务网络；充实农保经办机构的工作力量，加强对基层社保经办人员的培训，提高基层社保经办人员的政策水平和业务能力。

3.5.3 加强新农保宣传工作的针对性和实效性

2009 年以来，商南县委、县政府采取多种形式来宣传新农保制度和政策，取得了很好的效果。目前，应该重点针对外出务工、在外居住和 45 周岁以下的中青年群体，采取行之有效的宣传方式和内容，增强这部分农村居民的养老保险意识和参保意愿，进一步提高全县的新农保参保率。

3.6 结论与启示

商南县通过制定细致的分阶段实施计划、广泛的前期摸底调查、对缴费补贴和基础养老金补贴的制度优化、便捷金融服务网点的选择等措施，保证了商南县新农保试点的顺利开展。抽样调查结果显示，截至2010年7月初，商南县新型农村社会养老保险的适龄人群参保率为82.91%，其中16—59周岁人口的参保率达81.31%，92.43%的60周岁以上老年人领取了养老金。商南县参保户对新农保政策的满意度较高，89%的参保户认为新农保制度是国家出台的又一项惠民举措，有效地缓解了农民的养老压力。

从商南县新农保试点的经验可以获得三方面的启示：一是新农保制度建设初期，必须进行充分调查。2009年末，商南县人劳局组织力量，重点对农村人口、收入、金融网点、参保意愿、缴费承受能力、养老金待遇期望等情况进行了抽样调查，摸清了家底，核实了数据，为全面推进新农保试点工作奠定了基础。二是分阶段部署。在调查摸底的基础上，把新农保试点工作划分为宣传发动、组织落实、检查验收三个阶段，重点突出，环环衔接。三是加大地方政府财政投入。商南县"新农保"的突出特点是政府投入力度相对较大，给予参保农户缴费"进口补"、待遇"出口补"，并建立了补贴标准动态调整机制，很大程度上调动了农村居民的参保积极性。

4 河南省通许县新型农村社会养老保险试点调查报告

通许县隶属河南省开封市，地处豫东平原，位于河南省中部偏东北，全县土地总面积 767.53 平方公里，其中耕地面积 85.15 万亩，占土地总面积的 73.96%。辖 6 乡 6 镇，309 个行政村，611 个自然村，总人口 62.46 万人。2009 年全县生产总值 96.9 亿元，一般预算收入 1.52 亿元，全县农业总产值 48.1 亿元，农民人均纯收入 5062 元。通许县交通便利，西距新郑国际机场、京广铁路、京珠高速公路 60 公里，境内铁路、公路纵横交错。①

2010 年 7 月 24 日至 8 月 5 日，西安交通大学调研组共计 8 人前往通许县进行了为期 13 天的新农保试点实施情况调查，走访了 16 个自然村；访问了 13 名县人力资源和社会保障局及被调查镇相关领导，对 6 镇 24 村 846 个家庭及 31 名经办机构人员进行了访问式问卷调查；搜集了包括政策法规、基金管理、制度运行环境在内的基础资料，实现了调研的预期目标。为通许县新农保试点的相关研究提供了可靠、详实的数据资料。

4.1 新农保制度试点启动

2009 年，通许县被列为国家级新农保试点县。根据《国务院关于

---

① 数据来源于通许县阳光信息网，http：//www.txzf.gov.cn/index.asp。

开展新型农村社会养老保险试点的指导意见》（国发［2009］32 号）（以下简称《指导意见》）和《河南省人民政府关于开展新型农村社会养老保险试点的实施意见》（豫政［2009］94 号），通许县政府制定了《通许县人民政府关于印发新型农村社会养老保险试点暂行办法的通知》（通政发［2010］1 号），于 2010 年 1 月正式启动了新农保试点工作。

通许县新农保年缴费标准采取《指导意见》规定的 100 元、200 元、300 元、400 元、500 元五个档次，省财政对参保人给予每人每年 20 元缴费补贴，市财政给予每人每年 10 元缴费补贴，并计入个人账户；中青年农民缴费满 15 年后，每多缴 1 年，县财政再给予缴费补贴 10 元，计入个人账户。对农村重度残疾人等缴费困难群体，县政府为其代缴全部最低标准的养老保险费；对烈士遗属、农村 45 周岁以上已领证的独生子女父母和双女户父母参保的，县政府给予每人每年补贴养老保险费 50 元。

2009 年 12 月 31 日年满 60 周岁，未享受城镇职工养老保险待遇的农村居民，不用缴费，可以按月领取基础养老保险金。其中，中央财政给予每人每月 55 元基础养老金，县财政给予每人每月 5 元基础养老金。个人账户养老金的计发办法是，月养老金待遇 = 个人账户储存积累总额 ÷139。

截至 2010 年 6 月底，通许县参保人数 31.51 万人，参保缴费人数 24.8 万人，入库金额 2777 万元；享受养老金待遇的 6.71 万人，累计发放养老金 2369 万余元。调查结果显示，适龄人员的参保率为 88.12%，超额完成了预定目标。

4.2　新农保试点的现状分析

4.2.1　参保现状

表 4 - 1 是调查问卷中关于被调查者参加新农保状况的统计结果。

表 4 - 1 被调查者参加新农保状况统计结果

项目	统计结果					
是否参保	年龄	是			否	
	16—59 周岁（人数/%）	1761/84.58			321/15.42	
	60 周岁及以上（人数/%）	709/98.34			12/1.66	
	总计（人数/%）	2470/88.12			333/11.88	
保费缴纳	缴费档次（%）	100 元	200 元	300 元	400 元	500 元	500 元以上
		93.78	3.64	0.45	0.28	0.06	1.79
	是否被强制参保（%）	是			否	
		0.29			99.71	
待遇领取	能否按月领取养老金（%）	能			不能	
		94.05			5.95	
	不能按月领取的原因（%）	经办机构没有按月发放	不方便领取		不知道能够按月领取	其他
		39.02	56.10		2.44	2.44
	领取养老金的时间（月）	均值	标准差	众数	中位数	最大值	最小值
		5.66	2.45	6	6	7	0

本次调查在通许县共完成 846 户家庭的问卷调查，收集了 3466 名农村居民的基本信息，其中适龄参保居民 2803 人。表 4 - 1 显示，88.12% 的适龄被调查者参加了新农保制度，其中 84.58% 的 16—59 周岁被调查者参加了新农保，98.34% 的 60 周岁及以上被调查者参加了新农保。93.78% 的已经参保缴费的被调查者选择了 100 元的缴费档次，3.64% 的已经参保缴费的被调查者选择了 200 元的缴费档次，选择 300 元、400 元、500 元的已经参保缴费的被调查者分别占 0.45%、0.28%、0.06%。此外，还有 1.79% 的已经参保缴费的被调查者的实际缴费金额超过 500 元。在所有参保缴费的被调查者中，有 99.71% 的人表示是自愿参保，只有 0.29% 的人表示是被强制参保。94.05% 的已经领取养老金的被调查者表示能够按月领取养老金，5.95% 的已经领取养老金的

被调查者表示不能按月领取养老金。在不能按月领取养老金的被调查者中，39.02%的人表示是因为经办机构没有按月发放，56.10%的人表示是因为不方便领取，2.44%的人表示不知道还能按月领取养老金。通许县已经领取新农保养老金的被调查者大多数领取了6个月的新农保养老金，平均领取了5.66个月的新农保养老金。

图4-1是调查问卷中关于被调查者了解新农保政策途径的统计结果。

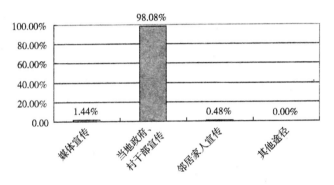

图4-1 被调查者了解新农保途径统计结果

图4-1显示，98.08%的被调查者表示是通过当地政府、村干部的宣传了解到的新农保政策，1.44%的被调查者表示是通过媒体宣传了解到新农保政策，0.48%的被调查者是通过邻居和家人的宣传了解到新农保政策。在当地政府、村干部对新农保政策宣传的频次方面，26.95%的被调查者表示他们经常宣传，54.73%的被调查者认为他们多次宣传，17.96%的被调查者认为他们只宣传过一两次，0.36%的被调查者表示从来没有听到过当地政府和村干部的宣传。

总体来看，通许县被调查者参加新农保状况呈现以下特点：第一，参保率较高。通许县16周岁及以上的被调查者中，有88.12%的人参加了新农保。我们调查的三省六个县中，其他五个县被调查者新农保参保率分别为，常熟市99.01%、高淳县83.68%、西峡县78.91%、商南县82.91%、陈仓区77.53%，通许县适龄被调查者参保率排在第二位，仅次于已经实现社会养老保险城乡一体化的常熟市。第二，不同年龄段参保率有显著差异。运用 Matlab 软件将调查问卷中关于是否参保的统计数据按照回答者的年龄分组，分为 16—30 周岁、31—45 周岁、45—59 周岁、60 周岁及其以上四组，结果为 16—30 周岁被调查者参保率为 67.27%，31—45 周岁被调查者参保率为 96.05%，46—59 周岁被调查者的参保率为 98.33%，60 周岁及其以上被调查者的参保率为 98.34%。运用列联分析法，计算得到 $p = 0.000$，说明通许县被调查者参保率与年龄显著相关。第三，新农保养老金基本能够按时发放。通许县实行新农保的基准日是 2009 年 12 月 31 日，2010 年领取养老金的被调查者都是领取 60 元/月的基础养老金，没有个人账户养老金。94.05% 的已经领取养老金的被调查者表示能够按时领取到基础养老金。第四，被调查者选择的缴费档次偏低且较为单一。93.78% 的被调查者选择了《通许县新型农村社会养老保险试点暂行办法》中规定的最低缴费档次 100 元。访谈得知，造成这一现象的主要原因是通许县村干部在新农保政策宣传时主要强调了 100 元的缴费档次。

4.2.2 制度认知

表 4 - 2 是对调查问卷中关于被调查者对新农保了解度、满意度、合理度认知的统计结果。

表 4 - 2 被调查者对新农保了解度、满意度、合理度认知的统计结果

	了解度		满意度		合理度	
	均值	标准差	均值	标准差	均值	标准差
新农保总体政策	3.47	0.91	4.10	0.62	4.11	0.62
缴费档次的设定	3.46	1.11	3.98	0.66	4.02	0.67
缴费年限设定	3.40	1.13	3.74	0.77	3.73	0.81
保险费按年缴纳	3.77	1.03	4.14	0.74	4.17	0.75
政府补贴政策	3.09	1.20	3.79	0.77	3.81	0.79
集体经济补助	2.77	1.00	3.47	0.75	3.51	0.76
对残疾人优惠政策	3.13	1.02	3.82	0.77	3.86	0.77

	了解度		满意度		合理度	
	均值	标准差	均值	标准差	均值	标准差
一年期同期存款利率计息政策	2.89	1.23	3.69	0.77	3.73	0.78
基础养老金标准	4.05	0.82	3.73	0.97	3.50	1.09
个人账户计发月数为139个月	2.57	1.09	3.44	0.74	3.46	0.76
参保人死亡，个人账户中的资金余额，除政府补贴外，可以依法继承	3.14	1.13	3.85	0.76	3.86	0.77
捆绑政策	3.86	0.97	3.54	0.75	4.05	0.75
经办人员的服务	3.77	0.91	4.20	0.67	3.96	0.69
政策的宣传	3.84	0.86	4.07	0.62	4.08	0.63
新农保交钱多养老金发放多，交钱时间长养老金发放多	4.04	0.89	4.06	0.72	4.19	0.70

表 4 - 2 显示，被调查者对新农保政策的了解度得分集中在 2.57—4.05 分之间，得分最低的是"个人账户计发月数为 139 个月" 2.57 分，得分最高的是"基础养老金标准" 4.05 分，平均得分是 3.42 分。被调查者对新农保政策的满意度得分集中在 3.44—4.20 分之间，得分最低的是"个人账户计发月数为 139 个月" 3.44 分，得分最高的是"经办人员的服务" 4.20 分，平均得分是 3.84 分。被调查者认为新农保政策的合理度得分集中在 3.46—4.19 分之间，得分最低的是"个人账户计发月数为 139 个月" 3.46 分，得分最高的是"新农保交钱多养老金发放多，交钱时间长养老金发放多" 4.19 分，平均得分是 3.87 分。

通许县被调查者对新农保政策的了解度、满意度、合理度认知表现出两个特点：第一，新农保基础政策和特殊政策的宣传效果存在差异。①

———————————

① 由聚类分析可知，新农保政策可分为基础政策和特殊政策，其中基础政策包括：缴费档次的设定、缴费年限设定、保险费按年缴费、基础养老金标准、符合参加社会养老保险条件的家庭成员均需按规定参保并正常缴费才可享受养老金待遇、经办人员的服务、政策的宣传、新农保交钱多养老金发放多且交钱时间长养老金发放多；特殊政策包括：政府补贴政策、集体经济补助、对残疾人优惠政策、一年期同期存款利率计息政策、个人账户计发月数为 139 个月、参保人死亡后个人账户中的资金余额除政府补贴为可依法继承。

在调查中发现，被调查者了解度高的有：基础养老金标准（4.05），多缴多得的政策（4.04），捆绑政策（3.86），按年缴费（3.77），经办人员的服务（3.77）；了解度相对较低的有：缴费利率（2.89），残疾人优惠政策（3.13），集体补助（2.77）。造成这一差异的原因，一是78.11%的被调查者是初中及以下文化程度，对新农保的基础政策较容易理解，对新农保特殊政策的理解存在困难；二是基层干部宣传新农保政策时，侧重于对基础政策的宣传，简化或忽略了对特殊政策的宣传。第二，被调查者对新农保政策的满意度较高。表4－2显示，被调查者对新农保各项政策的态度居于"一般"和"满意"之间，满意度均高于3.46分。

图4－2和图4－3分别是调查问卷中关于被调查者是否愿意参保和是否愿意鼓励全家人参保的统计结果。

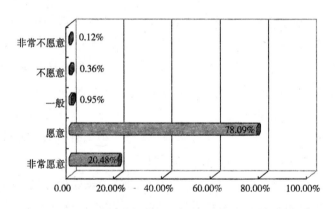

图4－2　被调查者是否愿意参加新农保统计结果

图4－2和图4－3显示，20.48%的被调查者表示非常愿意参加新农保，78.09%的被调查者愿意参加新农保，0.95%的被调查者持中立态度，有0.48%的被调查者不愿意或非常不愿意参加新农保。13.45%的被调查者非常愿意鼓励全家人参加新农保，82.05%的被调查者表示愿意鼓励全家人参加新农保，3.33%的被调查者持中立态度，共有0.72%的被调查者不愿意鼓励全家人参保。

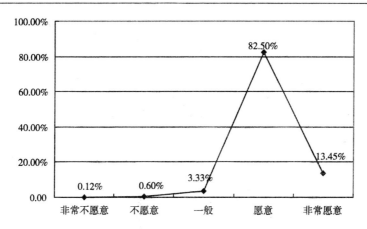

图 4 - 3　被调查者是否愿意鼓励家人全部参加新农保的统计结果

在愿意参加新农保的被调查者中，5.12%的被调查者非常愿意提高缴费档次，47.50%的被调查者愿意提高缴费档次，42.49%的被调查者希望保持现在的缴费档次，4.89%的被调查者希望降低缴费档次；3.93%的被调查者非常愿意主动宣传新农保政策，60.83%的被调查者愿意主动宣传新农保政策，34.52%的被调查者持中立态度，有0.72%的被调查者不愿意或非常不愿意主动宣传新农保政策；0.60%的被调查者非常愿意用转让土地的钱参加新农保，36.41%的被调查者愿意用转让土地的钱参加新农保，60.36%的被调查者持中立态度，有2.63%的被调查者不愿意或非常不愿意用转让土地的钱参加新农保。

不愿意参加新农保的被调查者中，23.86%的被调查者表示是因为对政府不信任，20.30%的被调查者表示是因为对政策不太了解，13.71%的被调查者认为新农保缴费率过高，11.68%的被调查者表示由于没有固定收入不愿意参加新农保，7.11%的被调查者表示因为家庭关系不和谐不愿意参加新农保，还有6.09%的被调查者认为由于缴费年限过长，另外还有17.25%的被调查者认为因外出务工人员信息采集难、已购买了商业保险等原因不愿意参加新农保。

图 4 -4 是调查问卷中关于被调查者对政府推行新农保政策看法的统计结果。

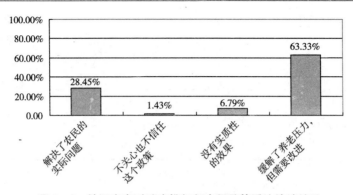

图4-4　被调查者对政府推行新农保政策看法统计结果

图4-4显示，63.33%的被调查者认为推行新农保政策缓解了养老压力，但还需要改进；28.45%的被调查者认为推行新农保政策解决了农民的实际问题；6.79%的被调查者认为推行新农保政策没有实际效果；1.43%的被调查者表示不关心也不信任新农保政策。

4.2.3　期望与需求

1. 被调查者期望的养老方式

图4-5是调查问卷中关于被调查者期望的养老保障方式的统计结果。

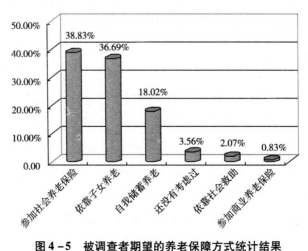

图4-5　被调查者期望的养老保障方式统计结果

图 4 - 5 显示，被调查者的养老保障方式呈现多样化特点，其中 38.83% 的被调查者选择期望参加社会养老保险养老，36.69% 的被调查者选择期望依靠子女养老，18.02% 的被调查者选择期望自我储蓄养老，3.56% 的被调查者表示还没有考虑过养老保障方式，2.07% 的被调查者选择依靠社会救助养老，0.83% 的被调查者选择参加商业养老保险养老。

图 4 - 6 是调查问卷中关于被调查者选择老年时居住方式的统计结果。

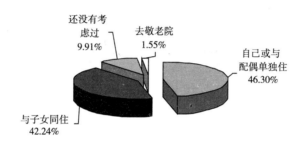

图 4 - 6 被调查者选择年老时选择居住方式统计结果

图 4 - 6 显示，46.30% 的被调查者表示年老时愿意自己或者与配偶一起居住，42.24% 的被调查者表示年老时希望与子女一起居住，9.91% 的被调查者表示还没有考虑过年老时的居住方式，1.55% 的被调查者希望年老时住在敬老院。

2. 被调查者期望的养老金水平

图 4 - 7 是调查问卷中关于被调查者对新农保养老金是否够用问题答案的统计结果。

图 4 - 7 显示，0.95% 的被调查者表示新农保养老金完全够用，23.69% 的被调查者表示新农保养老金基本够用，36.55% 的被调查者表示新农保养老金不太够用，29.29% 的被调查者表示新农保养老金不够用，9.52% 的被调查者表示新农保养老金完全不够用。

表 4 - 3 是调查问卷中关于被调查者期望的养老金数额的统计结果。

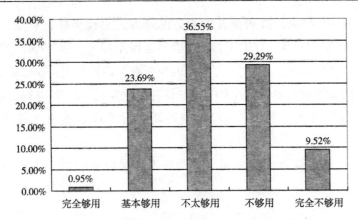

图 4 - 7　被调查者对新农保养老金是否够用问题答案的统计结果

表 4 - 3　被调查者期望的养老金数额的统计结果

期望养老金数额	百分比（%）	累积百分比（%）
0—100 元	34.41	34.41
101—200 元	50.42	84.83
201—300 元	11.35	96.18
301—400 元	1.43	97.61
401—500 元	1.31	98.92
501—600 元	0.48	99.40
600 元以上	0.60	100.00

　　表 4 - 3 显示，在保持当前物价水平不变的情况下，被调查者期望的养老金平均值是 174.84 元。其中，34.41% 的被调查者期望的养老金档次是 0—100 元，50.42% 的被调查者期望的养老金档次是 101—200元，11.35% 的被调查者期望的养老金档次是 201—300 元，1.43% 的被调查者期望的养老金档次是 301—400 元，1.31% 的被调查者期望的养老金档次是 401—500 元，0.48% 的被调查者期望的养老金档次是 501—600 元，0.60% 的被调查者期望的养老金档次是 600 元以上。

　　3. 被调查者期望的新农保缴费标准

　　表 4 - 4 是调查问卷中关于被调查者期望每年的缴费额的统计结果。

表 4 - 4　被调查者期望每年的缴费额统计结果

期望的缴费额	百分比（%）	累积百分比（%）
0 元	16.95	16.95
1—100 元	56.64	73.59
101—200 元	14.98	88.57
201—300 元	5.91	94.48
301—400 元	0.79	95.27
401—500 元	4.34	99.61
500 元以上	0.39	100.00

　　表 4 - 4 显示，被调查者期望每年缴费额的均值为 135.06 元。其中，16.95% 的被调查者希望不要缴费，到达领取年龄时，直接领取新农保养老金；56.64% 的被调查者期望的缴费金额的范围是 1—100 元；14.98% 的被调查者期望的缴费金额的范围是 101—200 元；5.91% 的被调查者期望的缴费金额的范围是 201—300 元；0.79% 的被调查者期望的缴费金额的范围是 301—400 元；4.34% 的被调查者期望的缴费金额的范围是 401—500 元；0.39% 的被调查者期望的缴费金额是 500 元以上。

　　4. 被调查者期望的缴费年限

　　调查结果显示，通许县被调查者期望的缴费年限均值为 12.84 年，标准差为 0.154，众数和中位数均为 15 年，因此适当缩短缴费年限也可以起到激励农民积极参加新农保的作用。

　　5. 新农保制度需要优化的环节

　　图 4 - 8 是调查问卷中关于被调查者对新农保制度优化需求的统计结果。

　　图 4 - 8 显示，在制度优化环节，50.31% 的被调查者希望新农保制度在待遇环节优化，39.42% 的被调查者希望优化政府补贴的政策，3.49% 的被调查者希望新农保制度在缴费环节有所优化，3.08% 的被调查者认为新农保的参保范围需要优化，1.85% 的被调查者认为新农保制

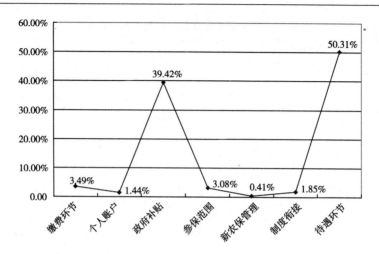

图 4-8　被调查者对新农保制度优化需求的统计结果

度在制度衔接方面需要优化，1.44% 的被调查者希望优化新农保的个人
账户，0.41% 的被调查者认为新农保制度的管理方面需要优化。

4.2.4　基金管理与经办管理服务

　　自通许县被列为国家级新农保试点县以来，县领导高度重视，从管
理体制入手，多方面开展工作，确保新农保政策的实施：一是成立专门
领导小组，下设办公室，办公地点设在县人力资源和社会保障局，具体
负责新农保试点工作的组织实施。领导小组每周召开例会，研究新农保
实施中出现的问题。参加者包括县委办、政府办、发改委、人力资源和
社会保障局、财政局、民政局、各乡镇等 23 个相关单位。二是组建机
构规格为副科级的新农保管理服务中心，负责全县新农保日常事务，核
定编制 25 名，内设综合、征缴、稽核、信息、待遇审核、档案、财审
等科室，将新农保基金纳入社会保障基金财政专户，收支两条线，并按
照有关规定实行保值增值。人员工资和工作经费纳入财政预算。三是乡
镇社会保障事务所实行垂直管理，每个乡镇核定编制 3 名，所长 1 名，
工作人员 2 名，办公用房规定为 5 间。四是各村配备协管员 1 名，配合
县、乡新农保人员开展工作，工资定为每人每月 150 元。

经过严密的工作部署，通许县政府逐步完善了新农保试点的管理和运行机制，为开展新农保试点工作奠定了坚实基础。第一，实行县、乡、村、组四级联动责任制。采取县领导包乡、乡领导与大学生村官包村、村干部包组、组干部包户，明确分包内容，即包政策宣传、包身份落实、包填写表册、包参保任务完成。第二，实行县直单位协助包村责任制。从县直单位抽调 304 名驻村干部，携带新农保政策读本，分包行政村，推进新农保工作。第三，实行督促问效责任制。由县委、县政府督查室牵头，抽调领导组成员分成两个督导组，深入 12 个乡镇 304 个行政村，对工作开展情况进行跟踪督导，以简报、政府网站、手机短信等形式对各乡镇的工作状况进行通报。

4.3 新农保试点的基本经验

4.3.1 县级财政投入及时到位

通许县在河南省处于中等发展水平，在县级财政不够宽裕的条件下，通许县政府严格遵照国家政策，对新农保进行"入口"和"出口"双重补贴，确保了新农保制度的顺利推进。2010 年初，通许县筹集 500 万元作为配套资金，充实新型农村社会养老保险基金，用于 60 周岁以上的老人的养老金补贴、16—59 周岁参保人员的缴费补贴，以及独生子女户、双女户、残疾人等特殊群体的缴费补贴。县财政对缴费困难的农村重度残疾人按最低缴费标准代缴全部养老保险费，对烈士遗属、45 周岁以上已参保的领取独生子女证的父母和双女户父母每人每年 50 元养老保险费补贴。对缴费超过 15 年的参保者，每多缴费 1 年，再给予 10 元缴费补贴，并计入个人账户。

4.3.2 充分调动干部群众的积极性

通过大力宣传新农保制度、实行一票否决制等措施，引导农村居民积极参加新农保。通许县充分利用会议、广播、电视、宣传单、墙报、标语、手机短信等手段，广泛宣传新农保政策，一对一解答群众普遍关心的问题，先后举办 20 多次专题讲座，召开 13 次各类动员会，悬挂 1200 多条横幅，张贴 12000 多条宣传标语，分发 14 万本新农保政策知识宣传手册，发放 14 万份参保缴费与领取待遇对照表。县委、县政府把新农保试点工作纳入全县目标管理，层层落实责任，实行一票否决，对完不成任务的单位和个人取消年终评先进的资格，对完成任务好的前三名乡镇，分别奖励 5 万元、3 万元、1 万元现金。严格的奖惩机制激发了全县搞好新农保试点工作的积极性和主动性，保证了新农保试点工作的顺利推进。

4.3.3　实现新农保管理信息化

通许县新农保的纸质档案规范统一，存放有序，与电子档案对应。档案管理专人负责，责任明确。每个乡镇一个档案柜，档案内容齐全完整。为参保者每人建立一份纸质档案，内容包括参保登记表、户口本身份证复印件、个人照片、60 周岁及以上老人的待遇核定表等。每个乡镇的新农保业务表格、票据由乡镇劳动保障所工作人员初审、签字、盖章后，再由县农保中心的专人审核、签字、盖章，第一联交由县农保中心存档，第二联留乡镇劳动保障所存档。

通许县的新农保信息系统建设与新农保业务工作同步推进，实现了县、乡之间的纵向业务贯通，县、乡与合作银行之间的横向联网。新农保信息系统涉及农民参保登记、关系转移、缴费管理、待遇申请、待遇管理、待遇拨付、综合查询、统计报表八大模块 50 项功能。省、市、县、乡镇之间的新农保信息传递、数据汇总都实现了电子化和资源共享，简化了办事程序，提高了工作效率，提升了服务水平。

4.3.4　确保新农保基金良性安全运行

为了确保人员信息真实可靠，杜绝虚报冒领养老金，通许县按照"三级审核、一榜公示、严把三关、不错一人"的工作原则，对全县 60

周岁及以上参保者的参保信息经村、乡镇、县三级审核后，以村为单位张榜公示，并加盖公章，公布举报电话。经审核举报属实的，每举报一例，奖励现金 100 元，并对举报人实施保护；对虚报冒领者，一经查实，每冒领一个月，除追回本金和利息外，加罚 100 元，对情节严重、影响恶劣的移交司法部门处理。此外，村级协管员还采取进村入户、身份证核查、随即抽样等办法，及时剔除不符合享受待遇条件的参保人，删除已经死亡的参保人。

严格按照财会制度，把参保者个人缴费、集体补助、各级政府补贴等，全部纳入县社保基金财政专户，专款专用。严格执行中央、省、市规定，把新农保工作人员的工资、经办机构经费纳入县财政预算。基础养老金和个人账户养老金分别记账、独立核算，不得混用，保证了新农保基金安全运行。

4.4　新农保试点中存在的问题

4.4.1　宣传内容简单化

通许县有关部门高度重视新农保的宣传工作，手段多样、形式灵活，取得了良好的宣传效果。但是，从宣传的内容上看，具有简单化倾向：重点宣传了 100 元缴费档次，忽略了其他缴费档次；重点宣传了 15 年缴费年限，忽略了超过 15 年缴费未来可以获得更高养老金待遇与财政的奖励政策；重点宣传了基础养老金标准，忽略了个人账户养老金的计发办法；重点宣传了家庭成员按规定参保并正常缴费是家中老人领取养老金的先决条件，忽略了参保缴费也是家庭成员本人未来领取养老金的基本条件；重点宣传了个人缴费的必要性，忽略了政府补贴、集体补助等政策内容和操作程序；重点宣传了一般参保者的基础政策，忽略了对困难群体的特殊政策。

4.4.2　缴费政策缺乏激励效应

《通许县新型农村社会养老保险试点暂行办法》规定，无论参保者选择哪个缴费档次，都给予 30 元缴费补贴，体现不出多缴多补的优越性，缺乏鼓励参保者选择更高缴费档次缴费的激励效应。同时，通许县在新农保政策宣传中还重点强调了 100 元缴费档次，忽略了其他缴费档次，因而高达 93.78% 的参保者选择最低的 100 元缴费档次，在我们调查的三省六个县中，通许县的平均缴费水平低于常熟市、高淳县、陈仓区、西峡县四个县（市、区）。

4.4.3　对特殊群体的补贴政策没有完全落实

《通许县新型农村社会养老保险试点暂行办法》规定，对农村重度残疾人等缴费困难群体，县政府为其代缴全部最低标准的养老保险费；对烈士遗属、农村 45 周岁以上已领证的农村独生子女父母和双女户父母参保的，县政府给予每人每年补贴养老保险费 50 元。但是，由于有些残疾人不清楚自己的残疾等级，也不清楚残疾证的申请程序，没有有效的残疾证明，无法享受到县政府的缴费补贴政策。在一些乡镇，由于缺少对残疾人、计划生育户、烈士遗属、五保户、低保户等特殊群体常规的申报、审核、登记工作制度和程序，缺少基础数据，人力资源与社会保障部门一时又难于准确统计，导致对特殊群体的财政补贴资金不能完全到位。

4.4.4　部分参保者不能按时领取养老金

通许县委托县邮政储蓄银行代理发放养老金，规定凡符合 60 周岁及以上的参保者可以在每月的领取日到临近的邮政储蓄银行领取养老金。在我们调查的 846 户农村家庭中，尚有占领取养老金者总数 5.95% 的 42 名 60 周岁及以上的参保者的没有按时领取新农保养老金。其中，24 人是因为不方便领取，16 人表示因为经办机构没有按月发放新农保养老金，1 人表示不知道还能按月领取养老金，1 人表示由于其他原因没有按时领取养老金。

4.4.5 集体补助缺失

由于通许县是农业大县，经济发展水平不高，乡镇企业数量少，集体经济薄弱，很多村对新农保的集体补助有心无力。我们调查的 846 户农村居民中，都没有得到集体补助。

4.5 对策建议

4.5.1 深化新农保的政策宣传

建议在采取多样化宣传手段、灵活的宣传形式的同时，重视宣传内容的全面性和深刻性，注重发挥新农保政策的激励效应，使参保者"知道"并"了解"参保缴费的个人缴费政策、政府补贴政策、集体补助政策等内容和操作程序；"知道"并"了解"基础养老金发放、个人账户养老金发放的原理、办法和程序；"知道"并"了解"个人缴费越多，获得的财政补贴越多，未来本人领取的养老金越多的基本道理；"知道"并"了解"特殊群体的各项补贴和优惠。

4.5.2 制定差异化的参保补贴政策

建议针对参保者选择的缴费档次，给予差异化的"入口"缴费补贴政策，如参保者缴费 100 元，政府补贴 30 元；参保者缴费 200 元，政府补贴 40 元；参保者缴费 300 元，政府补贴 50 元；参保者缴费 400 元，政府补贴 60 元；参保者缴费 500 元，政府补贴 70 元，等等。

同时，在参保者领取养老金时，给予差异化的"出口"补贴政策，如 60—69 岁的参保人每月发放 60 元基本养老金，70—79 岁的参保人每月发放 70 元基本养老金，80—89 岁的参保人每月发放 80 元基本养老金，等等。

4.5.3 落实对特殊群体的补贴政策

建议通许县加强民政、残联、计生委等部门的建设，建立乡镇、村级相应的工作机制，完善对残疾人、计划生育户、烈士遗属、五保户、低保户等特殊群体常规的申报、审核、登记工作制度和程序，补充、完善特殊群体的基本统计数据。在此基础上，落实对特殊群体的新农保补贴政策。

4.5.4 提高参保者领取养老金的便捷程度

建议通许县邮政储蓄银行适当增加营业网点，一个乡镇至少有一个网点，并在每个网点设置领取养老金的专用窗口。各乡镇组织协办员对确实有困难的老人代领养老金，并及时送到参保者手中。采取适当措施，把领取养老金的办法、程序、手续清楚的告知每个领取养老金的参保者。

4.6　结论与启示

新农保作为一项惠民政策，给通许县农村居民带来了实实在在的实惠，受到了大多数农民尤其是 60 周岁及以上老人的欢迎。在访谈中，我们深深感受到他们发自内心的对党和政府的感激之情。通许县适龄人口的新农保参保率达到 88.12%。从新农保基金的筹集、待遇发放、基金管理、经办服务等方面都严格地执行国务院《关于开展新型农村社会养老保险试点的指导意见》。通许县新农保试点工作中还存在诸如宣传内容简单化、缴费缺乏激励效应、对特殊群体的补贴政策没有完全到位、部分农村居民不能按时领取养老金、集体补助缺失等问题。建议采取切实措施，深化新农保的政策宣传、制定差异化的参保补贴政策、落实对特殊群体的补贴政策、提高参保者领取养老金的便捷程度，使新农保制度尽快覆盖全县农村适龄居民。

通许县新农保试点对于新农保制度在全国范围的推进具有以下启示：

第一，新农保信息系统建设要与新农保制度建设同步推进。

通许县在新农保试点一开始就重视信息化建设，同时建立新农保纸质档案和电子档案；新农保所有的业务表格、票据都由乡镇劳动保障所工作人员初审、签字、盖章后，再由县农保中心的专人审核、签字、盖章，第一联交由县农保中心存档，第二联留乡镇劳动保障所存档。实现了县、乡之间的纵向业务贯通，县、乡与合作银行之间的横向联网。省、市、县、乡镇之间的新农保信息传递、数据汇总都实现了电子化和资源共享，简化了办事程序，提高了工作效率，提升了服务水平。

第二，确保参保人员信息真实可靠，杜绝虚报冒领养老金。

通许县坚持"三级审核、一榜公示、严把三关、不错一人"的工作原则，对全县60周岁及以上参保者的参保信息经村、乡镇、县三级审核，并张榜公示。及时剔除不符合享受待遇条件的参保人，删除已经死亡的参保人。重奖举报者，重罚冒领者。

5 河南省西峡县新型农村社会养老保险试点调查报告

西峡县隶属河南省南阳市，总面积3454平方公里，辖3个街道、7个镇、9个乡，全县总人口44.45万人。2009年，西峡县生产总值125.3亿元，其中第一产业增加值19.8亿元，第二产业增加值80.7亿元，第三产业增加值24.8亿元，三次产业结构为15.8：64.4：19.8；全县地方财政一般预算收入为5.37亿元，财政支出为12.20亿元；全年农村居民人均纯收入5514元，人均生活消费支出3540元。①

2010年7月25日—8月6日，课题组一行8人赴西峡县进行了新农保试点调查，走访了回车镇、双龙镇、五里桥乡、丁河镇、阳城乡的840户农村居民，对西峡县人事劳动和社会保障局局长及副局长、农保中心主任及副主任、乡（镇）主管新农保人员、村书记或主任等新农保工作人员进行了访谈。通过社会调查，搜集到大量关于西峡县新农保试点工作的基础资料。

5.1 农村社会养老保险探索历程

5.1.1 老农保实施阶段

1992年，西峡县政府根据民政部制定的《县级农村社会养老保险

---

① 数据来源于《西峡县2009年国民经济和社会发展统计公报》。

基本方案》，针对务农、务工、经商的各类农村居民开始建立农村社会养老保险制度（简称"老农保"）。"老农保"坚持自助为主、互济为辅的原则，以个人缴费为主，集体补助为辅，国家给以政策扶持，月缴费标准设 2 元、4 元、6 元、8 元、10 元、12 元、14 元、16 元、18 元、20 元十个档次，供不同的乡镇、村、企业和投保人选择；领取养老金从 60 周岁开始，根据缴费的标准、年限，确定支付标准。1998 年，西峡县政府机构改革，"老农保"由民政部门移交给劳动与社会保障部门管理。由于受到利率波动等多种因素影响，西峡县"老农保"出现了参保人数下降、基金运行难度加大等困难，一些乡（镇）的"老农保"工作陷入停滞，西峡县决定对已有的"老农保"业务实行清理整顿，停止接受新业务，有条件的乡镇逐步向商业保险过渡。

2007 年 6 月，南阳市颁布了《南阳市农村计划生育独女家庭养老保险补贴制度实施方案》，对农村独生女并且签订协议保证不再生育或不收养子女的计划生育家庭夫妇，由市、区（县）财政安排专项资金给予每户每年 200 元的养老保险补贴，夫妇双方各 100 元（单亲家庭按 200 元计），直至年满 59 周岁。2007 年下半年，西峡县开始实施该制度，给予农村独女户 200 元、双女户 100 元养老保险补贴金，农村独生子女父母每人每月 20 元奖励费，农村部分计划生育家庭 840 元奖励扶助金。

2009 年，西峡县在实施新农保制度之前，对"老农保"制度的参保人数和基金规模进行了统计，西峡县共有 4 万余人参加"老农保"，老农保基金累计 1300 余万元，到期领取养老金人数约 730 人，年领取养老金 7 万余元。①

5.1.2 新农保试点阶段

2009 年 10 月，西峡县被确定为国家级新农保试点县。2010 年 1 月，县政府根据国发［2009］32 号文件及豫政［2009］94 号文件制订

---

① 数据来源于西峡县人事劳动和社会保障局内部资料。

了《西峡县新型农村社会养老保险试行办法》，在全县启动新农保试点工作。

《西峡县新型农村社会养老保险试行办法》规定：（1）管理机构。县新农保事业管理中心作为全县新农保的经办、管理和监督机构，隶属县人事劳动和社会保障局领导；乡镇劳动社会保障所作为新农保的经办机构，按新农保经办规程开展经办工作；各村设农保协办员，由村会计担任。县、乡农保工作机构和工作人员经费，纳入同级财政预算。（2）保费缴纳。西峡县新农保的缴费档次设为每年100元、200元、300元、400元、500元、700元、1000元、1500元、2000元九个档次，参保人可以自主选择缴费档次。新农保制度实施时，距领取年龄不足15年的，按年缴费，允许补缴但补缴部分不享受政府缴费补贴，累计缴费不超过15年；距领取年龄超过15年的，应按年缴费，累计缴费不少于15年。参保缴费起始日年满60周岁以上人员不缴纳养老保险费，可领取基础养老保险金；年满60周岁以上人员家庭的子女按规定应当参保并正常缴费。（3）财政补贴。河南省财政对每名参保者给予每年20元的缴费补贴，市财政对每名参保者给予每年不低于10元的缴费补贴，有条件的村（组）集体经济组织可适当给予补贴。农村独生子女户、双女户的参保家庭，其父母年龄在40—59周岁的，由县财政分别给予每人每年120元、60元缴费补贴；年满60周岁的独生子女家庭父母和双女户家庭父母，由县财政给予每人每月25元的基础养老金补贴。县财政为重度残疾人每人每年代缴100元新农保保费。（4）个人账户管理。个人缴费、缴费补贴及利息计入个人账户；个人帐户储存额利息按当年人民银行公布的金融机构一年期存款利息计息；养老保险关系转移时，个人账户全部储存总额随个人养老保险关系转移。（5）养老保险待遇。年满60周岁、符合参保条件的子女已经按规定参保缴费的农村居民可以领取养老金，养老金支付终身。新农保养老金包括基础养老金和个人账户养老金，基础养老金由国家财政补贴55元，县财政补贴5元，共60元；个人账户养老金月计发标准为个人账户全部储存额除以139。（6）基金运营与监督管理。新农保基金由县农保经办机构在国家金融机构开设基金收入和支出专户，财政部门在同一金融部门开设政府补贴资金专户；各级农保工作机构建立农村社会养老保险基金的财务、会计、统计和内部审计制度、信息服务网络及新农保信息公开制度，接受社会各界监督。

2010 年底，西峡县参保登记人数 18.97 万，其中缴费人数 14.26 万，领取养老金人数 4.71 万，参保率达到 82.48%；收缴保费 2970 万元，发放养老金 58.1 万余人次、共计 3490.9 万元。

5.2 新农保试点的现状分析

5.2.1 参保现状

西峡县高度重视新农保试点工作，把新农保试点作为"民生工程"、"民心工程"、"德政工程"强力推进，努力扩大覆盖面，尽快使新农保政策惠及更多家庭。图 5 - 1 是调查问卷中被调查者了解新农保政策途径的统计结果。

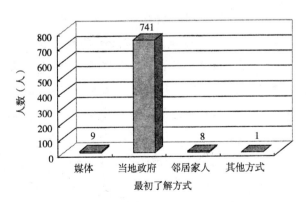

图 5 - 1 被调查者了解新农保政策的途径

图 5 - 1 显示，97.63% 的被调查者是通过当地政府的宣传了解新农

保政策的，1.19%的被调查者是通过媒体的宣传了解新农保政策的，1.05%的被调查者是通过邻居、家人的宣传了解新农保政策的。

表5-1是调查问卷中关于被调查者参加新农保总体状况的统计结果。

表5-1　被调查者参加新农保的总体状况

是否参保（%）	老农保		新农保	
	是	否	是	否
	1.68	98.32	78.91	21.09
是否强制参加 新农保（%）	是		否	
	16.45		83.55	

缴费档次（%）	100元	200元	300元	400元	500元	700元	1000元	1500元	2000元	其他
	46.30	42.36	11.32	0.005	0.01	0	0	0.005	0	0

老年人是否领取 了养老金（%）	是		否	
	23.75		76.25	

养老金领取 月数（月）	均值	众数	中位数	最大值
	5.81	6	4	6

表5-1显示，1.68%的被调查者参加了老农保，78.91%的被调查者参加了新农保；83.55%的参加新农保的被调查者表示是自愿参保，16.45%的参加新农保的被调查者表示是因被强制才参保；46.30%的参加新农保的被调查者缴费档次是100元，42.36%的参加新农保的被调查者缴费档次是200元，11.32%的参加新农保的被调查者缴费档次是300元，三者合计99.98%，按照其他缴费档次缴费的被调查者仅占0.02%；76.25%的60周岁及以上被调查者领取到了基础养老金，每人每月领取金额为60元，领取养老金的时间平均为5.81个月，众数为6个月。66.67%的领取养老金的被调查者表示能够按月领取到养老金，33.33%共132名领取养老金的被调查者不能按月领取养老金，其中97名被调查者认为是因为不方便领取，32名被调查者认为是因为经办机

构没有按月发放，还有 3 人不知道能够按月领取养老金。除依靠新农保养老之外，72.30% 的被调查者认为还需依靠家庭养老，19.80% 的被调查者认为还需依靠商业养老保险养老，1.10% 的被调查者认为还需依靠社会救助养老，3.50% 的被调查者（属于失地农民）认为还需依靠失地农民养老保险养老。

图 5 - 2 是调查问卷中关于被调查者参加新农保对家庭生活水平影响的统计结果。

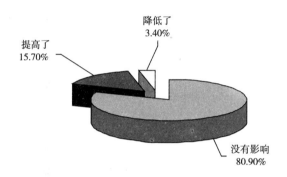

图 5 - 2　参加新农保对被调查者家庭生活水平的影响

图 5 - 2 显示，80.90% 的被调查者表示参加新农保对自己的家庭生活水平没有影响，15.70% 的被调查者表示参加新农保使自己的家庭生活水平提高了，3.40% 的被调查者表示参加新农保使自己的家庭生活水平降低了。

5.2.2　制度认知

调查数据显示，22.6% 的农村居民对新农保政策"不了解"或"非常不了解"，39.0% 的农村居民表示对新农保政策"了解"或"非常了解"，其他被调查者选择的是"一般了解"。

表 5 - 2 是调查问卷中关于被调查者对新农保政策了解度、满意度、合理度认知的统计结果。

表5-2 被调查者对新农保政策的了解度、满意度、合理度认知统计表

	了解度		满意度		合理度	
	均值	标准差	均值	标准差	均值	标准差
新农保总体政策	3.16	0.80	3.67	0.61	3.68	0.60
缴费档次的设定	3.13	0.92	3.58	0.62	3.59	0.62
缴费年限设定	3.35	0.88	3.59	0.67	3.59	0.67
保险费按年缴纳	3.47	0.82	3.82	0.56	3.82	0.56
政府补贴政策	2.72	0.95	3.39	0.59	3.39	0.61
集体经济补助	2.35	0.75	3.14	0.46	3.15	0.47
对独（双）女户的优惠	2.76	0.95	3.40	0.59	3.41	0.59
对残疾人优惠政策	2.67	0.93	3.36	0.56	3.36	0.58
一年期同期存款利率计息政策	2.37	0.78	3.22	0.51	3.23	0.52
基础养老金标准	3.43	0.85	3.49	0.76	3.49	0.77
个人账户计发月数为139个月	2.23	0.69	3.13	0.43	3.14	0.43
参保人死亡，个人账户可继承	3.01	0.97	3.54	0.59	3.53	0.60
符合参加社会养老保险条件的家庭成员，均已按规定参保并正常缴费，才可享受养老金待遇	3.27	0.91	3.66	0.60	3.66	0.61
经办人员的服务	3.47	0.89	3.73	0.62	3.74	0.63
政策的宣传	3.50	0.89	3.75	0.62	3.75	0.63
允许农民流转土地承包权	2.77	0.92	3.36	0.59	3.36	0.59
新农保交钱多养老金发放多，交钱时间长养老金发放多	3.48	0.86	3.80	0.55	3.79	0.56

1. 被调查者对新农保政策的了解度

表5-2显示，被调查者对新农保政策的了解度分值集中在2.23—3.5分之间，均值为3.02分。将被调查者对新农保制度各项具体政策的了解度分值从高到低排序，依次为：新农保政策的宣传（3.50）→新农保交钱多养老金发放多，交钱时间长养老金发放多（3.48）→经

办人员的服务（3.47）→保险费按年缴纳（3.47）→基础养老金标准（3.43）→缴费年限设定（3.35）→符合参加社会养老保险条件的家庭成员，均已按规定参保并正常缴费，才可享受养老金待遇（3.27）→新农保总体政策（3.16）→缴费档次的设定（3.13）→参保人死亡，个人账户可继承（3.01）→允许农民流转土地承包权（2.77）→对独（双）女户的优惠（2.76）→政府补贴政策（2.72）→对残疾人的优惠政策（2.67）→一年期同期存款利率计息政策（2.37）→集体经济补助（2.35）→个人账户计发月数为139个月（2.23）。

2. 被调查者对新农保政策的满意度

表5－2显示，被调查者对新农保政策的满意度分值集中在3.13—3.82分之间，均值为3.51分。将被调查者对新农保制度各项具体政策的满意度从高到低排序，依次为：保险费按年缴纳（3.82）→新农保交钱多养老金发放多，交钱时间长养老金发放多（3.80）→政策的宣传（3.75）→经办人员的服务（3.73）→新农保总体政策（3.67）→符合参加社会养老保险条件的家庭成员，均已按规定参保并正常缴费，才可享受养老金待遇（3.66）→缴费年限设定（3.59）→缴费档次的设定（3.58）→参保人死亡，个人账户可继承（3.54）→基础养老金标准（3.49）→对独（双）女户的优惠（3.40）→政府补贴政策（3.39）→对残疾人优惠政策（3.36）→允许农民流转土地承包权（3.36）→一年期同期存款利率计息政策3.22→集体经济补助（3.14）→个人账户计发月数为139个月（3.13）。

3. 被调查者认为新农保政策的合理度

表5－2显示，被调查者对新农保政策合理度认知分值集中在3.14—3.82分之间，均值为3.52分。将被调查者对新农保制度各项具体政策的合理度认知从高到低排序，依次为：保险费按年缴纳（3.82）→新农保交钱多养老金发放多，交钱时间长养老金发放多（3.79）→政策的宣传（3.75）→经办人员的服务（3.74）→新农保总体政策（3.68）→符合参加社会养老保险条件的家庭成员，均已按规定参保并正常缴费，才可享受养老金待遇（3.66）→缴费年限设定（3.59）→

缴费档次的设定（3.59）→参保人死亡，个人账户可继承（3.53）→基础养老金标准（3.49）→对独（双）女户的优惠（3.41）→政府补贴政策（3.39）→对残疾人优惠政策（3.36）→允许农民流转土地承包权（3.36）→一年期同期存款利率计息政策（3.23）→集体经济补助（3.15）→个人账户计发月数为 139 个月（3.14）。

4. 农村居民参加新农保的意愿程度

图 5－3 是调查问卷中关于被调查者参保意愿的统计结果。

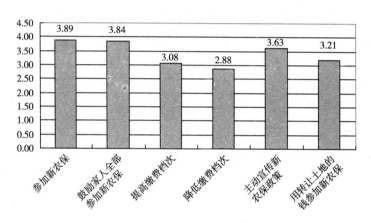

图5－3　被调查者参保意愿统计图

图 5－3 显示，以 5 分为满分，被调查者自己参加新农保的意愿为 3.89 分，被调查者鼓励家人参加新农保的意愿为 3.84 分，被调查者提高缴费档次的意愿为 3.08 分，被调查者降低缴费档次的意愿为 2.88 分，被调查者主动宣传新农保政策的意愿为 3.63 分，被调查者用转让土地的资金参加新农保的意愿为 3.21 分。

具体来讲，参保意愿调查结果是，70.70% 的被调查者表示愿意参加新农保，12.32% 的被调查者表示非常愿意参加新农保，5.62% 的被调查者表示"不愿意"或"非常不愿意"参加新农保；64.11% 的被调查者表示愿意鼓励家人全部参加新农保，12.44% 的被调查者表示非常愿意鼓励家人全部参加新农保，4.42% 的被调查者表示不愿意或非常不愿意鼓励家人全部参加新农保；37.49%的被调查者表示愿意提高缴费档次，31.62%的被调查者表示不愿意提高缴费档次；58.01%的被调查者表示愿意主动宣传新农保政策，4.93%的被调查者表示不愿意或非常不愿意主动宣传新农保。

在不愿意参加新农保的被调查者中，49.04%的人表示是因为受到其他不参加新农保者的影响，24.01%的人表示是因为没有固定的收入来源，18.78%的人表示是因为对新农保政策不了解，10.51%的人表示是因为对新农保政策持观望态度，1.08%的人表示是因为家人在赡养老人问题上有矛盾。其他不愿意参加新农保的被调查者是因为缴费年限过长、缴费率过高和家里没人领取新农保养老金。

调查问卷中关于新农保养老金是否能够满足老年人的基本生活需要的统计结果显示，5.26%的被调查者认为现在老人每月领取的养老金完全不够用，41.81%的被调查者认为现在老人每月领取的养老金不够用，35.01%的被调查者认为现在老人每月领取的养老金不太够用，17.92%的被调查者认为现在老人每月领取的养老金基本够用。

表5-3是调查问卷中关于被调查者对推行新农保制度看法的统计结果。

表5-3 被调查者对政府推行新农保制度的看法

选项	选择人数（人）	百分比（%）
解决了农民的实际问题	104	12.48
较好缓解了养老压力，但需要改进	571	68.55
没有实质性的效果	94	11.28
不关心也不信任新农保政策	64	7.68

表5-3显示，12.48%的被调查者认为新农保制度解决了农民的实际问题；68.55%的被调查者认为新农保制度较好的缓解了养老压力，但是仍然需要改进；11.28%的被调查者认为新农保制度没有实质性的效果；7.68%的被调查者不关心也不信任新农保政策。

5.2.3 期望与需求

图 5-4 是调查问卷中关于被调查者期望的年老时居住方式的统计结果。

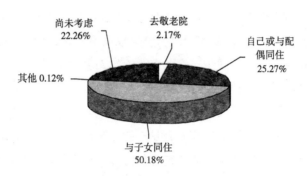

图 5-4 被调查者期望的年老时居住方式统计结果

图 5-4 显示，50.18% 的被调查者期望在年老时与子女同住，25.27% 的被调查者期望在年老时自己或与配偶同住，22.26% 的被调查者还没有考虑过年老时的居住方式，只有 2.17% 的被调查者表示愿意在年老时进敬老院居住。同时，在被调查者期望的养老保障方式方面，59.30% 的被调查者选择依靠子女养老，54.74% 的被调查者期望依靠新农保养老。

表 5-4 是调查问卷中关于被调查者的养老投入、期望缴费金额、期望缴费年限、期望养老金的统计结果。

表 5-4 被调查者的养老投入、期望缴费金额、期望缴费年限、期望养老金

选 项	填写人数	最小值	最大值	均值	标准差
每年用于养老的投入（元）	833	0	8200	433.96	821.97
期望的月缴费金额（元）	810	0	2000	188.75	196.34
期望的缴费年限（年）	811	0	30	12.72	4.78
期望的月养老金（元）	830	0	3200	225.27	209.48

表5-4显示，西峡县被调查者过去一年用于养老的投入最大值为8200元，最小值为0元，平均值为433.96元。其中，76.51%的被调查者过去一年用于养老方面的投入在200元及以下，6.91%的被调查者过去一年用于养老方面的投入为201—500元，7.66%的被调查者过去一年用于养老方面的投入为501—1000元，8.92%的被调查者过去一年用于养老方面的投入在1000元以上。

此外，西峡县被调查者期望的月缴费金额最大值为2000元，最小值为0元，平均值为188.75元；西峡县被调查者期望的缴费年限最大值为30年，最小值为0年，平均值为12.72年；西峡县被调查者期望的月养老金水平最大值为3200元，最小值为0元，平均值为225.27元。

西峡县农村居民对于实行城乡一体化的社会养老保险制度需求强烈。调查数据显示，75.06%的被调查者希望社会养老保险实行城乡一体化，24.94%的被调查者不希望社会养老保险实行城乡一体化。访谈得知，不希望社会养老保险实行城乡一体化的主要原因是农村居民担心缴费水平因此而提高。

图5-5是调查问卷中关于被调查者认为新农保制度需要优化环节的统计结果。

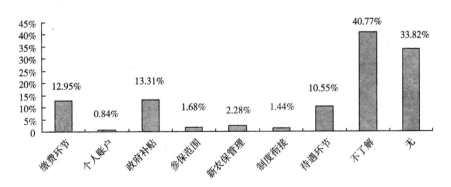

图5-5 被调查者认为新农保制度需要优化环节的统计结果

图 5-5 显示，40.77% 的被调查者不了解新农保制度哪些环节需要优化，33.82% 的被调查者表示新农保制度不需要优化，13.31% 的被调查者认为政府补贴环节需要优化，12.95% 的被调查者认为缴费环节需要优化，10.55% 的被调查者认为待遇发放环节需要优化，此外还有 2.28%、1.68%、1.44%、0.84% 的被调查者分别认为新农保管理、参保范围、制度衔接、个人账户设置环节需要优化。

5.2.4　基金管理与经办管理服务

2010 年 1 月，西峡县成立了以县长为组长、主管副县长为副组长、相关部门主要负责人为成员的西峡县新农保工作领导小组，并将农村社会养老保险业务从民政局划转人事劳动和社会保障局，成立了西峡县新型农村社会保险管理中心，为副科级事业单位，定编 15 名。各乡镇、街道办事处配备 1—2 名新农保代办员，每个行政村配备 1 名新农保协办员，村新农保协办员一般由文书、会计兼职。

西峡县新农保基金由县农保经办机构在河南信合开设基金收入和支出专户，财政部门同时在河南信合开设政府补贴资金专户。财政部门按标准编制新型农村养老保险财政补贴年度预算，并及时将资金划拨到基金专户，确保农民养老保险待遇按时足额发放。县、乡（镇）、村级新农保经办机构建立新农保基金的财务、会计、统计和内部审计制度。

2010 年 4 月，河南省人力资源和社会保障厅与中国移动河南分公司共同开发了新农保信息化平台，并在全省范围内建设新农保信息化平台。西峡县新农保信息化平台主要包括基本信息管理系统、养老保险费征缴系统、保险关系的异地转移接续系统、养老金给付系统、基金管理系统、账户管理系统、查询统计系统、运行维护系统等，为参保农民的参保缴费、养老金发放、参保信息查询等工作提供了便利。

5.3 新农保试点的基本经验

5.3.1 对农村计生户进行财政补贴

2007 年，西峡县实行了农村计划生育独女家庭养老保险补贴制度，针对农村只有一个女孩，并且签订协议，保证不再生育或收养子女的计划生育家庭夫妇，自申请批准当年起由市和县（市、区）财政安排专项资金给予每户每年 200 元的养老保险补贴，夫妇双方各 100 元（单亲家庭按 200 元计），直至年满 59 周岁。

2010 年，西峡县实行新农保制度之后，延续了对农村计划生育独女家庭的特殊补贴政策。《西峡县新型农村社会养老保险试行办法》规定，"农村计生独生子女户和双女户参保的家庭，其父母年龄在 40—59 周岁的，对其个人缴费每人每年分别补贴 120 元、60 元；年满 60 周岁的独生子女家庭父母和双女户家庭父母每人每月补贴基础养老金 25 元。"在常熟市、高淳县、陈仓区、商南县、通许县的调查中，未发现新农保政策中关于对农村计划生育独女家庭进行财政补贴的相关规定。西峡县的做法，对于促进农民群众转变生育观念、促进出生人口性别比平衡起到了积极作用。

5.3.2 根据西峡县实际增设缴费档次

西峡县在新农保制度实施初期开展的摸底调查中发现，农村居民最低的新农保缴费能力在 200 元以上，有部分农村居民希望每年缴纳的新农保费用超过了 500 元。在充分的调查摸底基础上，《西峡县新型农村社会养老保险试行办法》把新型农村社会养老保险的缴纳标准设定为每年 100 元、200 元、300 元、400 元、500 元、700 元、1000 元、1500 元、2000 元九个档次，比《指导意见》的规定多了四个缴费档次，适应了不同群体的缴费需求，增强了新农保制度的"弹性"。

5.3.3　选择服务网点较多的合作金融机构

《指导意见》规定，"开展新型农村社会养老保险的区县应当选择国有商业银行作为新农保基金的合作金融机构。"但是，国有商业银行在西峡县各乡镇的服务网点较少、分布不均。西峡县河南信合服务网点布局广泛，覆盖了每一个乡（镇），极大的方便了农村居民办理存取款业务。西峡县根据本县金融机构分布现状，选择了河南信合作为新农保基金账户的开户行，委托河南信合办理新农养老金的发放业务，方便了长期在"八山一水一分田"的地理环境中生活的西峡县农村居民领取新农保养老金。特别是，由于河南信合在大多数村都设有兼职工作人员代办存取款业务，给年龄较大的农村居民领取养老金带来了方便。

5.3.4　多种方式相结合宣传新农保政策

西峡县通过召开大会宣传发动，利用广播、电视、宣传车、咨询台等多种形式，大力宣传新农保。西峡县发放宣传彩页 8 万余份，在县电视台开办新农保讲座 20 余期，出动宣传车 40 余台次巡回各村进行宣讲。西峡县各乡镇还组织 200 余支宣讲小分队深入田间地头进行宣讲，利用外出打工人员回家探亲时机上门宣讲，春节期间还印发宣传挂历 4 万余份，同时还坚持利用向 60 岁以上老人发放养老金的时机，大力宣传，使农民看到参保带来的好处，增强广大农民参保的积极性。

5.3.5　加强新农保管理规范化和信息化

西峡县加强了对新农保经办人员的业务培训，在入保条件上严把"信息采集关"、"身份关"和"核准关"，加强基金管理，建立健全规范的财务制度，实行收支两条线；西峡县在县、乡（镇）两级建立光纤专网，成功实现省、市、县、乡四级联网，各种数据信息可直接传输到省级中心信息库，通过建立个人账户，实现了缴费、发放、查询等业务都可网上办理、系统操作，实现了参保群众在全县任何信用网点都可以参保缴费和领取。

5.4 新农保试点中存在的问题

5.4.1 缴费补贴政策的激励功能不足

《西峡县新型农村社会养老保险试行办法》规定："省、省辖市两级财政对参保人缴费给予补贴，省财政每人每年补贴 20 元，市财政每人每年补贴不低于 10 元。"西峡县实施的新农保补贴政策没有区分个人缴费的多少，只要缴费均给予 30 元的缴费补贴，缴费档次越低，政府财政补贴占个人缴费的比例越大，不利于激励农村居民选择较高的缴费档次，进而影响到农村居民未来的养老水平。

5.4.2 新农保制度与其他养老制度的衔接政策不完善

《西峡县新型农村社会养老保险试行办法》没有关于新农保制度与其他养老制度衔接的规定。西峡县作为劳务输出大县，城镇职工基本养老保险与新农保制度衔接政策不完善制约了进城务工人员参加新农保工作。同时，西峡县在工业化和城镇化进程中约有 2.6 万失地农民把农村户籍转变为城镇户籍，他们没有参加城镇职工基本养老保险制度的资格，也没有参加新农保制度的资格，成为现行社会养老保险制度无法覆盖的人群，他们中已经参加新农保的人的个人账户基金转到哪里、如何转移接续成为西峡县新农保制度建设的难点之一。

5.4.3 新农保经办机构建设滞后

西峡县农保中心共有 15 名专职工作人员，相对于西峡县 23.62 万的应参保人群显得不足。新农保业务办理工作主要由乡（镇）、村级经办机构的工作人员具体实施。访谈得知，西峡县乡镇、村的新农保业务办理工作量很大，人员配备少，且没有专项资金支持，带来诸如宣传不力、服务不到位和强制参保等问题，影响农村居民对新农保的满意度。新农保制度推进初期，基层经办人员较高的工作积极性保证了新农保业务的顺利开展，但是要长期、稳定的开展新农保业务，必须从人员和资金方面对新农保基层经办机构给予支持。

5.5　对策建议

5.5.1　设置差异化的缴费补贴政策

西峡县统一给予参保缴费者 30 元的缴费补贴政策不利于鼓励农村居民多缴费。建议根据农村居民选择的缴费档次，设置有差异的缴费补贴金额。考虑到新农保制度的公平性，不能按照缴费比例设置补贴金额，建议参考陈仓区、商南县等地的做法，按 200 元及以下标准缴费者每人每年补贴 30 元，300 元标准缴费者补贴 40 元，400 元标准缴费者补贴 45 元，500 元及以上标准缴费者补贴 50 元。

5.5.2　完善新农保制度与其他养老制度的动态衔接政策

建议西峡县尽快出台新农保与城镇职工基本养老保险、城镇居民社会养老保险、失地农民社会养老保险等制度之间的衔接政策，允许社会养老保险关系在这几种制度间自由转续；关系转续时，个人账户可随人转移；允许失地农民参加城镇职工基本养老保险或者城镇居民基本养老保险。

5.5.3　加强对基层经办机构的经费和人员支持

在当前新农保工作任务不断增加、经办业务不断扩展的情况下，财政部门应对社保经办机构的工作经费予以保障，确保人员工资福利、办公经费、专项经费的及时到位，切实稳定社保经办机构队伍，提高人员素质。建议省财政能够拨付专项资金对县级、乡镇级新农保经办的行政办公经费给予支持；县级财政对工作人员经费和经办发生的基本运行费用、管理费用给予支持，并利用县级财政资金为每个乡（镇）配备 2 名新农保协管员，每个村配备 1 名协办员，增加经办人员数量，以确保基层经办服务质量。

5.6　结论与启示

西峡县自 2007 年就开始探索农村计生户社会养老保险政策，并将这一政策纳入到新农保制度之中，成为农村养老保险"南阳模式"的典型实施区域。本章对西峡县新农保试点工作的现状、基本经验、存在问题等进行了归纳和总结，提出设置弹性的缴费补贴政策、完善新农保衔接政策、加强基层经办机构建设等对策建议。西峡县新农保制度的推进，对于全国推进新农保试点有以下启示：

第一，加大对农村计生户的补贴水平。

西峡县新农保制度的特色之一是对农村计生独生子女户和双女户参保的家庭给予了较大力度的补贴，在一定程度上促进了计划生育政策的贯彻落实。全国新农保制度推进过程中，也应当注意到农村计生户这一特殊群体，在新农保政策上给予特定的倾斜，可借鉴西峡县的做法"农村计生独生子女户和双女户参保的家庭，其父母年龄在 40—59 周岁的，对其个人缴费每人每年分别补贴 120 元、60 元；年满 60 周岁的独生子女家庭父母和双女户家庭父母每人每月补贴基础养老金 25 元"。

第二，设置更有弹性的新农保缴费档次。

西峡县新农保政策在缴费档次上较好的体现了有弹性的原则，但是在缴费补贴上未能体现有弹性的原则。其他县（区）推进新农保试点工作时，应充分考虑本地实际，设置有弹性的缴费档次和缴费补贴标准，以激励农村居民选择较高的缴费档次。

6 江苏省高淳县新型农村社会养老保险试点调查报告

高淳县隶属江苏省南京市，全县总面积792平方公里，辖1个省级经济开发区，8个镇，134个行政村，总人口42.2万人，其中农业人口29.3万人。2009年高淳县生产总值199.43亿元，财政收入16.50亿元，农民人均纯收入9881元。[①]

2010年7月24日—8月6日，为了解新农保试点情况，课题调研组一行6人赴高淳县进行了为期12天的社会调查，先后对淳溪、古柏、砖墙、阳江、固城五镇16个行政村，共计844户家庭以及县、镇、村新农保机构80名经办人员进行了问卷调查；对县、镇31名新农保管理人员进行了访谈；搜集了包括政策法规、基金管理和制度运行环境三类基础资料。

6.1 农村社会养老保险探索历程

高淳县是我国较早实施农村社会养老保险制度的地区之一。在农村养老保险制度的探索、建设过程中，共经历了三个阶段，分别是"老农保"制度实施阶段、新农保制度自行试点阶段和新农保制度调整阶段。

---

① 资料来源于《2010年政府工作报告（高淳县）》。

6.1.1 "老农保"制度实施阶段（1995—2008年）

1995年，高淳县依据《南京市农村社会养老保险暂行办法》，开始推行农村社会养老保险制度，要求非城镇户口、60周岁以下的农村居民，均要参加农村社会养老保险。在资金筹集方面，高淳县坚持个人缴费为主、集体补助为辅、国家给予政策扶持的原则，月缴费标准设2元、4元、6元、8元、10元、12元、14元、16元、18元、20元十个档次。60周岁以后根据缴费的档次、年限，按月或按季领取养老金。1997年，根据《江苏省农村社会养老保险办法》，高淳县将农村社会养老保险由"均应参加"改为"群众自愿参加，不得强迫命令"。这一时期的农村社会养老保险以个人缴费为主，实质上属于个人自保，再加上保障水平低、自愿参保等原因，造成农村养老保险制度缺乏吸引力，参保率低。

在本次调查的3162例样本中，只有29人参加过"老农保"，比例仅为0.92%，可见"老农保"的参保率并不高。

6.1.2 新农保制度自行试点阶段（2008—2009年）

2008年6月，南京市人民政府颁布了《南京市新型农村社会养老保险办法》；2008年9月18日，高淳县根据此文件，制订了《高淳县新型农村社会养老保险实施办法》（简称《实施办法》），开始在全县范围内推行新型农村社会养老保险制度。《实施办法》借鉴了城镇职工基本养老保险制度的基本框架，建立社会统筹与个人账户相结合的制度模式。其主要内容如下：参保对象主要是男年满18周岁不满60周岁、女年满18周岁不满55周岁，当期未参加其他社会养老保险的各类具有本县户籍的农村居民均可参保。资金筹集方式实行个人缴费、集体补助、财政补贴相结合的筹资模式，建立农村社会养老保险个人账户和统筹账户。缴费标准为本县上年度农民人均纯收入的8%—14%（其中市级财政补贴为2%，县、镇级财政缴费补贴各1%，各级政府缴费补贴合计4%）。2008年，高淳县农村参保居民个人需缴纳保费336元，政府对个人缴费的补贴为336元，养老金待遇补贴为每人每月35元。养老金待遇方面，男年满 60 周岁、女年满 55 周岁，按规定缴费且未享受其他社会养老保险待遇的人员可领取养老金。养老金由基础养老金和个人账户养老金两部分组成。基础养老金月领取标准以开始领取时当年月缴费基数为标准，按 8% 的比例计发，累计缴费年限每满 1 年，计发比例另增加 0.3%。个人账户养老金月领取标准为个人账户储存额除以 139。

2008 年，高淳县农村社会养老保险保费收入 8571 万元，其中个人参保缴费 4261 万元，市财政补助 2136 万元，县财政补助 1068 万元，镇财政补助 1106 万元。截至 2009 年 12 月 14 日，全县共有 8.06 万人领取了养老补贴，养老补贴共发放 4145 万元；有 1885 人参保缴费到龄后领取了养老金，平均月领取养老金 64.5 元。

6.1.3 新农保制度调整阶段（2010 年至今）

2009 年下半年，高淳县被列入国家级新农保试点县；2010 年初，根据《国务院关于开展新型农村社会养老保险试点的指导意见》，高淳县对新型农村社会养老保险制度的部分政策进行了调整。调整内容包括：参保年龄由年满 18 周岁调整为年满 16 周岁（不含在校学生）；规定最低缴费标准为每人每年不低于 100 元；60 周岁及其以上的养老补贴领取人员，基础养老金月最低发放标准调整为 60 元；将"直系亲属符合参加新型农村社会养老保险条件均已参加并正常缴费的，优先发放"改为"对已领取农村老年居民养老补贴人员，其符合参保条件的子女应当参保，如其子女不及时参保缴费，将停发其农村老年居民养老补贴"；调整了基础养老金计发标准。60 周岁及其以上的养老金领取人员，基础养老金月最低计发标准提高为以 60 元为基础，加上地方财政为参保者按全县统一的月缴费基数的 3% 提供的补贴，再加上地方财政为参保者按个人累计缴费年限每递增 1 年增加月缴费基数 0.3% 的补贴。女性年满 55 周岁不满 60 周岁的养老金领取人员维持原计发办法，年满 60 周岁后按提高后的计发标准发放。当原计发办法计发标准等于或高于新计发标准时，仍按原计发办法执行。

截至 2010 年 1 月，全县参保人数 16.27 万，共收取保费 10555 万元；8.06万人领取了基础养老金，共发放养老金4971万元。

6.2　新农保试点的现状分析

6.2.1　参保现状

调查数据显示，本次调查的适龄参保农村居民为2510人，其中有2176人参加了新农保，参保率达到86.70%。

表6-1是调查问卷中关于被调查者中参保缴费人群的分性别参保情况统计结果。

表6-1　高淳县被调查者中应参保缴费人数统计结果

性别	年龄	实际参保缴费人数	应参保缴费人数	参保缴费率
男	16—59 岁	778	943	82.50%
女	16—54 岁	745	877	84.95%
合计		1523	1820	83.68%

表6-1显示，被调查的1820名应参保缴费的农村居民中，已有1523名农村居民参加了新农保，参保缴费率达到83.68%。其中，男性参保缴费率为82.50%，女性参保缴费率为84.95%。

表6-2是调查问卷中关于被调查者养老金领取情况的统计结果。

表6-2　高淳县被调查者中养老金领取人数统计结果

性别	年龄	实领人数	应领人数	养老金领取率
男性	60 岁及以上	294	319	92.16%
女性	55 岁及以上	359	371	96.77%
合计		653	690	94.64%

表6-2显示，被调查的690名达到待遇领取资格的农村居民中，已有653名农村居民享受了养老金待遇，待遇领取率为94.64%。其中，男性待遇领取率为92.16%，女性待遇领取率为96.77%。

6.2.2 制度认知

本次调查从新农保总体政策、缴费档次设定、保险费按年缴纳、政府补贴政策、集体经济补助、对残疾人优惠政策、计息政策、基础养老金标准、个人账户计发月数、个人账户基金继承政策、捆绑政策（即符合参加社会养老保险条件的家庭成员，均已按规定参保并正常缴费，老人才可享受养老金待遇）、经办人员服务、政策宣传、允许农民流转土地承包权、多缴多得政策15个方面，对高淳县农村居民对新农保制度的了解度、满意度、合理度进行了调查。

图6-1是调查问卷中关于被调查者对新农保制度各项政策的了解度统计结果。

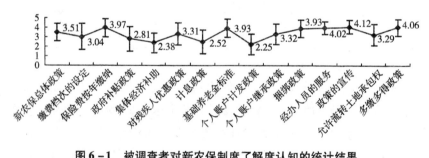

图6-1　被调查者对新农保制度了解度认知的统计结果

图6-1显示，对被调查者对新农保制度各项具体政策的了解情况，按照了解程度从高到低排序，依次为：新农保政策宣传（4.12）→多缴多得政策（4.06）→经办人员的服务（4.02）→保险费按年缴纳（3.97）→基础养老金标准（3.93）→捆绑政策（3.93）→新农保总体政策（3.51）→个人账户基金继承政策（3.32）→对残疾人的优惠政策（3.31）→允许农民流转土地承包权（3.29）→缴费档次的设定

（3.18）→政府补贴政策（2.81）→计息政策（2.52）→集体经济缴费补助（2.38）→个人账户计发月数（2.25）。

　　图6-2是调查问卷中关于被调查者对新农保制度各项政策的满意度统计结果。

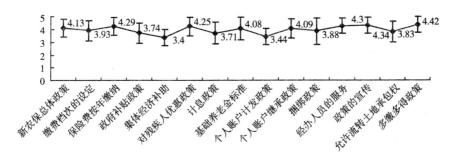

图6-2　被调查者对新农保制度满意度认知的统计结果

　　图6-2显示，对被调查者对新农保制度各项具体政策的满意程度从高到低排序，依次为：多缴多得政策（4.42）→新农保政策的宣传（4.34）→经办人员的服务（4.30）→保险费按年缴纳（4.29）→对残疾人的优惠政策（4.25）→新农保总体政策（4.13）→个人账户基金继承政策（4.09）→基础养老金标准（4.08）→缴费档次的设定（3.93）→捆绑政策（3.88）→允许农民流转土地承包权（3.83）→政府补贴政策（3.74）→计息政策（3.71）→个人账户计发月数（3.44）→集体经济缴费补助（3.40）。

　　图6-3是调查问卷中关于被调查者对新农保制度各项政策合理度的认知情况统计。

　　图6-3显示，被调查者对新农保制度各项具体政策的合理度认知情况均值从高到低依次为：多缴多得政策（4.43）→经办人员的服务（4.34）→新农保政策的宣传（4.34）→保险费按年缴纳（4.31）→对残疾人的优惠政策（4.27）→新农保总体政策（4.16）→个人账户基金继承政策（4.12）→基础养老金标准（4.11）→缴费档次的设定（3.95）→捆绑政策（3.89）→允许农民流转土地承包权（3.85）→政

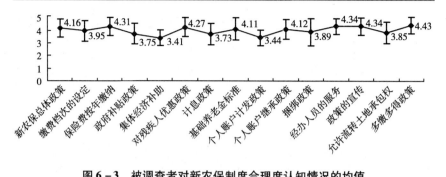

图6-3 被调查者对新农保制度合理度认知情况的均值

府补贴政策（3.75）→计息政策（3.73）→个人账户计发月数（3.44）
→集体经济缴费补助（3.41）。

图6-4是调查问卷中关于被调查者参保意愿的统计结果。

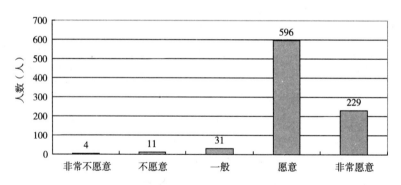

图6-4 高淳县被调查农村居民参保意愿的统计结果

图6-4显示，有569名被调查者表示"愿意"参加新农保，占被
调查者总数的67.40%；229名被调查者表示"非常愿意"参加新农保，
占被调查者总数的27.10%；表示"愿意"和"非常愿意"的被调查者
占被调查者总数的94.50%。31名被调查者参加新农保的意愿"一般"，
占被调查者总数的3.67%。仅有11名被调查者表示"不愿意"参加新
农保，占被调查者总数的1.30%；4名被调查者表示"非常不愿意"参
加新农保，占被调查者总数的0.47%；表示"不愿意"和"非常不愿
意"参加新农保的被调查者占被调查者总数的1.77%。

表6-3是调查问卷中关于被调查者鼓励全家人参加新农保意愿情况的统计结果。

表6-3 被调查者对鼓励全家人参加新农保的意愿统计结果

愿意程度	频数	有效百分比（%）	累积百分比（%）
非常不愿意	5	0.59	0.59
不愿意	6	0.71	1.30
一般	45	5.33	6.64
愿意	605	71.68	78.32
非常愿意	183	21.68	100.00

在是否愿意"鼓励家人全部参加新农保"的问题上，71.68%的被调查者表示"愿意"鼓励家人参加新农保，21.68%的被调查者表示"非常愿意"鼓励家人参加新农保，持"愿意"和"非常愿意"态度的占被调查者总数的93.36%。表示"不愿意"和"非常不愿意"鼓励家人参加新农保的共有11人，占被调查者总数1.30%。另有45人持"一般"态度，占被调查者总数5.33%。调查结果显示，高淳县绝大多数农村居民愿意参加新农保制度，也愿意鼓励家人参加新农保制度，有着明显的参保意愿。

6.2.3 期望与需求

调查结果显示，只有28.94%的被调查者认为新农保制度解决了农村的实际问题；66.31%的被调查者认为新农保制度较好的缓解了养老压力，但需要改进；认为新农保制度没有实质性的效果和不关心不信任该政策的分别达到2.61%和2.14%。可见，新农保制度还有待进一步完善和优化。被调查者认为需要完善和优化的具体环节主要集中在待遇发放方面。高淳县规定达到养老金领取条件的农村居民，可领取基础养老金和个人账户养老金。由于新农保制度试点的时间较短，绝大多数领取养老金的参保者目前只能领到基础养老金。高淳县农村居民对养老金的期望值平均为 416 元/月，是目前实际领取金额的 6.93 倍。

6.2.4 基金管理与经办管理服务

1. 基金管理

高淳县规定，新农保基金纳入县财政专户，实行收支两条线管理。基金筹集方面，由村（社区）劳动保障站负责新农保保费的征缴，征缴的保费按财务规定逐级解缴到新农保基金专户；县财政部门负责政府资金的筹集，各级补贴资金根据当年实际缴费人数和缴费金额在当年内划拨到基金专户。基金保管方面，县财政部门在农村合作银行设立新农保基金专户，个人账户基金每年按中国人民银行公布的同期城乡居民一年期定期存款利率进行计息。基金支付方面，县劳动保障部门设立新农保基金支出户。县财政部门按月将新农保基础养老金、个人账户养老金及农村老年居民养老补贴资金足额划拨到基金支出户。基金监管方面，县财政部门负责监督新农保基金的管理和发放。县审计部门定期对新农保基金的筹集、发放和管理情况进行审计。新农保基金实行财政专户管理，专款专用，任何部门、单位和个人都不得转借、挪用、平调或侵占。对利用不正当手段多领、冒领养老金的，追缴有关当事人的非法所得；涉嫌犯罪的，移交司法部门依法查处。

2. 经办管理服务

2008 年以来，高淳县逐步建立起县、镇、村三级经办机构联动机制。县劳动和社会保障局下设农村社会保险事业管理所，具体组织新农保制度的宣传培训、保费征缴、养老金核发、基金管理、信息管理系统软件开发与维护、人员权限分配、硬件维护等工作。高淳县各镇均建立了镇劳动保障服务所，每个服务所配备 3—5 名工作人员，主要负责本镇新农保制度的组织实施、宣传发动、保费征缴、业务审核等工作。全县 134 个行政村的村劳动保障服务站按照"一间房、一部电话、一台电脑、一套制度、一套办公桌椅、一块户外标牌、一整套台帐、一名专职人员"的标准建设，实现了村级劳动保障服务站有场地、有人员、有设备、有制度。村劳动保障服务站由镇劳动保障服务所统一管理，负责参保人员基本信息的登记录入、养老待遇的初审、生存验证等工作。

为了推进新农保工作，高淳县举办了全县劳动保障专职工作人员岗前业务培训班，针对工作中出现的具体问题，县级经办机构还派专人及时到各镇进行业务指导和培训；建立了计算机信息管理平台，实现了县、镇、村联网管理，规定了参保登记、缴费申报、业务核算、待遇支付等工作程序。

其中，参保登记和缴费申报共五个步骤：一是参保人员持本人身份证和户口簿及复印件到户籍所在村劳动保障服务站填写《南京市新型农村社会养老保险缴费申请表》，申请参保缴费。二是村劳动保障服务站进行初审，录入参保人员基本信息，生成《高淳县新型农村社会养老保险缴费登记表》，盖章后与身份证和户口簿复印件报镇劳动保障所。三是镇劳动保障服务所对《南京市新型农村社会养老保险缴费登记表》、身份证和户口簿复印件进行审核。四是县农保经办机构根据信息管理系统中参保登记信息定期为参保人员办理银行卡，通过镇、村经办机构发放到参保人员手中，参保人员将保费存入银行卡中，县农保经办机构通过银行代扣方式收取保费。五是村劳动保障服务站为参保缴费人员发放《新农保缴费证》和缴费收据，定期公示本村缴费人员名单。

农村适龄老人领取养老金也有五个步骤：一是符合领取条件的人员持本人身份证和户口簿及复印件到户籍所在村劳动保障服务站办理养老待遇申领手续。二是村劳动保障服务站初审，对养老待遇申领人员情况进行公示无异议后生成《南京市新型农村社会养老保险待遇发放审批表》、《南京市农村老年居民养老补贴登记表》，由参保人签字确认后与身份证、户口簿复印件一起，报镇劳动保障服务所。三是镇劳动保障服务所对申报材料审核盖章后报县农保经办机构。四是县农保经办机构对申报材料进行核实审批，待遇发放实行社会化发放。五是村劳动保障服务站定期公示本村养老金领取人员领取情况。

图6-5是高淳县农村居民缴费及待遇领取工作流程。

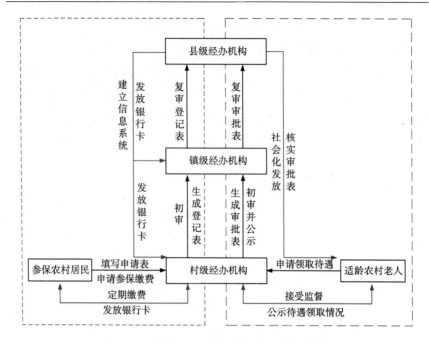

图6-5 高淳县农村居民缴费及待遇领取流程

6.3 新农保试点的基本经验

6.3.1 地方财政补贴力度大

根据《高淳县新型农村社会养老保险实施办法》（高政发［2008］118号）规定，新农保的缴费比例为8%，其中个人缴纳4%，市政府补贴2%，县政府补贴1%，镇政府补贴1%。农村居民个人缴费与各级政府的财政补贴比达到1:1。2010年，97.09%的被调查者获得了360元的财政补贴，比国家《指导意见》确定的地方政府每年最低补贴30元的标准高出330元。

对于农村特殊困难群体，高淳县也给予了优厚的缴费补贴。2009年以前，对于享受农村最低生活保障的农村居民，个人缴费部分由个人、镇分别承担50%。2010年，高淳县先后出台了《关于调整新型农村社会养老保险相关政策的通知》（高政办发〔2010〕8号）和《进一步完善我县新农保办法相关政策方案》（高政发〔2010〕17号）两个文件，规定参保人员在享受农村最低生活保障待遇期间，个人缴纳部分由县、镇财政全额补助；对农村重度残疾人，县财政为其代缴全部保费。统计数据显示，2008年，高淳县财政和镇财政新农保补贴额均为1496.88万元。2009年，县财政补贴额与镇财政补贴额均增长到1603.8万元，比上年度各增加了106.92万元。

6.3.2　制度设计便于与城镇职工基本养老保险衔接

高淳县坚持"个人缴费、政府补贴、以收定支、收支平衡、统账结合、多缴多得、制度衔接、保障基本"的原则，在新型农村社会养老保险制度设计上，参照了城镇职工基本养老保险的框架。首先，缴费基数以收入为依据。《南京市城镇企业职工养老保险实施意见》规定"职工个人缴费以本人上一年度月平均工资收入为缴费基数"，参照城镇企业职工养老保险实施办法，高淳县新农保制度规定农村居民的缴费基数为统计部门公布的本县上年度农村居民人均纯收入。其次，采用"社会统筹与个人账户相结合"的账户结构。高淳县新农保制度实行个人账户与社会统筹相结合的模式。个人缴费全额、政府补贴资金中划转一个百分点、村集体经济组织对选择多缴费人员的补助资金、各级政府和集体对农村居民最低生活保障人员个人缴费的补助资金、个人账户形成的利息收入等计入个人账户。政府补贴资金除划转给个人账户的一个百分点之外，其余进入社会统筹账户。最后，领取养老金的年龄男女有别。《指导意见》规定，农村居民不分男女领取养老金的年龄均为60周岁。而高淳县参照城镇企业职工基本养老保险的做法，规定男性满60周岁、女性满55周岁就可领取养老金。这些规定都为与城镇职工基本养老保险制度对接预留了接口。

6.3.3　因地制宜开展新农保试点工作

高淳县对《指导意见》中的相关规定进行具体化，更加符合本地的实际。第一，选择合适的托管银行。在选择合作银行方面，由于国有商业银行分支机构在乡镇分布不足，因此高淳县政府根据当地的实际情况，选择了农村合作银行作为新农保基金的托管机构。第二，新农保实行按年缴费。由于个人月缴费数额少，村镇金融分支机构少，按月缴费会给农村居民和金融机构带来诸多不便，因此高淳县决定养老保险费按年缴纳，这不仅方便了农村居民，也减轻了农村合作银行的工作负担。第三，养老金按季领取。《指导意见》规定，养老金应按月领取。高淳县的调查结果显示，农村老年居民都不能按月领取养老金，原因是农村地区金融分支机构很少，按月领取养老金势必导致农村老年居民月月都要"上县城"，也会增加农村合作银行的工作量。为方便农村居民领取养老金，高淳县将农村居民按月领取养老金，改为按季领取，取得了多方共赢的良好效果。

6.4　新农保试点中存在的问题

6.4.1　缴费档次单一且缴费标准调整过于频繁

高淳县新农保保费按规定的缴费基数和缴费比例缴纳。缴费基数为统计部门公布的本县上年度农村居民人均纯收入；缴费比例为8%，其中个人缴纳4%；缴费年度为每年的7月1日至次年的6月30日。2008年，高淳县确定的缴费基数为8400元，个人缴费标准为336元；2009年，高淳县确定的缴费基数为9000元，个人缴费标准为360元；2010年，高淳县确定的缴费基数为9600元，个人缴费标准为384元。

从缴费档次来看，高淳县新农保制度每年只设一个缴费档次，与《指导意见》确定的五个档次的缴费标准相比，缺少弹性和多样性，限制了农村居民的缴费选择权；从缴费标准稳定性来看，参保缴费者每年都需要改变缴费金额，且呈现逐年上涨趋势，缴费标准调整过于频繁。

6.4.2 养老金待遇水平偏低

高淳县领取养老金的被调查者平均每月领取的养老金数额是 55.37 元，与《指导意见》规定的每月 55 元的基础养老金标准相当。绝大多数被调查者表示养老金水平太低，不能满足老年人口的基本生活。

图 6-6 是调查问卷中关于被调查者养老金是否够用的统计结果。

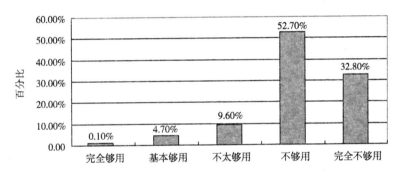

图 6-6　被调查者对养老金是否够用的统计结果

图 6-6 显示，95.10% 的被调查者表示现在老人每月领取的养老金不够用，只有 4.80% 的被调查者认为"完全够用"或"基本够用"。

高淳县被调查者期望的养老金数额远高于目前的养老金水平。

图 6-7 是调查问卷中关于被调查者期望的月养老金统计结果。

图 6-7 显示，高淳县被调查者期望的月养老金数额平均值为 416 元。期望养老金在 100 元及以下的被调查者占 10.02%，期望养老金在 101—200 元的被调查者占 17.40%，期望养老金在 201—300 元之间的被调查者占 26.30%，期望养老金在 301—400 元之间的被调查者占 12.50%，期望养老金在 401—500 元之间的被调查者占 15.60%，期望养老金在 501—1000 元之间的被调查者占 15.70%，期望养老金在 1001 元及以上的被调查者占 2.30%。与高淳县农村居民实际领取的新农保

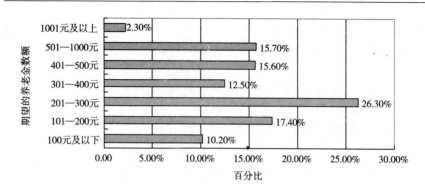

图6-7　被调查者期望的月养老金统计结果

养老金水平相比，当前的养老金待遇水平明显偏低。

6.4.3　基层经办机构经费不足

《高淳县新型农村社会养老保险实施办法》规定，开展新型农村社会养老保险工作所需的人员经费、工作经费以及信息网络建设维护费用纳入县、镇财政预算。人员经费方面，高淳县134个行政村按照统一要求配备1名劳动保障专职工作人员，这些专职工作人员大多于2008年上岗工作，工资待遇700元/月，由各镇考核发放，仅相当于2008年高淳县的最低工资标准。工作经费方面，高淳县在新农保制度建设前期所需的经办费用较多，如落实经办场地、添置经办设备、复印参保资料、村镇干部进村入户的交通费补助等，均要经费支出。信息网络建设维护费用方面，主要是购置计算机和网络建设费用。访谈得知，这三项经办经费支出常常难以落实，直接影响到新农保及其他各项劳动保障工作的开展。

6.3.4　镇级财政补贴压力较大

高淳县按照农村居民缴费的1∶1比例提供新农保财政补贴，其中市财政负担50%，县财政负担25%，镇级财政负担25%。2008年高淳县"新农保"参保人员7.58万，需要镇财政负担632万多元；2009

年，新农保"参保人员 17.82 万，需要镇财政负担近 1500 万元。由于新农保覆盖面的扩大、参保者缴费基数的增加、适龄居民参保率的提高需要镇财政负担的补贴额将不断增加。2009 年高淳县下辖的 8 个镇平均财政收入为 2 亿元左右，仅新农保制度的财政补贴就占到 7.50% 左右，镇级财政压力很大。

6.5 对策建议

6.5.1 适当增加缴费档次并维持缴费标准的相对稳定

高淳县应根据国务院《指导意见》的要求，在实践中切实建立弹性缴费的工作机制。建议高淳县根据自身的经济发展状况，设置 200 元、400 元、600 元、800 元、1000 元、1500 元、2000 元基本缴费档次；根据个人自愿，最高缴费可达到 3000 元。为了保证缴费标准的相对稳定，缴费档次设置在 3—5 年内原则上不做调整。

6.5.2 适度提高养老金待遇水平

建议高淳县参照农村最低生活保障线、当地最低工资水平设置基础养老金标准，且使养老金替代率达到最低工资标准的 50%。高淳县从 2010 年 2 月 1 日起，将本县最低工资标准由原 700 元/月调整为 790 元/月①，按照替代率 50% 的标准，高淳县应将养老金待遇水平提高至 400元左右（包括基础养老金和个人账户养老金），这一水平接近高淳县被调查者期望的养老金均值 416 元/月。

6.5.3 加大对基层经办机构的经费支持

高淳县应研究制定县、镇两级人员经费、工作经费和专项经费的保

---

① 资料来源于《高淳县调整最低工资标准》，http：//www.njlss.gov.cn。

障标准。县、镇两级财政应建立社会保险经办经费预算机制，科学区分人员经费预算、工作经费预算和信息网络建设经费预算，为社会保险经办机构能力建设提供足够的资金支持。在镇级经办经费难以保障的情况下，建议省财政能够拨付专项资金对新农保经办经费给予支持。

6.6 结论与启示

2008 年，高淳县自行试点新农保制度；2009 年，高淳县被列入新农保国家级试点县；2010 年初，高淳县制订了《高淳县新型农村社会养老保险实施办法》，确定了本县新农保制度的基本框架。本章依据实地调查资料，从参保现状、制度认知、期望与需求、基金管理与经办管理服务四个方面分析了高淳县新农保试点的现状，总结了高淳县新农保试点的基本经验和存在问题，并针对存在的问题提出了相应的对策建议。

高淳县新农保试点工作对于在全国范围内推进新农保制度有以下启示：第一，必须坚持政府财政补贴制度。在建立农村社会养老保险制度过程中，政府虽不可能像西方发达国家那样为农民提供全面的、高标准的养老保险待遇，但必须提供一定的财政补贴。第二，实施政府补贴、社会统筹与个人账户相结合的新农保制度模式。高淳县在政府提供基础养老金补贴的前提下，实行农村居民养老补贴的社会统筹和个人账户相结合的制度模式，我们称为"政府补贴、社会统筹与个人账户相结合的新农保制度模式"，与城镇职工社会养老保险制度基本模式相近，为将来各项社会养老保险制度衔接预留了接口。第三，在不违背新农保基本制度的前提下，应允许各地因地制宜推进新农保工作。按年缴费、按季领取养老金、选择在农村地区网点分布较为广泛的金融服务机构作为合作对象，比较符合我国大部分地区的农村实际。

7 江苏省常熟市新型农村社会
养老保险试点调查报告

　　常熟市位于江苏省东南部长江三角洲经济发达地区。东邻太仓，南
接昆山、苏州，西连无锡、江阴，北濒长江黄金水道，西北境与张家港
接壤。常熟市总面积 1276 平方公里，户籍人口 106.4 万，外来人口超
过 80 万；辖 10 个镇，1 个林场，2 个经济开发区，1 个服装城，1 个尚
湖旅游度假区。常熟市作为我国东部较发达地区的代表，改革开放三十
多年来，生产总值年均增长率一直保持在 15% 以上，工业经济、财政
收入年均增长率保持 20% 以上，尤其是民营经济发展迅猛，实现了跨
越式发展。2009 年，常熟市生产总值实现 1230.7 亿元，城镇居民人均
可支配收入 27309 元，农民人均纯收入 12985 元。截至 2009 年底，常
熟市私营企业达 16883 家，注册资本 560.6 亿元；个体工商户 63659
户，注册资本 36.8 亿元，为当地农村居民提供了大量的就业岗位。[①]

　　2010 年 7 月 24 日—8 月 10 日，课题调研组一行 6 人前往常熟市开
展了为期 18 天的农村社会养老保险试点实施情况调查，分别对虞山、
梅李、支塘、古里、沙家浜 5 个镇、18 个自然村 835 户农村居民进行了
访问式问卷调查；此外，还对 80 名新农保经办机构工作人员进行了访
谈，搜集了大量的常熟市农村社会养老保险相关制度文件，为常熟市农
村社会养老保险的相关研究提供了资料。

---

　　① 数据来源于《常熟市 2009 年民营经济注册资本达到 597.4 亿元》，http://
www.jssh.org.cn/。

7.1 农村社会养老保险探索历程

7.1.1 起步阶段（1992年6月—2001年9月）

1992年6月，常熟市根据民政部制定的《县级农村社会养老保险基本方案（试行）》（民办发〔1992〕2号）正式启动农村社会养老保险工作，称为"老农保"。老农保的保险对象为市城镇户口、不由国家供应商品粮的农村人口。乡镇企业职工、民办教师、乡镇招聘干部、职工等，可以经乡镇或企业确认，组织投保；少数乡镇因经济或地域等原因，也可以先搞乡镇企业职工的养老保险；外来劳务人员，原则上在其户口所在地参加养老保险。

老农保的资金筹集坚持以个人缴费为主、集体补助为辅、国家给予政策扶持的原则，月缴费标准设2元、4元、6元、8元、10元、12元、14元、16元、18元、20元十个档次。领取养老金从60周岁开始，根据缴费档次和缴费年限，确定养老金发放标准。投保人领取养老金的时间为10年，因死亡不足10年者，缴费余额可以继承，无继承人或指定受益人者，按有关规定支付丧葬费用；投保人领取养老金的时间超过10年者，继续领取养老金直至死亡。

1998年，常熟市将老农保工作由民政部门移交给劳动和社会保障部门。由于常熟市工业化和城镇化进程不断加快，大量农村剩余劳动力进入乡镇企业，城镇社会养老保险制度顺势发展；在全国农村社会养老保险制度整顿、规范过程中，常熟市的老农保制度反而得到了很快的发展[1]。截至2001年上半年，常熟市老农保参保人数为7.9万人，基金积累2亿元，6000多人领取养老金，月平均养老金待遇为78元，累计支付养老金614万元。

7.1.2 改革发展阶段 (2001 年 10 月—2003 年 11 月)

2001 年 10 月,常熟市委、市政府提出了《关于改革和完善农村社会养老保险制度的意见》(常发 [2001] 73 号),并制定了《常熟市农村养老保险暂行规定》(常政发 [2001] 126 号) 和《〈常熟市农村养老保险暂行规定〉实施细则》(常劳险 [2001] 14 号),对常熟市老农保制度进行了改革,力图探索一个全新的农村社会养老保险制度,简称为"新农保"①。新农保将全市农村各种形式的经济组织、各类用人单位及与之形成劳动关系的劳动者,农村个体工商户及其雇工、自由职业者和纯农户均纳入"新农保"制度覆盖范围。实行统一缴费基数、统一缴费比例,规定缴费基数和缴费比例伴随社会经济发展情况适时进行调整。创建了社会统筹与个人账户相结合的新农保管理模式。统一了由基础养老金和个人账户养老金组成的新农保待遇的领取条件和计发办法,建立了养老金发放标准的调整机制。截至 2003 年 11 月,全市新农保参保人约 28 万,制度覆盖率达到 80%,月平均养老金发放标准为 156 元。

7.1.3 全面推进阶段 (2003 年 12 月—2006 年 6 月)

2003 年 12 月常熟市委、市政府下发了《关于完善农村社会保障工作的试行办法》(常发 [2003] 92 号),规定了新农保缴费的财政补贴制度和社会养老补贴发放制度。第一,参保的强制性。全市农村各类用人单位、个体工商户和与之形成劳动关系的劳动者及农村纯农人员,必须自 2003 年 12 月 1 日起统一参加新农保,延时参保的应补缴费用。第二,建立纯农人员参保的财政补贴制度。对以农业生产为主要生活来源的本市农村户籍劳动者,实行个人缴费与市、镇 (村) 财政补贴相结合的办法。第三,建立老年农民社会养老补贴制度。对男性 60 周岁以

---

① 这里所说的"新农保"是指 2003 年常熟市自己探索建立的新型农村社会养老保险。常熟市将 2010 年根据《国务院关于开展新型农村社会养老保险试点的指导意见》所建立的新型农村社会养老保险称为"新型农保"。

上、女性 55 周岁以上未享受其他社会保障待遇、家庭成员全员参保的老年居民按月发放社会养老补贴，发放标准为 70 周岁以下每人每年 800 元，70 周岁以上每人每年 1000 元（2008 年 1 月起，社会养老补贴标准不分年龄段统一调整为 1000 元/年）。第四，建立农村社会保障风险储备基金。市财政每年从商住用地的土地拍卖出让净收益中提取 5000 万元，从福利企业退税中提取 1000 万元，再由市财政根据情况每年再提供一定的资金，形成农村社会保障风险储备基金。

截至 2006 年底，全市新农保参保人数 26.82 万人，新农保覆盖率 92.4%，养老金发放标准年增长率 26.2%，市级财政累计补贴额 2.59 亿元。

7.1.4 农保转城保阶段（2006 年 7 月至今）

2006 年 7 月，常熟市制定了《常熟市农村和城镇基本养老保险转移接续办法》（常劳社险 [2006] 8 号），标志着常熟市城乡一体化基本养老保险制度迈入新的阶段。2009 年 6 月，常熟市政府又出台了《关于印发〈常熟市全面推进城镇社会保险制度的意见〉的通知》（常发 [2009] 26 号），提出了全面推进农村基本养老保险向城镇基本养老保险转移接续工作的目标，通过财政缴费补贴和社会保险补贴政策，大力推进纯农人员向城保转移。2010 年 4 月，根据《国务院关于开展新型农村社会养老保险试点的指导意见》（国发 [2009] 32 号）、《江苏省新型农村社会养老保险制度实施办法》（苏政发 [2009] 155 号）以及《市政府关于印发苏州市新型农村社会养老保险管理办法的通知》（苏府规字 [2010] 10 号）等文件精神，常熟市结合本市实际，制订了《常熟市新型农村社会养老保险管理办法》（常政发规字 [2010] 35 号），颁布了《关于〈常熟市新型农村社会养老保险管理办法〉有关问题的处理意见》（常人社 [2010] 52 号、常财社 [2010] 120 号），对常熟市实行新型农村社会养老保险的有关问题给予了规定。常熟市把本市 2001 年 10 月以来制定的农村养老保险制度、政策称为"新农保"；把 2010 年 4 月以来根据国务院《指导意见》修改后的农村养老保险制度、政策称为"新型农保"。

"新型农保"的参保对象是年满 16 周岁，未达到规定养老年龄，暂不具备条件参加城镇职工基本养老保险的其他各类人员（除全日制在校学生）。"新型农保"的基金筹集以个人缴费为主，设 100 元、200元、300 元、400 元、500 元、600 元、720 元、1200 元、1800 元九个缴费档次；在个人缴费基础上，对于常熟市户籍的纯农人员，由市、镇两级财政按照各负担 50% 的比例给予每人每年 60 元的缴费补贴。对享受低保的人员和重度残疾人员等农村特殊弱势群体，市、镇两级财政按照每人每年 720 元的标准给予全额补助。除个人缴费及财政补贴外，常熟市还建立了新型农保统筹基金，规定每年按照 1000 元/人的标准筹集建立新型农保统筹基金，由市、镇两级财政各负担 50%，用于支付新型农保基础养老金。

常熟市计划在 2012 年前实现农保转城保，即把 16 万纯农农保人员全部纳入城保管理，实现农保与城保全面并轨。为了确保新农保与城保的良好对接，常熟市出台了《常熟市农村和城镇基本养老保险转移接续办法》，对农保转城保的折算、补差、封存等做了进一步规定。截至目前，常熟市新农保参保存量 29.6%，城保覆盖率 70%，全市养老保险的参保率及养老保障率均达到 99.6% 以上。2010 年 1 月停止办理新农保参保业务，2010 年 4 月后在实施新农保参保存量转续城保的同时，开始办理"新型农保"参保业务。由于有资格参加"新型农保"的人数仅占全市人口的 0.4%，办理"新型农保"参保业务的寥寥无几，因此本章把参加常熟市"新农保"和"新型农保"的人员统称为参加新农保人员。

7.2　农村社会养老保险制度运行现状分析

7.2.1　参保现状

1. 参保时间长，参保率高

图 7-1 是调查问卷中关于被调查者参保时间的统计结果。

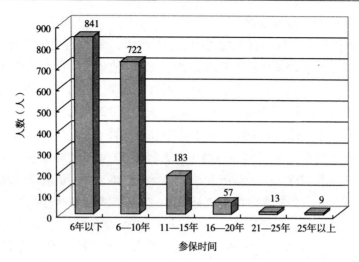

图7-1 被调查者参保时间分布图

图7-1显示，常熟市农村居民参保时间从1—30年不等①，中位数是6年，众数是7年，平均值是6.47年，标准差为0.109。46.08%的被调查者参保时间在6年以下，39.56%的被调查者参保时间在6—10年，10.03%的被调查者参保时间在11—15年，4.33%的被调查者参保时间在16年以上。

表7-1是对调查问卷中关于不同性别、不同年龄人群参保情况的统计结果。

表7-1 分性别、分年龄的参保情况列联表

参加养老保险情况	男				女			
	15周岁及以下（人）	16—59周岁（人）	60周岁及以上（人）	合计百分比（%）	15周岁及以下（人）	16—54周岁（人）	55岁周岁及以上（人）	合计百分比（%）
未参加任何养老保险	184	165	18	22.14	164	131	38	20.67
一直参加农保	0	137	11	8.93	0	105	22	7.88

---

① 调查数据显示有部分农村居民一直参加城保，故年限较长，最长者达30年。

参加养老保险情况	男				女			
	15周岁及以下（人）	16—59周岁（人）	60周岁及以上（人）	合计百分比（%）	15周岁及以下（人）	16—54周岁（人）	55岁周岁及以上（人）	合计百分比（%）
一直参加城保	0	609	10	37.33	0	432	11	27.50
由新农保转向城保	0	248	6	15.32	0	255	19	17.01
领取新农保养老金	0	8	146	9.29	0	7	284	18.06
领取城保养老金	0	5	111	7.00	0	37	106	8.88
合计百分比（%）	11.10	70.69	18.21	100.00	10.18	60.02	29.80	100.00

参保率/待遇享受率	男			女		
	15周岁及以下	16—59周岁	60周岁及以上	15周岁及以下	16—59周岁	15周岁及以下
总体参保/待遇享受率（%）		84.81	85.10		81.90	81.25
新农保参保/待遇享受率（%）		11.69	48.34		10.86	59.17
城保参保/待遇享受率（%）		73.12	36.75		71.04	22.08

表 7 – 1 显示，16—59 周岁男性新农保参保率为 11.69%，城保参保率为 79.12%，总体参保率为 84.81%；60 周岁及以上男性新农保参保率为 48.34%，城保参保率为 36.75%，总体参保率为 85.10%。16—54 周岁女性新农保参保率为 10.86%，城保参保率为 71.04%，总体参保率为 81.90%；55 周岁及以上女性新农保参保率为 59.17%，城保参保率为 22.08%，总体参保率为 81.25%。

2. 多种社会养老保险制度并存

图 7 – 2 是调查问卷中关于被调查者参加社会养老保险情况的统计结果。

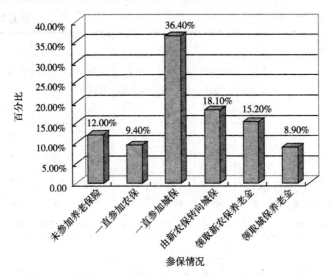

图7-2 被调查者社会养老保险参保情况

图7-2显示,目前常熟市农村居民参加社会养老保险的类型可以划分为六种,占被调查者总数的比例分别为:未参加任何社会养老保险,12.00%;一直参加新型农村社会养老保险,9.45%;一直参加城镇职工基本养老保险,36.40%;从新型农村社会养老保险转至城镇职工基本养老保险,18.10%;领取新型农村社会养老保险待遇,15.20%;领取城镇职工基本养老保险待遇,8.90%。

3. 制度设计与经济发展水平相适应

常熟市作为我国经济发达地区较早实施新农保制度的市（县）,在政策的推进过程中充分考虑到了自身经济发展与消费水平的整体状况,在缴费状况、财政补贴、待遇发放等具体政策的落实上做出了适应本市实际的调整。

（1）缴费水平起点高

图7-3是调查问卷中关于被调查者个人月缴费档次的统计结果。

图7-3显示,常熟市农村居民社会养老保险按月缴费,个人月缴费金额从0—2500元不等,中位数为200元,平均值为225.57元,标准差为3.933。个人月缴费档次主要集中在100—199元、200—299元、

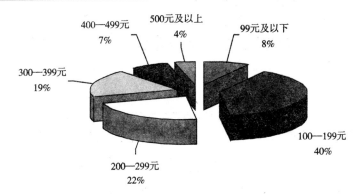

图7-3 被调查者个人月缴费档次分布图

300—399元三个档次，月缴费档次整体呈现右偏分布，可见常熟市农村居民的缴费水平还是比较高的，缴费档次在200—299元及以上的比例占到了51.87%，这是与常熟市对农民参加社会养老保险较高的财政补贴额度，以及当地较高的经济发展水平密不可分的。

图7-4是调查问卷中关于被调查者缴费档次调整情况的统计结果。

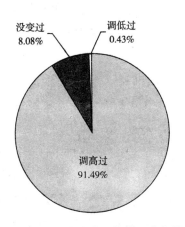

图7-4 缴费档次调整情况分布图

图7-4显示，在被调查的1844名参保者中，91.49%的参保者社会养老保险缴费档次调高过。由于常熟市农村居民参加新农保和城保均以社会平均工资为缴费基数，而社会平均工资每年都会调整，因此常熟

市也在每年的 7 月 1 日对新农保和城保的缴费基数进行调整。

表 7 - 2 是调查问卷中关于被调查者参保时间与缴费档次调整情况的统计结果。

表 7 - 2　参保时间与缴费档次调整情况列联表

		是否改变过缴费水平			合计
		调高过	没变过	调低过	
参保时间	5 年及以下	721	98	5	824
	6—10 年	655	34	1	690
	11—15 年	173	4	2	179
	16—20 年	52	0	0	52
	21—25 年	13	0	0	13
	26 年及以上	8	1	0	9
总　计		1622	137	8	1767

表 7 - 2 显示，进一步对参保时间与缴费档次调整情况进行列联分析表明，参保时间与缴费档次调整情况具有相关性，参保时间越长，调高缴费档次的可能性越大。

（2）财政补贴政策完善，补贴力度大

图 7 - 5 是调查问卷中关于被调查者政府月缴费补贴金额的统计结果。

图 7 - 5 显示，在农民个人缴费基础上，常熟市对农民参加社会养老保险给予了大力的财政补贴，月补贴额度 0—1000 元不等，中位数为 50 元，平均值为 87.04 元，标准差为 3.589。政府月补贴金额的分布主要集中在 49 元及以下（44.66%）和 50—99 元（35.45%）两个档次。高额的财政补贴是新农保参保率较高的一个重要原因。

表 7 - 3 是调查问卷中关于被调查者中纯农人员农村社会养老保险财政补贴额的政策规定。

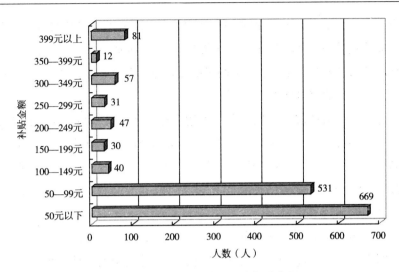

图 7 - 5　政府月缴费补贴金额分布图

表 7 - 3　纯农人员农村社会养老保险财政补贴额政策规定

参保人员	个人缴费	市财政补贴	镇（村）财政补贴
男 ≥45 周岁 女 ≥40 周岁	应缴金额的 40%	应缴金额的 30%	应缴金额的 30%
男 <45 周岁 女 < 40 周岁	应缴金额的 2/3	应缴金额的 1/6	应缴金额的 1/6
低保人群、未实现就业的四残 人员等农村特殊弱势人群	免缴	应缴金额的 50%	应缴金额的 50%

　　表 7 - 3 显示，常熟市在新农保制度发展过程中建立了针对不同农村居民群体的财政补贴政策。例如，对纯农人员参加农村养老保险的，实行个人缴费与市、镇（村）财政相结合的办法给予大力补贴；对男性 60 周岁以上、女性 55 周岁以上未享受其他社会保障待遇且家庭成员全员参保①的老年居民，按月发放社会养老补贴，发放标准为每人每年

---

　　①　2010 年 4 月起，对于家庭子女未按规定全员参保的老年居民按照 50% 的标准发放养老补贴。

1000 元。据统计，仅市、镇两级财政 2010 年 1—6 月对纯农参保人员的缴费补贴就达到了 8099 万元，支付社会养老补贴金额 6706 万元。从 2003 年至 2010 年 6 月，市、镇两级财政已累计投入缴费补贴 6.6 亿元，累计支付社会养老补贴 8.2 亿元。[①]

此外，在对按规定参加农保，到达农保养老年龄但缴费年限仍不足 15 年的参保人员，采取个人补缴一部分（40%）、财政补贴一部分（60%）的办法，使农保缴费年限达到 15 年。据统计，至 2010 年 6 月，已有 6000 余人选择补缴 15 年的办法，按照新办法计发了农保待遇，最低养老待遇达到 280 元/月。[②]

（3）养老金按时足额发放，待遇水平较高

图 7－6 是调查问卷中关于被调查者月均养老金的统计结果。

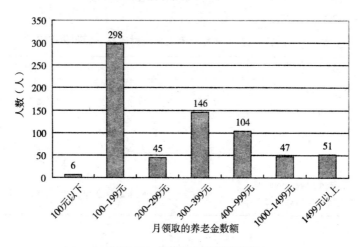

图 7－6　月养老金数额分布图

图 7－6 显示，绝大多数达到规定年龄（男年满 60 周岁，女年满 55 周岁）的老年农民（98.44%）表示能按月领取养老金。常熟市农村

---

① 资料来源于《常熟市农村养老保险制度改革探索情况汇报》，常熟市人民政府，2009 年 12 月。

② 资料来源于《常熟市农村养老保险制度改革探索情况汇报》，常熟市人民政府，2009 年 12 月。

居民的月均养老金水平 50—4600 元不等，集中在 100—199 元和 300—399 元两个档次，中位数为 285 元，众数为 100 元，平均值为 469.74 元，标准差为 23.154。

为了更好的提高养老金的待遇水平，常熟市在原有的基础养老金和个人账户养老金基础上，增设了缴费年限养老金，即对于缴费年限达到 15 年的退休人员，缴费年限每多缴 1 年按照当年度农村养老保险缴费基数的 1% 计发，① 体现了"多缴多得"的原则，进一步鼓励参保人员连续缴费。

7.2.2 制度认知

1. 农村居民对新农保基础政策了解度高，对整体政策满意度高

为了分析常熟市农村居民对新农保制度各项政策内容的了解度、满意度以及合理度的认知情况，我们采用数据集中位置分析方法，计算各题中被调查者所选答案的均值以及标准差。均值的大小代表了被调查者反映程度，均值等于 3 时，说明持中立态度；均值小于 3 时，说明不了解或者不满意；均值大于 3 时，说明了解或者满意。标准差是被调查者的选择值偏离均值的程度。

图 7 - 7 是调查问卷中关于被调查者对新农保制度的了解度、满意度和合理度集中位置的统计结果。

图 7 - 7 显示，常熟市农村居民对社会养老保险的了解度属于中等偏上，对多缴多得、保险费按月缴纳、缴费年限的设定、农保转城保的总体政策、转移的财政补贴办法等基础政策内容的了解度相对较高；对个人账户计发月数、计息办法、保险的继承、农保转城保的缴费补差计算办法、封存办法等细节政策内容的了解度相对较低。

常熟市农民对农村新农保制度的满意度和合理度平均值都在 3.5 以上，而且对制度各个部分的满意度及合理度认知差异不是太大，说明常

---

① 资料来源于《关于印发〈关于调整农村养老保险制度有关问题的意见〉的通知》（常政发〔2009〕7 号）。

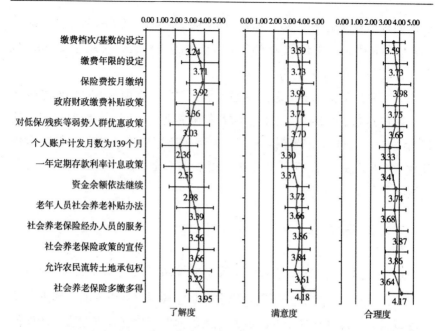

图7-7 被调查者对新农保制度的了解度、满意度、合理度的集中位置统计图

熟市新农保制度受到了广大农村居民的认可。

2. 农村居民对社会养老保险城乡一体化政策满意度较高

与新农保制度了解度、满意度、合理度的分析类似,这里仍采用数据集中位置分析法对农村居民对农保向城保转移政策的了解度、满意度以及合理度的认知情况进行分析。

图7-8是调查问卷中关于被调查者对农保转城保政策的了解度、满意度和合理度的集中位置的统计结果。

图7-8显示,对农保转城保的财政补贴办法和缴费年限折算办法的了解程度较高,对缴费补差办法和封存办法了解度较低。对农保转城保政策合理度评价较高,而对农保转城保的政策满意度略低。对财政补贴办法、年限折算、补差办法、封存办法的得分值依次下降。

92.60%的被调查者对常熟市推行城乡一体化的社会养老保险制度持肯定态度。在与被调查者的交谈中,一些不认同城乡一体化的社会养老保险制度的被调查者,主要是担忧农保转接城保会引起缴费率提高。

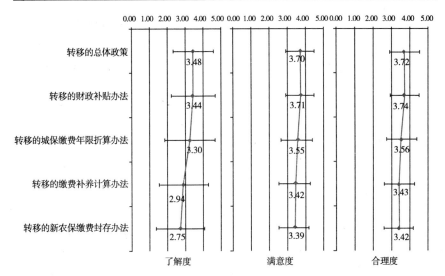

图 7-8 被调查者对农保转城保政策的了解度的集中位置统计图

3. 社会养老保险受到农村居民的普遍认可,成为农村居民首选的养老方式

图 7-9 是调查问卷中关于被调查者对新农保政策效果评价的统计结果。

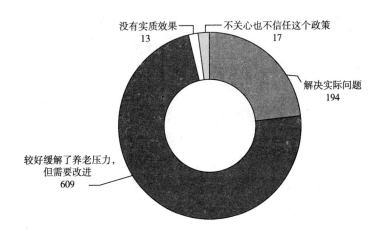

图 7-9 被调查者对政府推行的新农保政策效果评价的统计结果

　　图7-9显示，分别有73.10%和23.30%的被调查者认为社会养老保险政策"较好缓解了养老压力"和"解决了农民的实际问题"。只有3.60%的被调查者表示"不关心也不信任这个政策"（2.00%），或者认为政府推行的新农保"没有起到实质性的效果"（1.60%）。

　　图7-10是调查问卷中关于被调查者对养老保障方式选择的统计结果。

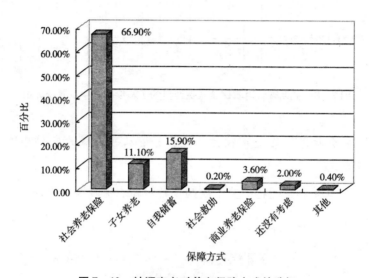

图7-10　被调查者对养老保障方式的选择

　　图7-10显示，66.90%的被调查者选择"参加社会养老保险"的养老方式。可见，社会养老保险的重要性已经逐渐被大多数农民认可和接受。常熟市民间流传着"生儿育女能养老，养老保险更可靠。工厂田间两头忙，养老保险不能忘"的民谣。

　　表7-4是调查问卷中关于被调查者的主要身份与是否被强制参加养老保险的列联统计结果。

表7-4　被调查者的主要身份与是否被强制参加养老保险列联表

		是否被强制参加养老保险（人）		总计（人）
		强制	不强制	
主要身份	务农	3	114	117
	养殖专业户	0	18	18
	学生	1	2	3
	村干部	3	19	22
	乡镇干部	1	11	12
	教师	1	15	16
	医生	2	15	17
	个体户	13	277	290
	私营企业主	2	23	25
	外出务工人员	1	34	35
	本乡镇企业打工	63	1102	1165
	工匠	1	12	13
	儿童	0	1	1
	老年人	1	37	38
	其他	3	74	77
总　计		95	1754	1849

表7-4显示，占被调查者5.12%的人认为自己是被强制参加社会养老保险的，其中主要是个体户和本镇务工人员，其原因是这部分人的经济能力整体来说较强，社会养老保险对他们的吸引力不大。

7.2.3　期望与需求

图7-11是调查问卷中关于被调查者对新农保制度优化方向的统计结果。

图7-11显示，在新农保制度获得普遍拥护的同时，也有大量被调查者提出了对新农保制度进一步优化的期望，84.30%的被调查表示常

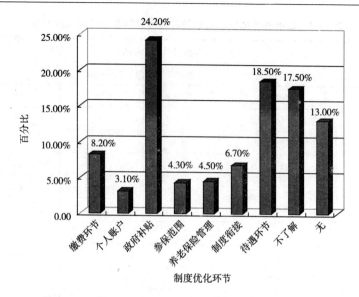

图 7-11 被调查者对新农保制度优化方向的统计结果

熟市当前的新农保制度还有待进一步优化。进一步优化的方向集中在缴费环节、个人账户、政府补贴、参保范围、新农保管理、制度衔接等方面，其中认为应该优化政府补贴和待遇环节的分别占 29.29% 和 22.44%。

1. 农村居民期望加大政府补贴力度

在访谈中我们发现，许多被调查者认为，每年 1000 元的市、镇两级养老补贴，与当地消费水平相比相差较远。被调查者期望的每月养老费用有四个峰值：400—599 元、1000—1199 元、1400—1599 元和 2000—2199 元，远高于每年 1000 元的养老补贴与养老金发放的额度之和。

2. 农村居民期望提高养老金待遇

表 7-5 是调查问卷中关于被调查者每月领取养老金是否够用的统计结果。

表7-5　被调查者每月领取养老金是否够用

	人数（人）	百分比（%）	累积百分比（%）
完全够用	10	1.20	1.20
基本够用	206	24.80	26.00
不太够用	329	39.50	65.50
不够用	246	29.60	95.10
完全不够用	41	4.90	100.00
合计	832	99.60	100.00

表7-5显示，常熟市农村居民对提高养老金待遇的期望很高，只有26.00%的被调查者表示现在老人每个月领取的养老金完全够用或基本够用；而高达74.00%的被调查者表示每月领取的养老金不够用，其中39.50%的人表示不太够用，29.60%的人表示不够用，还有4.90%的人表示完全不够用。

3. 农村居民期望完善新农保与城保的转接政策

在184名农保转城保的被调查者中，有74.67%的人认为农保转城保的政策存在问题，主要表现在政府补贴、折算办法、补差办法和缴费基数等方面。

7.2.4　基金管理与经办管理服务

1. 构建了纵横双向的农村社会养老保险管理体制

常熟市在多年农村社会养老保险实践的基础上，建立了相对完善的经办机构网络，分别是市人力资源和社会保障局、镇劳动和社会保障所、村劳动和社会保障工作站，并逐步建立了村级专职社会保障协管员队伍，形成了市、镇、村三级工作平台。

表7-6是对常熟市农村社会养老保险管理部门主要职责的概述。

表7-6 常熟市农村社会养老保险管理部门简况

机构部门	主要职责
市劳动和社会保障局	①负责农村社会养老保险的行政管理、监督指导、制定计划及政策并组织实施；②各项保险工作的交接和衔接工作；③公布每年的农村社会养老保险缴费基数
市农村社会养老保险事业管理处	①保费征缴工作相关档案的管理；②定期稽核缴费单位，对征缴工作进行复核和检查指导
市社会保险基金管理中心	①对农保基金的进行全面监管，对所涉及全部票据定期进行校验；②对镇一级劳动保障所业务档案的管理工作进行检查考核
市财政部门	①完善被征地农民基本生活保障资金的筹集、管理和运行，安排划拨被征地农民基本生活保障所需资金；②统筹安排农保城保转接工作中的财政补贴及奖励资金
市工商行政管理部门	配合做好企业社会保险管理工作，建立企业工商信息共享通道，及时将企业工商登记、变更、注销等相关信息传递给市劳动保障部门
市公安部门	强化外来务工人员的管理，掌握外来务工人员基本信息，为外来务工人员的社会保险扩面工作提供基础保障
市地税部门	完善社会保险费征收管理机制，依法开展社会保险费征收工作，确保社会保险费应收尽收
镇（场、招商城）劳动和社会保障所	①对从事生产经营的缴费单位办理社会保险登记及变更登记；②对已核发的社保登记证实行年检制度；③形成缴费单位每月应缴养老保险费并出具通知单；④负责农村养老保险费的具体征收工作（部分乡镇有地方税务局征收）；⑤建立本镇职工养老保险档案
村劳动保障服务站	①进行补贴的公示；②核查本村纯农人员的增减及从业类型的变更情况上报镇一级劳动保障所；③负责纯农人员欠缴养老保险费的催缴；④为达到养老年龄的纯农人员办理申领养老待遇的手续；⑤核实老年农民的死亡情况上报镇一级劳动保障所并帮助指定受益人办理丧葬补助费申领手续等

在经办机构垂直管理的基础之上，常熟市遵循"行政管理与保险基金管理分开，执行机构与监督机构分设"的管理原则，构建了政府各职能部门横向管理的体制架构。自 2001 年起常熟市陆续制订了《常熟市农村养老保险暂行规定》、《常熟市农村养老保险费征缴暂行办法》、《常熟市农村社会养老保险业务档案管理暂行办法》等相关政策文件对常熟市农村养老保险的管理体制进行了规定。常熟市将财政部门、工商行政管理部门、公安部门、地税部门等也纳入到农村社会养老保险管理体系中来，发挥各职能部门的优势，从横向上加大了管理的力度，使纵横双向的管理体制发挥了全面管理的效能。

2. 强化经办机构建设，全面实施信息管理。

常熟市建立了相对完善的经办机构网络，注重加强队伍建设，实行社会化管理服务。在推进农村基本养老保险过程中，强化了服务功能，建立考核目标责任制，并逐步建立了村级专职社会保障协管员队伍，针对协管员进行专项培训。通过不断完善，常熟市依托苏州市一级网络平台，建立了市、市（县）、镇、村四级新农保经办管理的信息网络。

7.3 农村社会养老保险制度建设的基本经验

7.3.1 实行"一个体系，两种办法"的社会养老保险发展模式

常熟市规定，根据农村劳动力不同的就业渠道，实行一个社会保险体系、两种社会养老保险发展模式。一是农村各类企业及其从业人员，必须参加城镇企业职工养老保险，基本养老保险缴费比例与城镇企业职工相统一。按照"土地换保障"的思路，建立被征地农民的基本养老保险制度，将被征地农民逐步纳入城镇企业职工基本养老保险体系，所需费用由征地补偿安置费予以解决，不足部分由征地发生地的财政补贴。二是建立农村基本养老保险制度，将纯农人员纳入农村基本养老保

险。对男满 60 周岁、女满 55 周岁及其以上的老年农民，逐步建立社会养老保险补贴制度。

7.3.2 建立与经济发展水平相适应的社会养老保险调节机制

常熟市自 2001 年 10 月建立新农保制度开始，逐步形成了新农保待遇的调节机制。几年来，常熟市结合本地社会经济发展水平以及新农保缴费基数的调整等因素，及时对新农保养老金水平进行调整，2008 年和 2009 年的年调整率分别达到了 21.40% 和 14.80%，缴费年限满 10 年的退休人员，平均养老金从最初的 156 元/月调整到目前的 256 元/月；缴费满 15 年的退休人员月均养老金达到了 300 元。

为体现"多缴多得"的原则，常熟市在原有基础性养老金和个人账户养老金的基础上增设了"缴费年限养老金项目"，以鼓励参保人员连续缴费，享受更高水平的养老金待遇，使广大农村老人享受到社会经济发展的成果。

7.3.3 建立相对完善的新农保管理体制

常熟市历经近二十年"老农保—新农保—新型农保—社会养老保险城乡一体化"的实践过程，建立了相对完善的经办机构管理体制和基金管理模式。为确保参保农民利益，常熟市劳动保障部门严格按照基金收支两条线的原则，将农村基本养老保险基金列入财政专户进行专户管理。同时，还建立了基金征缴和发放社会化管理机制，农保缴费由国有银行网络直接代扣，实现了基金零风险，方便了农村参保者缴费；养老待遇实行社会化发放，确保养老待遇按时、足额发放。

常熟市构建的市、镇、村三级社会保障纵向工作体系和财政、工商、公安、地税、社保五方横向合作体制，实现了养老保险基金的征缴、管理和使用权力分立、相互制衡，有效地防范了养老保险基金安全风险。

7.3.4 实行以就业服务为基础的社会养老保险推进路径

常熟市的民营经济比较发达，为了确保企业主按规定缴纳各项社会保障基金，常熟市实行社会保险年检制，以工商登记年检为依托，对企业员工的参保情况进行普查。2000 年，常熟市建立了城乡统筹就业体系和失业登记制度。2006 年，常熟市启动了"农村劳动力转移培训阳光工程"，率先在江苏省实行面向农村劳动力的免费培训，包括引导性培训、95 个准入控制工种的职业技能和岗位培训、劳动预备制和就业准入工种培训等。逐步健全了常熟市农村劳动力职业技能培训的组织体系和培训网络，形成了"培训—考核—就业"相衔接的运行机制。[①]

7.3.5 采取多种举措促进城乡一体化进程

常熟市坚持以城乡一体化作为社会养老保险制度的建设目标。在区分企业内农村居民和纯农人员两部分人群的基础上，设计了养老保险城乡一体化的三阶段推进计划：第一阶段，到 2009 年底，实现企业农保参保人员转接城保；第二阶段，从 2010 年 1 月 1 日起停止办理农村养老保险参保业务，新增参保人员统一办理城镇社会养老保险参保手续；第三阶段，到 2012 年底，基本实现纯农保转城保。

为了推进社会养老保险城乡一体化进程，常熟市采取了多项优惠扶持措施：一是对企业中距离退休时间不足 5 年的本地户籍职工农保转城保的，参照企业新录用就业困难人员的办法，享受社会保险补贴。二是对纯农人员按灵活就业身份参加城保的，以企业职工缴费基数下限作为最低缴费基数，并仍根据原纯农人员参加新农保的补贴政策，给予 50 元/月、90 元/月或 150 元/月的财政补贴，符合就业困难对象条件的可以按就高原则享受补贴。三是被征地农民参加城镇基本养老保险的，适当增加被征地农民安置补助费，并将增加部分转入个人账户；适当提高从政府土地出让金等土地有偿使用费用中提取的金额，转入统筹账户。

---

① 资料来源于《常熟全面启动农村劳动力就业培训》，http：//www.jste.gov.cn/。

据统计，截至 2009 年 12 月，已经办理农保转城保手续的参保人员 125342 人，其中企业农保转城保 55320 人，纯农人员转城保 70022 人。

7.4 农村社会养老保险制度建设中存在的问题

常熟市农村社会养老保险政策变化频繁。1992 年—2001 年 9 月，常熟市推行老农保制度，城镇户口、不由国家供应商品粮的农村人口可参加老农保。2001 年 10 月—2010 年 1 月，常熟市推行新农保制度，全市农村各种形式的经济组织、各类用人单位及与之形成劳动关系的劳动者，农村个体工商户及其雇工、自由职业者和纯农户等可参加新农保制度。其中，2001 年 10 月—2003 年 11 月，常熟市推行社会统筹与个人账户相结合的新农保制度；2003 年 12 月—2010 年 1 月，在新农保制度中增加了新农保缴费财政补贴政策和社会养老补贴发放政策；2006 年 6 月至今，在新农保制度中增加了新农保向城保转接政策；2010 年 1 月至今，停止办理新农保业务，并要求新农保参保者在 2010 年之前全部转向城保。2010 年 4 月至今，常熟市推行新型农保制度。常熟市户籍年满 16 周岁，除全日制在校学生外，未到达规定的养老年龄，暂不具备条件参加城镇职工基本养老保险的其他各类型人员可参加新型农保制度。

常熟市农村户籍人口参加的社会养老保险制度种类繁多。新农保、新型农保、城镇基本养老保险等制度的参保对象都包含一部分农村户籍人口，制度保障范围相互交叉。常熟市农村居民需要根据自己的实际情况，判断应当参加何种社会养老保险制度。由于常熟市农村居民大多在企业就职或个体经营，详细了解农村社会养老保险政策的机会不多，加上各级经办机构宣传力度不足，致使常熟市农村居民对社会养老保险政策的认知存在片面性和低层次性，有时甚至存在误解。

常熟市农村社会养老保险制度缴费基数、待遇水平调整方案复杂。

常熟市建立了缴费基数、待遇水平与经济发展水平相适应的调整机制，每年都会出台关于缴费基数和待遇水平调整的通知。以 2011 年为例，在缴费基数调整方面，从 2011 年 7 月 1 日起，"默认统一按缴费基数下限确定月缴费金额；原选择 2 档或 2 档以上缴费基数的，统一按缴费基数上限确定月缴费金额。参保人员需要重新选择缴费基数的，可到缴费协议原签订地或户口所在地劳动保障所变更或重新签订《缴费协议》。此外，农村养老保险缴费基数由原来的每月 400 元调整为 600 元。"。在待遇水平调整方面，从 2011 年 1 月 1 日起，"退休、退职及领取定期生活费的人员，每人每月按本人本次调整前的月基本养老金（生活费）的 10% 增加基本养老金（生活费）。退休人员按上述标准增加的基本养老金低于 147 元的，再统一增发 32 元，但增发额和 10% 调整额相加不超过 147 元。另外，对 2010 年 12 月 31 日前年满 70 周岁（年龄以办理退休手续时确定的出生年月为准，下同）不足 75 周岁、年满 75 周岁不足 80 周岁以及年满 80 周岁以上的人员，退休人员每人每月分别增发 30 元、40 元和 50 元；退职及领取定期生活费人员，每人每月分别增发 20 元、30 元和 40 元。符合原劳动人事部劳人险〔1983〕3 号文件规定的建国前参加革命工作的老工人，每人每月增发 100 元；具有高级职称的退休科技人员，正高每人每月增发 70 元，副高每人每月增发 60 元；1953 年底前参加工作的退休人员，每人每月增发 50 元；退休人员中的原工商业者（含从原工商业者中区分出来的小商小贩、小手工业者、小业主），每人每月增发 50 元。同时符合上述两个及两个以上增发条件的退休人员，按就高和不重复的原则确定增发金额。"常熟市关于缴费基数、待遇水平调整的方案对于一般参保人来说，短时期内很难理解，导致农村居民对政策认知不足，降低了农村居民对制度的满意度。

7.5　对策建议

为了解决常熟市农村社会养老保险制度存在的政策多变、种类繁多、调整方案复杂的问题，常熟市应加快城乡一体化的社会养老保险制度建设进程。

第一，制定覆盖城乡居民的《常熟市社会养老保险实施办法》。

常熟市社会养老保险的保障对象是常熟市 16 周岁及以上的所有居民，不含在校学生；采用政府补贴、社会统筹、个人账户三结合的方式，缴纳社会养老保险费和支付社会养老保险金；停办新农保、新型农保、企业职工基本养老保险，对于原参保人群统一转入常熟市社会养老保险制度，对于未参保人群直接办理常熟市社会养老保险制度的参保手续。常熟市社会养老保险制度的缴费基数与江苏省企业职工基本养老保险制度缴费基数相同，对于纯农人员参保的，政府适当加大缴费补贴力度。

第二，强化政府责任，提高财政支持力度。

政府的公共财政投入是常熟市城乡一体化的社会养老保险制度推行的关键。为了体现常熟市社会养老保险制度的优越性，在待遇发放方面，应当采取就高不就低的原则，按照原城镇企业职工基本养老保险的待遇标准或者高于这一标准的计发办法发放养老金，以简化养老金计发办法。这样就需要加大政府的财政补贴力度，尤其是针对新农保、新型农保转城保的参保者以及就业困难群体，他们本身缴费能力有限、个人账户积累额较少，需要政府给予更多的财政补贴。

第三，加强政策宣传力度。

建议常熟市在推进社会养老保险城乡一体化过程中，采取广播、电视、宣传单、墙报、标语、手机短信等手段，举办专题讲座召开各种动员会、悬挂横幅、张贴宣传标语、分发政策知识宣传手册，大力宣传社会养老保险制度城乡一体化的好处和政策细节，特别是对于个人账户计发月数、计息办法、保险的继承、农保转城保的缴费补差计算办法、封存办法等更要详细宣传，全面提高农村居民对社会养老保险制度的认知水平。

7.6 结论与启示

常熟市农村社会养老保险经历了"老农保—新农保—新型农保—社会养老保险城乡一体化"的发展历程,本章运用社会调查资料,对常熟市农村社会养老保险制度的发展历程、运行现状、基本经验进行了梳理和归纳,分析了常熟市农村社会养老保险制度存在的问题,并针对这些问题提出了政策建议。

常熟市农村社会养老保险制度发展过程中的经验和教训对我国农村社会养老保险制度的发展方向与建设进程具有重要的启示:第一,分步实现社会养老保险制度的城乡一体化。第一步,健全和完善新农保制度;第二步,建立农保向城保转接的通道;第三步制定《社会养老保险实施办法》,实施城乡统一的社会养老保险制度。第二,建立与经济发展相适应的社会养老保险调节机制。适应本地社会经济发展水平,适时调整社会养老保险缴费基数和养老金发放水平,对缴费年限较长的参保者,加大缴费补贴和养老金补贴力度。第三,实行以就业服务为基础的社会养老保险推进路径。常熟市形成了"培训—考核—就业"相衔接的运行机制,开展了"农村动力转移培训阳光工程"。我国其他地区也应对农村户籍人口进行就业引导、技能培训,提供就业岗位以增加农村户籍人口的收入,为推进社会养老保险奠定经济基础。

8 新型农村社会养老
保险制度试点比较

随着人口老龄化、家庭规模小型化和传统土地保障功能的不断弱化，我国政府从 20 世纪 80 年代开始探索建立农村社会养老保险制度（简称"老农保"）。2009 年 9 月，国务院在总结"老农保"经验教训以及新型农村社会养老保险（简称"新农保"）前期试点经验的基础上，部署了新农保试点工作。2010 年 6 月—8 月，课题组先后安排 6 组 51 人次分赴陕西省陈仓区和商南县、河南省通许县和西峡县、江苏省常熟市和高淳县开展新农保试点调查。本章依据调查结果，对三省六县新农保制度试点的共同特点和个体差异进行了分析与比较，研究了三省六县新农保试点经验对于在更大范围内建设新农保制度的启示与建议。

8.1 全国新农保制度试点进程

2009 年 9 月 1 日，根据党的十七大和十七届三中全会精神，国务院颁布了《关于开展新型农村社会养老保险试点的指导意见》（国发 [2009] 32 号），提出按照"保基本、广覆盖、有弹性、可持续"的原则建立新型农村社会养老保险制度，保障农村居民老年基本生活。2009 年试点覆盖面为全国 10% 的县（市、区、旗），以后逐步扩大试点，在全国普遍实施，2020 年之前基本实现对农村适龄居民全覆盖。

2009 年底前，除了北京、上海、天津和重庆 4 个直辖市直接进入新农保试点，中央财政对其新农保试点基础养老金支付给予适当补助外，全国确定了 320 个首批新农保试点县（市、区、旗）①（详见表8－1）。

表8－1   全国首批新农保试点县分布情况

省份	试点县数量（个）	省份	试点县数量（个）	省份	试点县数量（个）
河北	18	福建	9	四川	21
山西	15	江西	11	贵州	11
内蒙古	10	山东	19	云南	13
辽宁	8	河南	21	西藏	7
吉林	9	湖北	13	陕西	11
黑龙江	14	湖南	14	甘肃	10
江苏	13	广东	14	青海	5
浙江	8	广西	14	宁夏	3
安徽	12	海南	4	新疆	13

截至 2010 年 6 月底，全国 320 个新农保试点县和 4 个直辖市全部启动参保缴费和发放基础养老金工作，参保人数 5965 万人，占试点地区适龄农业人口的 63.82％，其中领取待遇人数 1697 万人。②

2010 年 4 月 19 日，人力资源和社会保障部下发了《关于 2010 年扩大新型农村社会养老保险试点的通知》（人社部发〔2010〕27 号），明确提出 2010 年扩大新农保试点，全国总的试点覆盖范围扩大到 23％左右。

---

① 资料来源于《全国首批新农保试点县名单》，http://www.docin.com/p－63417250.html。

② 资料来源于《中国新农保试点将扩大至西藏新疆甘肃等六省区》，http://news.syd.com.cn/。

　　2010 年 6 月 30 日，国务院新农保试点工作领导小组办公室批复了 2010 年首次扩大新农保试点县名单，包括西藏自治区及四川、云南、甘肃、青海 4 个省藏区县，新疆南疆 3 个地州及边境县、国家扶贫工作重点县，并于 7 月 1 日正式启动重点扩大试点工作。① 六省区共有 177 个县（市、区）、1178 万农业户籍人口（其中 60 岁以上老人 125 万人）纳入扩大试点范围。② 2010 年 9 月 30 日，国务院新农保试点工作领导小组办公室又批复了 2010 年第二次扩大新农保试点县名单，河北等 25 个省区的 330 个县（市、区、旗），列入国家新农保试点。这两次扩大新农保试点被称为第二批新农保试点（详见表 8-2）。

表 8-2　全国部分地区第二批新农保试点县分布情况

省份	试点县数量（个）	省份	试点县数量（个）	省份	试点县数量（个）
河北	19	福建	8	四川	30③
山西	15	江西	13	贵州	10
内蒙古	11	山东	19	云南	21
辽宁	6	河南	22	西藏	—
吉林	10	湖北	13	陕西	26
黑龙江	—	湖南	30	甘肃	15
江苏	—	广东	18	青海	30
浙江	9④	广西	13	宁夏	8
安徽	14	海南	3⑤	新疆	43

　　注：①上述数据检索自腾讯新闻网、凤凰网、中国保险学会网、人民网等互联网站；②表中划"—"部分表示在互联网上未检索到该数据。

---

　　①　资料来源于《第二批扩大新农保试点工作启动》，http：//news. xinmin. cn/。

　　②　资料来源于《中国新农保试点将扩大至西藏新疆甘肃等六省区》，http：//news. syd. com. cn/content。

　　③　资料来源于《四川省新型农村社会养老保险试点工作进展情况新闻发布会》，http：// www. sc. gov. cn/hdjl。

　　④　资料来源于《富阳列入国家新农保试点县（市）》，http：//www. hangzhou. gov. cn。

　　⑤　资料来源于《琼新农保养老金每月可领 55 元》，http：//hainan. takungpao. com。

地方各级政府对新农保建设表现出极大的积极性，普遍加快了新农保制度的建设进程。截至 2010 年底，全国有 838 个县（市、区、旗）以及 4 个直辖市的大部分县（区）开展了国家级新农保试点，覆盖面达到 24%；另外，还有 15 个省份的 316 个县（市、区、旗）通过自筹经费在非国家试点地区开展了新农保试点；新农保的参保人数达到 1.43 亿，养老金领取人数达到 4243.24 万。①青海①、江苏②、宁夏③、西藏④等省（自治区）通过新农保国家试点与自行试点，基本实现了新农保制度全覆盖；福建⑤、新疆⑥等省（自治区）提出要在 2011 年实现新农保制度全覆盖；陕西⑦、广东⑧、山东⑨等省提出要在 2012 年实现新农保制度全覆盖；黑龙江⑩、山西⑪等省提出要在 2013 年实现新农保制度全覆盖。

2011 年 6 月 20 日，温家宝总理指出，国务院决定在全国范围启动城镇居民社会养老保险制度试点，并加快新农保试点进度，在本届政府任期内基本实现制度全覆盖，这是党和政府的重大惠民政策，是健全我

---

① 参考《青海实现新农保制度全覆盖》，《人民日报》2010 年 12 月 11 日。

② 参考《江苏实现新农保全覆盖》，中国江苏网，http://news. jschina. com. cn/jshm/201012/t600558. shtml。

③ 参考《宁夏率先在全国实现新农保制度全覆盖》，《中国人事报》2010 年 11 月 12 日。

④ 参考《海南提前 4 年实现新型农村社会养老保险全覆盖》，人民网，http://news. 0898. net/2010/12/31/617918. html. 2010 - 12 - 31。

⑤ 参考《福建省 2011 年内将实现新农保全覆盖》，中华人民共和国政府门户网站，http://202.123.110.5/fwxx/sh/2011 - 03/24/content __1830793. htm。

⑥ 参考《新疆将力争 2011 年全面实现新农保全覆盖》，天山网，http://www. tianshan-net. com. cn/news/content/2011 - 03/08/content __5645029. htm。

⑦ 参考《陕西省人民政府关于开展新型农村社会养老保险试点的实施意见》（陕政发〔2009〕55 号）。

⑧ 参考《广东新农保政策目标　力争三年内实现全覆盖》，新华网，http://news. xin-huanet. com/politics/2010 - 12/28/c __12924424. htm。

⑨ 参考《山东力争 2012 年实现新农保全覆盖》，新华网，http://www. sd. xinhuanet. com/news/2011 - 01/14/content __21866687. htm。

⑩ 参考《黑龙江省力争 2013 年底实现新农保全覆盖》，新华网，http://www. hlj. xinhua-net. com/zxdb/2011 - 04/17/content __22543859. htm。

⑪ 参考《山西计划两年实现新农保全覆盖》中国养老金网，http://www. cnpension. net/yljkx/2011 - 01 - 25/news1295916665d1208303. html。

国社会保障体系的重大制度建设。①

8.2　全国新农保试点运行的共同特点

8.2.1　新农保试点进展顺利，参保率迅速提高

在我们调查的三省六县中，无论是发达的苏南地区还是落后的陕南地区，新农保试点进展都很顺利。经济比较发达的江苏省高淳县，2009年下半年被列入国家级新农保试点县后，根据国务院"指导意见"，完善了当地的新农保制度，加强了新农保经办机构和管理队伍建设，大大促进了新农保宣传工作、基金征缴工作和基础养老金发放工作的顺利进行。截至2010年1月，全县参保人数16.27万，共收取保费10555万元；8.06万人领取了基础养老金，共发放养老金4971万元。经济比较落后的陕西省商南县，通过科学规划、整体部署、精心组织、广泛动员，确保了新农保试点工作的顺利开展，取得了阶段性成效。截至2010年7月中旬，全县参保缴费人数达10.2万人，占适龄参保人数的67.1%，收缴保费1530万元；从2009年12月1日起，2.56万60周岁以上的农村老年人开始领取养老金，养老金发放累计金额达819.9万元。

由于各项工作进展顺利，新农保参保率迅速提高。根据我们对调查资料的分析：截至2010年6月，从国家《指导意见》颁布起10个月的时间里，三省六县的新农保参保率均超过了77%，江苏省常熟市由于经济较为发达，新农保试点工作开展较早，新农保参保率达到了99.01%，基本实现了应保尽保。目前，常熟市正处于新农保向城保的过渡阶段，70%以上的农村居民参加了城保。详见表8-3。

---

① 毕晓哲：《实现全民"老有所养"更需要"可持续"》，人民网，http://opinion.people.com.cn/GB/14969925.html,2011-06-22。

表 8-3　三省六县新农保参保情况

省	县（市、区）	是否参加新农保			参保率
		是	否	合计	
江苏省	常熟市	2898	29	2927	99.01%
	高淳县	1523	297	1820	83.68%
河南省	通许县	2470	333	2803	88.12%
	西峡县	1691	452	2143	78.91%
陕西省	陈仓区	2181	632	2813	77.53%
	商南县	2198	453	2651	82.91%

但是，各地在新农保推进过程中或多或少地存在一些问题，如少数在家务农的年轻人和外出务工人员参保意识还不强，家庭经济特别困难的、因病致贫和返贫的农村居民参保困难，一些农村居民对新农保捆绑缴费政策颇有怨言等等，关注和解决这些问题有助于全面推进新农保各项工作。

8.2.2　新农保试点宣传到位，舆论氛围较好

在新农保政策推进过程中，三省六县政府部门都比较重视宣传工作。一方面，积极做好面上的宣传，在新农保工作启动阶段，即向全县（市、区）农民发放新农保政策宣传单；随后，针对新农保工作不同阶段的特点，先后编印并下发了各种形式的政策解答手册等资料，在电视、广播等新闻媒体上宣讲新农保政策，让参保农民自己讲参保后的好处，为新农保工作的顺利开展营造了浓厚的舆论氛围。另一方面，致力于做好点对点的宣传，充分发挥村干部和村劳动保障专职工作人员的作用，深入农户家中，面对面地向群众宣传新农保政策，解答大家的疑问。使新农保在宣传上做到村不漏户、户不漏人，为新农保工作顺利推进奠定了坚实的基础。如河南省通许县自新农保实施半年多以来，共举办专题讲座 20 余次，召开各种动员会 13 次，悬挂横幅 1200 多条，张贴宣传标语 12000 余条，发放新农保政策知识宣传手册 14 万余本，发

放参保缴费与领取待遇对照表14万余份。

调查资料显示，三省六县在新农保政策宣传方面，以村为单位，三次及三次以上组织宣传的比例占70%以上，其中江苏高淳县宣传新农保政策的这一比例最高，达到98.92%（详见表8-4）。

表8-4　三省六县乡镇社保部门宣传新农保/城保政策情况

单位：人

地区	经常宣传	多次宣传	宣传过一两次	不宣传	合计	多次以上宣传比例
江苏常熟	264	387	86	90	827	78.72%
江苏高淳	384	444	9	0	837	98.92%
河南通许	225	457	150	3	835	81.68%
河南西峡	135	506	112	4	757	84.68%
陕西陈仓	375	320	81	0	776	89.56%
陕西商南	160	398	234	4	796	70.10%
合计	1543	2512	672	101	4828	83.99%

由于舆论宣传到位，各地农民对新农保政策宣传满意和非常满意的占到69%以上，其中江苏省高淳县农民对新农保政策宣传的满意度相对较高。由于当地政府宣传到位，增强了农民对新农保政策宣传的了解程度，了解和非常了解新农保政策宣传的农民占到64%以上，其中陕西省陈仓区农民对新农保政策宣传的了解度最高，达到86.42%（详见图8-1）。我们在实地调查过程中，听到农民讲的最多的话就是："党和国家的政策好啊，先取消了'公粮'，后来又发种地补贴，现在老了还可以领取养老金，这在以前想都不敢想啊！""我们都参保了，老了能领钱，政府还给补贴，多实惠啊！"等等。

但是，在新农保宣传过程中，有些地区存在政策简化和误导现象。如陕西省陈仓区部分村为了收费方便，直接要求村民统一按照200元的缴费档次缴费，没有介绍其他缴费档次；有些镇、村干部直接宣传新农保缴费的目的是为家中老人能够顺利领取到养老金，使部分居民不知道还有缴费者本人的个人账户养老金；有的村干部为了提高本村的新农保

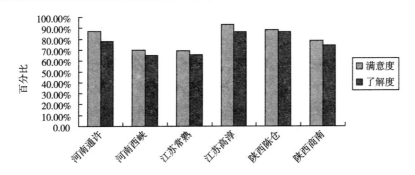

图 8－1　三省六县农民对新农保政策宣传的满意度和了解度

参保率，鼓励进城务工人员在参加城镇职工基本养老保险的同时也参加新农保。

8.2.3　新农保惠民政策得到普遍欢迎，老人更为拥护

新农保制度受到了试点地区广大农村居民的普遍欢迎。在我们调查的 5032 份样本中，92.91％的被调查者表示愿意或非常愿意参加新农保制度。试点地区农村居民对新农保有着很高的认可度，90.47％的被调查者认为新农保政策能够解决或缓解农村居民的养老压力。其中，江苏省常熟市农村居民对新农保认可度最高，达到 96.40％；河南省西峡县农村居民对新农保的认可度最低，亦达到 81.03％。在试点地区，新农保已经成为农村居民首选的养老方式，选择比例为 42.82％。

需要强调的是，新农保试点地区年满 60 周岁及以上的老人，对参加新农保的态度尤为积极，参保意愿更高。试点地区愿意与非常愿意参加新农保的老人占老年人口总数的 94.86％，河南通许县农民的参保意愿最为强烈，达到了 97.72％（详见图 8－2）。这表明，新农保惠民政策在试点地区得到广大农民的普遍欢迎。

三省六县的农村老人对新农保制度的满意度很高（详见表 8－5）。除了江苏省常熟市的农村老人对新农保的满意度为 74.37％之外，其他五个县（区）老年人对新农保的满意度均在 89％以上，河南省通许县

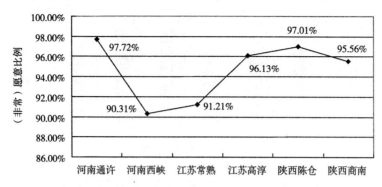

图8-2 三省六县老人参加社会养老保险的意愿情况

和江苏省高淳县老人对新农保政策的满意度在97%以上。江苏省常熟市老年人对新农保的满意度较低的主要原因是常熟市正在逐步由新农保向城保过渡，超过70%的农民参加了城镇基本养老保险，而城镇基本养老保险在待遇方面要远远高于新农保的待遇水平，所以尚未转入城保的农民对新农保的满意度相对较低。

表8-5 三省六县老人对新农保制度的满意度情况

单位：人

地区	非常不满意	不满意	一般	满意	非常满意	满意及非常满意比例
江苏常熟	5	24	73	237	59	74.37%
江苏高淳	0	2	11	290	135	97.03%
河南通许	0	1	12	331	142	97.33%
河南西峡	1	5	27	248	37	89.62%
陕西陈仓	1	5	15	258	58	93.77%
陕西商南	3	2	8	256	92	96.40%
合计	10	39	146	1620	523	91.66%

同时，我们也了解到，非试点地区的农村居民，尤其是老人对自己不能领取基础养老金表现出强烈的不理解，这些地区的县（市、区）、乡（镇）、村各级领导，也为未被列入新农保试点而显得十分无奈，非

试点地区的政府和广大农民迫切要求尽快扩大新农保制度试点，加快推进新农保制度建设进程。

8.2.4　个人缴费档次较低，养老金发放额度较少

国家新农保试点的基本原则之一是"保基本"。这里的保基本，主要是要求各地"从农村实际出发，低水平起步，筹资标准和待遇标准要与经济发展及各方面承受能力相适应"。从全国新农保试点情况来看，各地区基本上坚持了"保基本"这一原则。通过三省六县的调研发现，除了江苏省常熟市新农保缴费档次较高之外，其余五县（区）的缴费档次相对偏低，河南省通许县和陕西省商南县选择了每人每年100元的最低缴费档次，河南省西峡县和陕西省陈仓区选择了每人每年200元的偏低缴费档次，江苏省高淳县的缴费档次处于中等偏上水平，但和当地经济发展水平相比，也显得非常低，只占当地人均纯收入的3.60%。

表8-6　三省六县新农保缴费水平情况

单位：元/年

地区	个人缴费	缴费补贴	平均养老金	期望养老金水平	农民人均纯收入	农民人均生活消费支出
江苏常熟	1200	60	5636.88	11694.36	12985①	9822②
江苏高淳	360	360	720.36	4992.60	10006③	7587.7④
河南通许	100	30	720	2098.08	4951.20	3586.47⑤

① 资料来源于《2009年常熟市国民经济和社会发展统计公报》，http://www.cstjj.gov.cn/。

② 资料来源于《2009年常熟市国民经济和社会发展统计公报》，http://www.cstjj.gov.cn/。

③ 资料来源于《高淳县农民人均纯收入突破万元关同比增11.4%》，http://www.nanjing.gov.cn。

④ 资料来源于《南京市高淳县概况》，http://njdfz.nje.cn。

⑤ 资料来源于《2009年通许县农民收支情况分析》，http://www.ha.stats.gov.cn。

续表 8 - 6

地区	个人缴费	缴费补贴	平均养老金	期望养老金水平	农民人均纯收入	农民人均生活消费支出
河南西峡	200①	30	720	2703.24	5514	3540②
陕西陈仓	200	30	729.96	3021.84	4904③	3557④
陕西商南	100	30	675.84 - 708.60	3476.64	3002⑤	2427

注：表中的个人缴费为当地大多数农民选择的缴费水平。

新农保养老金发放额度较少，难以有效保障老年人基本生活。调查资料显示，农村居民所期望的新农保养老金发放水平是 4664.52 元/年，是《指导意见》规定的 660 元/年基础养老金的 7.07 倍。我们调查的六县（市、区）农村居民参加新农保的个人缴费与参加商业养老保险的个人缴费之和仅 736.02 元/年，除常熟市之外的其余五县（区）这一数据只有 367.96 元/年。江苏省常熟市年均养老金水平在六县（市、区）中最高，达到 5636.88 元，但也仅占到当地农民人均生活消费支出的 57.39%。详见表 8 - 6。

由于坚持"保基本"、低水平起步的原则，老人享受的养老金待遇很难从根本上解决养老问题，三省六县超过 74% 的被调查者认为老人现在每月领取的养老金不够用。在江苏省高淳县，这一比例高达 95.14%。详见图 8 - 3。

因此，为了能够更好地保障农村老人基本生活，在新农保试点进程中，需要适当提高缴费档次和养老金发放水平。

---

① 西峡县个人缴费选择 100 元/年和 200 元/年的占 94% 以上，较大值 200 元/年。

② 资料来源于《南阳市西峡县 2009 年国民经济和社会发展统计公报》，http://www.tjcn.org。

③ 资料来源于《宝鸡市陈仓区 2009 年国民经济和社会发展统计公报》，http://www.tjcn.org。

④ 资料来源于《2009 年宝鸡市国民经济和社会发展统计公报》，http://www.shaanxi.gov.cn。

⑤ 资料来源于《2009 年商洛市国民经济和社会发展统计公报》，http://www.shaanxi.gov.cn。

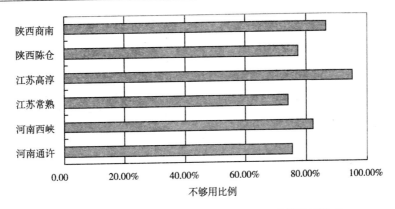

图 8-3　三省六县老人每月领取的养老金是否够用情况

8.2.5　基金管理层次偏低，保值、增值压力很大

国务院《指导意见》规定：试点阶段，新农保基金暂实行县级管理。目前，三省六县的新农保基金管理均为县级管理，各县严格按照财务会计制度，将个人缴费、集体补助、财政补贴等，全部纳入县社会保障基金财政专户，专款专用。由于县级管理的覆盖范围小，覆盖人群少，管理层次低，不利于随着参保人员在县域之间流动的转移接续，也容易增加新农保基金的安全风险，更难以实施新农保基金的保值增值。

截至 2010 年 3 月底，全国已有 4685 万人参加新农保，1570 万人领取待遇，新农保基金累积结余 242.69 亿元。2010 年，新农保试点范围将扩大到 23% 的县，新农保基金结余也将进一步增加。据测算，在一定假设下，若按最低缴费标准计算，我国新农保每年结余资金规模可能从开办之初的不到 1000 亿元，提高到 2040 年的 1.2 万亿元；若按中等缴费标准计算，到 2040 年有 3.6 万亿元。[①] 以江苏省高淳县为例，截至 2010 年 6 月，高淳县参保人数达 16.27 万人，参保覆盖率为 88.58%，共收取养老保险费 1.05 亿元。随着新农保参保率以及年缴费标准不断提高，收取的个人账户基金将会不断增加，基金积累规模将迅速扩大。

---

① 资料来源于《新农保基金保值增值压力不断加大》，http://finance.qq.com。

依据上述参保人数和参保率计算，实现全覆盖至少应有 18.37 万人参保缴费，按照其 2010 年最新调整的新农保年缴费标准 384 元计算，高淳县一年的新农保缴费总额就达到 7054.08 万元。

近年来，我国"一年期存款利率"常常低于物价上涨指数。2007 年，CPI 的上涨幅度是 5.4%，而一年期储蓄利息却只有 3%—4%。[1] 2008 年 2 月，我国 CPI 同比上涨 8.7%，创造了 11 年的新高。[2] 2010 年，我国 CPI 同比上涨 3.3%，[3] 而一年期存款利率仅为 2.5%。2011 年 1—6 月份，CPI 同比上涨 5.4%，而目前金融机构人民币一年期存款利率仅为 3.5%。[4] 在近年通货膨胀较为严重的情况下，全国各地的新农保基金难以实现保值增值，贬值风险较大。

8.3　全国新农保制度运行的差异分析

8.3.1　缴费标准多样，财政补贴不一

在缴费标准方面，主要可以归纳为三类：一是和经济发展水平直接挂钩的动态缴费标准，即按照本地区统计部门公布的上年度农村居民人均纯收入的一定比例缴费。如江苏省高淳县。二是以国家试点指导意见为基础，设立不同缴费档次，农村居民可以根据自己的经济实力选择不同缴费档次进行参保。如河南省通许县和西峡县、陕西省陈仓区和商南县。但河南省西峡县和陕西省陈仓区的缴费档次设置又明显不同于河南省通许县和陕西省商南县。三是按农村居民类型和年龄段分设不同缴费标准。如江苏省常熟市，把参保者分为纯农人员和非纯农人员，针对纯

---

[1]　资料来源于《新农保基金如何保值增值是关键》，http：//news. sohu. com。

[2]　资料来源于国家统计局公布的 CPI 数据。

[3]　资料来源于中国税信网《2010 年我国居民消费价格指数上涨 3.3%》，http：//www. taxinfo123. com/。

[4]　资料来源于天津广播网《2011 年 7 月 7 号起上调金融机构人民币存贷款基准利率》，http：//www. radiotj. com/。

农人员不同年龄段分设不同缴费标准，非纯农人员统一按 150 元/月的标准缴费。在缴费补贴方面，江苏省高淳县是根据本县上年度农村居民人均纯收入的一定比例补贴，其补贴金额与农民缴费金额相等，补贴力度较大；其余五县（市、区）则是按照一定金额补贴，而具体补贴金额也有很大差异。详见表 8 - 7。

表 8 - 7 三省六县新农保缴费标准和缴费补贴政策

地区	缴费标准	缴费补贴
江苏常熟	①纯农人员：女 40—54 周岁、男 45—59 周岁月缴 60 元；女 16—39 周岁、男 16—44 周岁月缴 100 元；其他非纯农人员月缴 150 元 ②允许有条件的参保人员多缴	①缴费补贴为 60 元/年/人（市、镇各负担 50%） ②享受低保和未就业的重残人员等本市户籍特殊弱势群体，由市、镇两级财政按照 720 元/人/年的标准全额补贴，补助年限最长不超过 15 年
江苏高淳	①个人缴费比例为本县上年度农村居民人均纯收入的 4% ②参保人员可多缴，多缴比例为 1%—6%	①缴费补贴为 4%（市补 2%，县镇分别补 1%） ②针对低保、重残等特殊困难群体由政府代缴 2% ③有条件的镇、村集体对多缴者可给予适当补助
河南通许	①个人缴费：标准为每年 100 元、200 元、300 元、400 元、500 元五个档次 ②参保人自主选择缴费档次，多缴多得	①缴费补贴为 30 元/年/人（省补 20 元，市补 10 元） ②缴满 15 年后每多缴 1 年，县财政再增补 10 元/年 ③对重残代缴最低标准养老保险费，对烈士遗属、独生户和双女户每人每年补贴养老保险费 50 元 ④有条件的村集体可对参保者予以适当补助
河南西峡	①个人缴费：每年 100 元、200 元、300 元、500 元、700 元、1000 元、1500 元、2000 元八个档次 ②参保人自主选择缴费档次，多缴多得	①缴费补贴为 30 元/年/人（省补 20 元，市补 10 元） ②有条件的村集体可对参保者予以适当补助 ③独生户、双女户分别享缴费补贴为每年 120 元和 60 元，对重残户代缴部分或全部最低标准的养老保险费 100 元

地区	缴费标准	缴费补贴
陕西陈仓	①个人缴费：标准为每年 100 元、200 元、300 元、400 元、500 元、600 元、800 元、1000 元八个档次 ②在上述范围内农民可以自由选择缴费水平	①缴费 200 元及以下补贴 30 元，缴费 300 元补贴 40 元，缴费 400 元补贴 45 元，缴费 500 元及以上补贴 50 元 ②对重残者按最低缴费标准全额补贴，中度残疾者每人每年补贴 50 元
陕西商南	①缴费标准为每年 100 元、200 元、300 元、400 元、500 元五个档次 ②在上述范围内农民可以自由选择缴费水平	①缴费 100 元和 200 元标准的补 30 元、缴费 300 元、400 元、500 元标准的分别补 40 元、45 元、50 元（省、市、县分别承担 50%、10% 和 40%） ②有条件的村集体可对参保者予以适当补助 ③对重残、中度残疾、轻度残疾者分别予以 100%、75% 和 50% 代缴最低标准养老保险费

实地调查资料显示，截至 2010 年 7 月底，三省六县的实际缴费标准和缴费补贴水平存在较大差异，江苏省常熟市作为东部发达地区，其缴费和缴费补贴水平在六县中最高，常熟市 80.69% 的参保者年缴费集中在 1200—4788 元之间，年均缴费补贴为 1044.48 元；江苏省高淳县缴费和缴费补贴水平次之；而作为中西部地区的河南省通许县和西峡县、陕西省陈仓区和商南县年缴费多集中在 100 元或 200 元两个档次，缴费补贴多为 30 元，相对较低。详见表 8 - 8。

表 8 - 8　三省六县实际缴费标准和缴费补贴水平

地区	缴费标准	缴费补贴水平
江苏常熟	1200—4788 元（80.69%）	1044.48 元
江苏高淳	360 元（100%）	360 元
河南通许	100 元（93.83%）	30 元
河南西峡	100 元或 200 元（88.6%）	30 元
陕西陈仓	200 元（97.01%）	30 元
陕西商南	100 元（94.82%）	30 元

8.3.2 制度模式设计不同，养老金发放水平悬殊

三省六县新农保制度在账户设置方面存在两种情况：一是个人账户和统筹基金相结合，如江苏省高淳县和常熟市；二是只设立个人账户，如河南省通许县和西峡县，以及陕西省陈仓区和商南县。三省六县均规定个人缴费和政府给予的缴费补贴进入个人账户，但进入个人账户的金额因缴费标准和补贴水平不同而存在较大差异。在待遇标准方面，虽然都是包括基础养老金和个人账户养老金两部分，但是基础养老金的发放标准也存在差别。江苏省高淳县基础养老金标准为启领时当年月缴费基数的8%，累计缴费年限每满1年，计发比例另增加0.3%；常熟市则是以缴费是否满15年为限，设置不同的基础养老金档次；河南省通许县和西峡县的基础养老金均为60元；而陕西省商南县和陈仓区的基础养老金则依据年龄不同，划分了几个档次。详见表8-9。

表8-9 三省六县新农保账户设置及待遇标准政策

地区	账户设置	待遇标准
江苏常熟	①个人账户：个人缴费和政府缴费补贴 ②统筹基金：政府按照1000元/人/年的标准建立新农保统筹基金（市、镇两级财政各负担50%）	①缴费年限15年及以上：基础养老金120元/月；缴费年限养老金：每满1年按6元/月计发 ②缴费年限不足15年：基础养老金100元/月 ③个人账户养老金按个人账户累计储存额除以139按月计发
江苏高淳	①个人账户：个人缴纳的4%和政府补贴的1%；村集体对多缴者的补助金；各级政府和集体对低保者代缴的补助金 ②统筹基金：政府补贴资金的3%	①基础养老金月领标准为启领时当年月缴费基数的8%，累计缴费年限每满1年，计发比例另增加0.3% ②个人账户养老金月领取标准为个人账户储存额除以计发月数139个月

地区	账户设置	待遇标准
河南通许	个人账户：个人缴费和政府缴费补贴；村集体补助；各级政府和集体对特殊困难群体的补助金	月养老金待遇 = 政府财政养老补贴（基础养老金 60 元）+ 个人账户储存积累总额 ÷ 139
河南西峡	个人账户：个人缴费和政府缴费补贴；村集体补助；各级政府和集体对特殊困难群体的补助金	月养老金待遇 = 政府财政养老补贴（基础养老金 60 元）+ 个人账户储存积累总额 ÷ 139
陕西陈仓	个人账户：个人缴费和政府缴费补贴；村集体补助；各级政府和集体对特殊困难群体的补助金	①月养老金待遇 = 政府财政养老补贴（基础养老金）+ 个人账户储存积累总额 ÷ 139 ②月基础养老金标准：60—69 周岁、70—79 周岁、80—89 周岁、90 周岁以上者分别为 60 元、70 元、80 和 90 元
陕西商南	个人账户：个人缴费和政府缴费补贴；村集体补助；各级政府和集体对特殊困难群体的补助金	①月养老金待遇 = 政府财政养老补贴（基础养老金）+ 个人账户储存积累总额 ÷ 139 ②月基础养老金标准：60—69 周岁、70—79 周岁、80 周岁以上者分别为 55 元、65 元和 75 元

根据实地调查资料，截至 2010 年 7 月底，三省六县在养老金发放水平方面也存在差异。由于江苏省常熟市新农保工作开展较早，新农保缴费水平高，基金积累较多，因此老人每月领取养老金水平也较高，平均每月领取 469.74 元。其他五个县（区）由于新农保工作开展相对较晚，缴费水平明显低于常熟市的水平，且个人账户基金积累有限，因此老人每月领取养老金平均水平相对较低，在 50—70 元之间。随着新农保制度的发展和完善，个人账户基金积累额不断增加，因缴费水平差异而造成的待遇水平差异也将会越来越大。

8.3.3 经办机构建设水平参差不齐，管理与服务能力大相径庭

新农保制度运行平台建设是否完善，决定了新农保工作开展的进度和质量。我们将新农保运行平台划分为三个方面：一是基础设施，二是信息化网络平台，三是人才队伍建设。在新农保运行平台建设方面，各试点县均成立了县（市）、镇（乡）、村新农保工作机构，建立了县、镇、村新农保工作平台，但是其建设水平参差不齐。

江苏省常熟市和高淳县新农保运行平台建设比较完善，每个行政村都建有专门的新农保服务站，配备电脑等必备的办公用品；常熟市建立了市、镇、村三级网络平台，高淳县建立了县、镇、村三级网络平台，实现村村联网；每个行政村配备了1—2名协管员。河南省通许县和西峡县新农保运行平台建设相对完善，基本建立起了新农保信息化网络平台，协管员均配备到了行政村。陕西省陈仓区和商南县新农保平台建设相对滞后，村级的工作平台建设还未到位，陈仓区的信息网络平台建设刚刚提上日程，商南县信息网络平台建设还未提上日程，日常工作均依靠人工操作，业务量大，效率低，而且协管员配备较少，难以满足新农保工作全面推进的要求。详见表8－10。

表8－10　三省六县新农保平台建设情况

地区	硬件基础设施	信息网络	队伍建设
江苏常熟	市、镇、村三级工作平台	①建立了市、镇、村三级网络平台，计算机村村通 ②乡镇建立规范化的新农保工作纸质与电子档案	每个行政村1—2名协管员
江苏高淳	县、镇、村三级工作平台	①市、县、镇、村四级联网管理 ②乡镇建立了规范化的新农保工作纸质与电子档案	①县农保中心定编7名 ②镇农保所定编2—3人 ③每个行政村至少1名协管员

地区	硬件基础设施	信息网络	队伍建设
河南通许	县、乡、村、组四级联动工作平台	①建立纵向县、乡业务贯通，横向与合作银行实施联网的信息系统平台 ②乡镇建立了规范化的新农保工作纸质与电子档案	①县新农保服务中心定编25名 ②每个乡镇定编3名 ③每个行政村配备1名协管员
河南西峡	县、镇、村三级工作平台	①逐步建立了新农保信息网络平台 ②乡镇初步建立了规范化的新农保工作纸质与电子档案	①县农保中心定编15名 ②乡镇街道办1—2名农保代办员 ③每个行政村1名农保协办员（一般由文书和会计兼任）
陕西陈仓	区、镇、村、组四级联动工作平台	①新农保信息网络平台建设正处于起步期 ②只有规范的新农保纸质档案	①区农保中心编制15名 ②西部山区各镇1名协管员 ③各村农保信息员，大部分为村会计兼任，各组有农保联络员
陕西商南	县、镇、村三级工作平台	①尚未建立起新农保信息网络平台 ②只有规范的新农保纸质档案	①县农保中心定编6人 ②乡镇农保机构工作人员较少 ③全县共6—7名协管员

三省六县管理服务能力也存在较大差异。地处东部的江苏省，管理与经办服务机构工作人员文化程度相对较高，如常熟市和高淳县本科学历以上的管理服务人员分别占70%和63.64%，其业务知识掌握较为牢固，管理服务能力较强；由于该地区经济较为发达，每个行政村基本配备了1—2名新农保协管员，自上而下形成了相对较为完善的管理服务体系。地处西部的陕西省陈仓区和商南县，新农保协管员只配备到镇一级，只有个别经济情况较好的行政村配备了专职协管员，本科学历以上的管理服务人员比例分别为21.74%和12.50%，其管理服务能力相对

较弱。地处中部的河南省通许县和西峡县的管理服务能力则居于前两个地区之间。

8.3.4 基金征缴方式简繁不一，养老金发放形式有待统一

由于各地区经济发展水平、区位环境等诸多因素的影响，三省六县新农保基金征缴方式和发放形式也存在差异，简繁不一。江苏省常熟市建立了基金征缴和发放社会化管理机制，常熟市新农保管理部门和商业银行合作，新农保缴费由商业银行网络直接代扣代发，避免了人工收费和养老金发放可能带来的风险问题，方便了参保者的缴费，保证了养老金按时、足额发放。江苏省高淳县的新农保缴费与养老金发放由农村合作银行（即农村信用合作社）代办，新农保缴费采取两种方式：一是主要由参保农民直接到营业网点缴纳，二是少量由村组干部上门收取的委托代收代缴；养老金实行社会化发放。由于业务量较大，农村合作银行无法实现按月收缴养老费和按月发放养老金，因此高淳县新农保实际上是按年缴费、按季发放。

河南省通许县新农保收缴保费、发放养老金等采取与邮政储蓄银行合作的方式。由邮政储蓄银行代为收费，有的村实行邮政储蓄工作人员到村上发放，或让村里超市代为发放，每发放一个人收取一元代理费。这些措施虽然极大简化了新农保的工作流程，方便了农村居民，但是存在一定风险。河南省西峡县由于邮政储蓄点在各乡镇分布不足，只能选取分布更为合理的河南省信合，代收新农保个人账户基金，代发新农保养老金。

陕西省陈仓区与邮政储蓄银行合作，在邮政储蓄银行开设基金专户，做到收支分离，并接受财政审计，保障基金安全。在新农保缴费方面，由村干部代收后，统一交给镇农保所，由农保所上交区农保中心，再由农保中心交到邮政储蓄银行财政专户；在新农保养老金发放方面，有邮政储蓄银行服务网点的地方，将养老金划入参保人存折，其他无营业网点的地方由村干部代为发放。陕西省商南县选择陕西省信合作为新农保资金的基金收入和支出专户开户银行。但由于乡镇金融服务设施不

完善，资金管理存在潜在风险：一是资金票据到位不及时，二是村干部代收代缴养老保险费存在基金安全的潜在风险。由于服务能力不足，导致养老金发放工作延缓，难以实现按月发放。详见表 8 – 11。

表 8 – 11 三省六县新农保基金征缴发放与管理情况

地区	委托合作金融机构	基金征缴与发放方式	按月发放
江苏常熟	国有商业银行	基金征收和待遇发放实现"一条龙、一站式"服务	是
江苏高淳	高淳县农村合作银行	①主要由农村合作银行征收，少量由村干部代收代缴 ②主要通过农村合作银行将养老金划入参保人存折	否
河南通许	通许县邮政储蓄银行	①通过邮政储蓄银行代为收费和发放养老金提上日程 ②有的村实行邮政储蓄工作人员进村发放，或让村里超市代为发放，每发放 1 人收取 1 元代理费	是
河南西峡	河南省信合西峡县信用联社	①村协办员逐户收缴后交至乡（镇）劳保所，乡镇劳保所交至金融部门财政专户 ②乡镇信用社将养老金划入参保人存折	是
陕西陈仓	区邮政储蓄银行	①村干部代收养老保险费 ②有邮政储蓄银行服务网点的地方，将养老金划入参保人存折，其他无营业网点的地方由村干部代发	是
陕西商南	陕西省信合商南县信用联社	①由村干部代收代缴养老保险费 ②通过农村信用社网点实行实名制以存折形式发放养老金的工作刚刚起步	否

8.4 启示与建议

8.4.1 统筹安排，加快新农保制度建设步伐

随着农村传统家庭养老、土地养老功能的日益弱化，以及人口老龄化趋势不断加快，使得非新农保试点地区的广大农民，尤其是老人迫切希望能够尽快享受到新农保制度的实惠；同时，加快新农保制度建设进程也已经成为理论界和实践部门的共识。因此，社会保障理论界需要加强理论研究，对加快新农保推进进程给予科学界定和充分论证，为新农保制度建设提供决策支持；各级政府应充分尊重农村社会养老保险制度运行内在规律，统筹安排，确保新农保制度建设健康发展。

加快新农保制度建设步伐，一要加快新农保基层经办机构建设，提升基层经办管理与服务能力。明确各级经办机构的职能分工，优化新农保的业务流程，提高经办效率；加强基层经办机构人才队伍建设，确保各级管理服务人员配备到位，并定期加强业务培训；各级财政设立专门账户，确保各级新农保经办机构包括人员工资、场地建设、设施配备等在内的经费投入。二要完善新农保政策体系，提高农村居民的缴费能力。三要加强新农保制度与政策的宣传力度，充分利用文艺演出、电视、广播、报纸、网站等多种宣传媒介，向社会各个阶层宣传新农保制度和政策，营造良好的舆论氛围，提高农村居民对新农保制度与政策的认知水平。四要加速搭建新农保网络管理平台，推进新农保信息化建设进程。五要增加中央政府对中西部地区新农保制度建设的财政转移支付额度，促进新农保制度建设在全国范围的均衡发展。

8.4.2 合理设计，适当提高缴费档次和养老金待遇水平

为了保障农村居民老年时的基本生活，可以借鉴城镇企业职工基本养老保险的成功经验，合理设计，适当提高新农保缴费水平。可参考城

镇企业职工基本养老保险个人缴费占工资收入8%的参数，建议根据当前农村居民低收入户、中低收入户、中等收入户、中高收入户、高收入户的年收入水平，分别设置200元、400元、600元、800元、1000元五个基本缴费档次，缴费额上限为基本缴费档次最高额的300%，基本缴费档次应该随着经济发展和人民生活水平的提高适时调整。为了鼓励有能力的农村居民选择较高的缴费档次，建议地方各级财政按照参保者所选基本缴费档次的20%给予缴费补贴，并计入参保者的个人账户；缴费额超过1000元的，按1000元的20%给予缴费补贴。为了避免由此加大的政策不公平，建议地方各级财政对残疾人和低保户代缴保费；在落实每个参保者基本缴费档次20%的缴费补贴之外，对低收入户和中低收入户再给予不低于50元/年的缴费补贴。此外，还要通过逐步实现新农保基金的投资运营、保值增值，不断提高农村居民未来的养老保险待遇水平，使农村居民不至于因物价上涨等因素而造成未来实际享受的待遇水平降低。

8.4.3 科学规划，适时提高基金管理层次，实现基金保值增值

我国新农保实行的是"基础养老金＋个人账户"的新模式。基础养老金由国家和地方政府根据享受待遇人数以财政补贴的方式支付，不存在保值增值问题；个人账户由农民个人缴费和地方政府缴费补贴等构成，这部分钱是农民养老的"保命钱"，随着新农保制度的全面推广，基金规模越来越大，迫切需要实现基金的保值、增值。

在确保新农保基金安全性的前提下，要想通过投资运营实现基金保值增值，必须进行科学规划。首先，要提高新农保基金管理层次。目前，新农保基金实行县级管理是影响保值增值的最大障碍之一，因为县级部门基金管理及投资运营能力相对较弱，同时县级层面新农保基金资金规模较小，难以进行多样化投资，无法形成规模效益。因此，各省（市、自治区）应在综合考虑本地经济、社会发展水平等因素的基础上，因地制宜，逐步提高新农保管理层次。对于经济较为发达、基础条

件较好的地区，可以考虑直接实行省级管理，打破目前"碎片化"的制度设计，建立全省统一的新农保制度，整合全省的新农保人、财、物资源，提升新农保基金的保值增值能力；对于经济相对落后、基础条件差的地区，可以考虑首先实行市级统一管理，待各项条件成熟，再逐步过渡到省级管理。其次，要理顺个人账户产权关系，明确基金风险责任。如果个人账户资金完全归个人所有，由政府运作实现保值增值，则政府应承担全部责任。然而，目前个人账户资金构成中既有个人缴费，又有地方财政补贴资金等，虽然个人账户归属农民个人所有，但是各地规定，参保人死亡后，政府缴费补贴部分不可以继承，从而使个人账户产权归属出现混乱，资金保值增值风险责任也变得复杂化。最后，尽快制定并出台新农保基金投资运营管理办法，完善新农保投资运营的管理体制与机制。在目前国家没有出台相关办法之前，为了确保新农保基金的安全性，只能严格按照收支两条线管理的原则，将新农保基金纳入社会保障基金财政专户，根本不具备实现投资运营的环境和条件。

8.4.4 全面协调，不断提升基层管理与经办服务能力

在全国新农保试点工作快速推进过程中，逐渐暴露出来一些新问题，如基础设施落后、信息化网络平台建设滞后、人员编制缺乏、管理经办能力不足等，难以有效支撑新农保制度的快速发展。

因此，要确保新农保工作的顺利推进，必须全面协调，通过推动新农保综合配套措施及时跟进，不断提升基层管理与经办服务能力。一是加强新农保制度运行平台建设，包括：加强基础设施建设，完善县、镇（乡）、村三级工作平台，确保办公场所和必要的办公设备落实到位；加快开发和使用统一的新农保信息管理系统，实现村、镇、县，乃至市、省五级联网；增加人员编制，完善新农保管理服务队伍建设，提升管理服务水平。二是国家应尽快制定统一的新农保基金管理办法、新农保基金投资运营办法，各地在国家相关办法的指导下，结合本地实际制定实施细则，提升新农保基金管理水平和投资运营能力；各地应尽快制定新农保与老农保、失地农民养老保险等其他养老保险的衔接制度，区

分不同情况，妥善处理制度运行中的历史旧账，实现制度的有效对接。三是加强金融服务网点建设，提升金融服务水平。政府应加大财政税收政策倾斜，提高协作银行与农户参与积极性。对协作银行开办新农保业务视同涉农信贷业务，给予营业税优惠和所得税减免，对协作银行在乡村开办营业网点、布放 ATM 机等现代结算工具，给予适当财政补贴，并协调国土、房产等部门给予政策倾斜。①

---

① 资料来源于《"新农保"试点亟待金融服务跟进》，http：//www.ahnw.gov.cn。

下　篇

专题研究报告

9 农村户籍人口年龄结构统计数据修正的初步研究

——以陕西省宝鸡市陈仓区为例

9.1 引　言

户籍人口是指公民依照《中华人民共和国户口登记条例》已在其经常居住地的公安户籍管理机关登记为常住户口的人口，这类人口不管是否外出、外出时间长短，只要在某地注册有常住户口，则为该地区的户籍人口[1]。在我国，户籍与医疗、养老、教育、社会福利等方面的权益直接相关[2]。2002 年 10 月《中共中央、国务院关于进一步加强农村卫生工作的决定》、2006 年 1 月《农村五保供养工作条例》、2007 年 9 月《国务院关于进一步加强农村教育工作的决定》、2009 年 9 月《国务院关于新型农村社会养老保险试点的指导意见》等一系列政策、法规都要求以农村户籍人口为对象开展工作。但是，由于县、乡、村级农村户籍人口统计精度不一致，老年人口没有户口、有户口没有人等现象存在，高龄人口死亡状况掌握不准确等原因，当前统计的农村户籍人口数据不可避免的存在误差[3]。

农村户籍人口年龄结构是指一定时点、一定地区的农村户籍人口中各年龄组人口在全体人口中的比重[4]。一般来讲，如果农村户籍人口总量数据统计不准确，必然导致农村户籍人口年龄结构数据失真[5]，而我国在农村地区开展的新型农村合作医疗制度、新型农村社会养老保险制度、五保供养制度、义务教育等工作的覆盖人群、财政预算等与农村户籍人口年龄结构密切相关，准确的农村户籍人口年龄结构统计数据是农村民生工程顺利推进的基础。

农村户籍人口年龄结构统计数据中存在误差的原因，有原生性误差、再生性误差、抽样误差三个方面。熊允发[3]认为农村户籍人口的经常性生育率和死亡率存在错误，应当通过数据内部核查、与其他来源的数据对照比较、模型分析等方法发现和纠正这些误差。在农村户籍人口年龄结构数据调整时应遵循目的性原则、整体性原则和联系性原则，采取局部修正法、修匀法、模型法中的一种或综合采用几种方法，得到相对准确的数据[6]。源数据和对照组数据在同一时点上，是农村户籍人口年龄结构统计数据调整的前提。人口年龄结构数据移算的方法和模型主要有年龄移算模型、凯菲茨矩阵方程模型、莱斯利矩阵预测模型、宋健人口发展方程、王广州系统仿真结构功能模型[7]、系统工程[8]、BP神经网络技术[9]、非线性年龄结构种群最优控制动力学模型[10]、特征曲线法、有限差数法[11]等，这些方法可以将源数据移算到对照组数据的时点上。

基于全国人口普查数据进行人口年龄结构修正的程序与方法对于本书农村户籍人口年龄结构统计数据修正有一定的借鉴意义。周皓[12]对2000年第五次人口普查数据的调查时点进行调整以后，重新估计了我国1990年第四次人口普查数据的漏报率，认为1990年四普的漏报率远高于四普公布的漏报率，其中低年龄段的漏报非常严重；李波等[13]在考虑了第四次人口普查和第五次人口普查的调查时点差异后，采用列克西斯图图示法，运用人口逆存活分析技术并结合对比分析方法，对第四次人口普查数据质量进行了重新评估；黄荣清[14]利用人口函数的年龄变动符号分布检验了五普数据，发现人口数据的年龄尾数指向是存在的；李树苗等[15]运用人口存活分析方法和数值拟合思想，并辅之以其他统计数据和对比分析方法，分析五普数据中的重报和漏报，对普查人口总量和结构进行调整；任杰等[16]通过联合国综合指数、惠普尔指数和相对误差的比较分析发现贵州省第五次人口普查误差竟高达 6.15%。此外，John W. Peabody 等[17] 系统地阐述了 COPD 模型在分年龄组人口预测方面的应用，Laurence S. Seidman[18] 运用时间序列方法对社会保障体系中的退休人员数量进行了预测，国家人口发展研究战略课题组 2007 年发布的《国家人口发展战略研究报告》对到 2050 年的农村人口数量、结构进行了预测。农村户籍人口年龄结构数据中存在的很多问题已经被发现，但是笔者检索的文献中尚未发现农村户籍人口年龄结构统计数据修正的实例研究，即使是对人口普查数据的修正研究也以估算为主，究竟哪一种方法更适用还有待实践和时间的检验。

2010 年 6 月 21 日—25 日，西安交通大学课题组一行 10 人采用多阶段分层整群随机抽样的方法①，赴陕西省宝鸡市陈仓区进行了为期 5 天的社会调查，搜集了 3586 名陈仓区农村户籍人口的年龄数据，其中男性 1872 人，女性 1714 人。我们将根据社会调查资料整理得到的农村户籍人口年龄结构数据作为对照组数据，采用统计学方法对农村户籍人口年龄结构统计数据的准确性进行检验，并提出农村户籍人口年龄结构统计数据修正的思路。

9.2 农村户籍人口年龄结构统计数据的准确性检验

9.2.1 农村户籍人口年龄结构统计数据推移

农村户籍人口数据在统计时主要存在漏报、漏销和误报问题，漏报是指已经在当地获得户口的人未被统计，漏销是指已经死亡或户口迁移出本地的人被统计，误报是指性别、年龄等数据统计有误[5]。调查发

---

① 参见第 1 章。

现，不同年龄段人口的漏销、漏报规律不同，0—16 岁主要存在漏报现象，17—59 岁漏报和漏销现象并存，男性 60—70 岁、女性 60—74 岁漏报和漏销现象并存，男 70 岁以上、女 74 岁以上主要是漏销现象。对农村户籍人口年龄结构数据进行修正指的是对各年龄段人口总量数据的修正，而不是研究个人年龄数据填报错误的微量数据的修正；对于漏销问题，无法准确的获得漏销人口的准确的年龄结构。因此，本书的研究对于误报和漏销问题无法准确的体现在户籍人口年龄结构调查数据中。

农村户籍人口年龄结构统计数据修正的对照组数据是调查获得的户籍人口年龄结构数据，我们在对统计数据进行修正时，首先将统计数据和调查数据推算到同一时点上。

设：$L'_{i,j}(t)$ ——t 年 i 岁 j 性别的农村户籍人口调查数据，$j = 1$ 表示男性，$j = 2$ 表示女性；

$L'(t)$ ——t 年农村户籍人口调查数据年龄状态向量；

$R'(t)$ ——t 年农村户籍人口年龄结构调查数据；

$L''_{i,j}(t)$ ——t 年 i 岁 j 性别的农村户籍人口统计数据；

$L''_{j}(t)$ ——t 年 j 性别农村户籍人口统计数据的总数；

$L''(t)$ ——t 年农村户籍人口统计数据年龄状态向量；

$L''(t_{中})$ ——t 年年中农村户籍人口统计数据年龄状态向量；

$R''(t_{中})$ ——t 年年中农村户籍人口年龄结构统计数据；

$L''_{i,j}(t_{中})$ ——t 年年中 i 岁 j 性别的农村户籍人口统计数据；

$P''^{m}_{j}(t)$ ——t 年 j 性别 m 年龄段农村户籍人口统计数据的综合留存率；

$P''(t)$ ——t 年农村户籍人口统计数据的综合留存率；

$L''(t)$ ——t 年农村户籍人口年龄结构统计数据。

那么：

$$L''_{j}(t) = \sum_{i=0}^{100} L''_{i,j}(t) \qquad (9-1)$$

$$R'(t) = \begin{bmatrix} \dfrac{L'_{0,1}(t)}{\sum\limits_{i=0}^{100} L'_{i,1}(t)} & \dfrac{L'_{0,2}(t)}{\sum\limits_{i=0}^{100} L'_{i,2}(t)} \\[4ex] \dfrac{L'_{1,1}(t)}{\sum\limits_{i=0}^{100} L'_{i,1}(t)} & \dfrac{L'_{1,2}(t)}{\sum\limits_{i=0}^{100} L'_{i,2}(t)} \\[2ex] \vdots & \vdots \\[1ex] \dfrac{L'_{100,1}(t)}{\sum\limits_{i=0}^{100} L'_{i,1}(t)} & \dfrac{L'_{100,2}(t)}{\sum\limits_{i=0}^{100} L'_{i,2}(t)} \end{bmatrix} \qquad (9-2)$$

$$\frac{L''_{m,1}(t)_{修}}{\sum\limits_{i=0}^{100} L''_{i,1}(t)_{修}} = \left(\frac{L''_{m,1}(t)}{\sum\limits_{i=0}^{100} L''_{i,1}(t)} + \frac{L'_{m,1}(t)}{\sum\limits_{i=0}^{100} L'_{i,1}(t)} \right)/2$$

人口年龄结构测算中常用的生命表不适用于农村户籍人口年龄结构的测算。农村户籍人口的增加和减少不仅受到农村户籍人口出生率和死亡率的影响，而且还受迁入人口和迁出人口的影响。同时，农村户籍人口年龄结构统计数据中很多年龄段的户籍人口在四年内没有增减变化，如陈仓区 15 周岁、41 周岁、52 周岁等年龄段的户籍人口数量一直保持不变，造成这一现象的原因可能有三种：一是在目标区间内，该年龄段的死亡人口和新增人口数量相等；二是存在漏报和漏销现象；三是在目标区间内该年龄段人口不存在增减现象。因此，应当根据农村户籍人口年龄结构统计数据计算农村户籍人口综合留存率。

$$P''^{,1}_{j}(t) = \frac{\sum\limits_{i=1}^{5} L''_{i,j}(t+1)}{\sum\limits_{i=0}^{4} L''_{i,j}(t)} \qquad (9-3)$$

$$P''^{,2}_{j}(t) = \frac{\sum\limits_{i=6}^{10} L''_{i,j}(t+1)}{\sum\limits_{i=5}^{9} L''_{i,j}(t)} \qquad (9-4)$$

$$P''^{,20}_{j}(t) = \frac{\sum\limits_{i=96}^{100} L''_{i,j}(t+1)}{99 \sum\limits_{i=95} L''_{i,j}(t)} \cdots\cdots \tag{9-5}$$

$$P''^{,21}_{j}(t) = \frac{L''_{100,j}(t+1)}{L''_{100,j}(t)} \tag{9-6}$$

以此类推，得到农村户籍人口统计数据的综合变化率：

$$P''(t) = \begin{bmatrix} P''^{,1}_1(t) \dfrac{L''_{0,1}(t)}{\sum\limits_{i=0}^{4} L''_{i,1}(t)} & P''^{,1}_2(t) \dfrac{L''_{0,2}(t)}{\sum\limits_{i=0}^{4} L''_{i,2}(t)} \\[1em] P''^{,2}_1(t) \dfrac{L''_{1,1}(t)}{\sum\limits_{i=0}^{4} L''_{i,1}(t)} & P''^{,2}_2(t) \dfrac{L''_{0,2}(t)}{\sum\limits_{i=0}^{4} L''_{i,2}(t)} \\[1em] \vdots & \vdots \\[1em] P''^{,m}_1(t) \dfrac{L''_{i,1}(t)}{\sum\limits_{i=5m-5}^{5m-1} L''_{i,1}(t)} & P''^{,m}_2(t) \dfrac{L''_{i,2}(t)}{\sum\limits_{i=5m-5}^{5m-1} L''_{i,2}(t)} \end{bmatrix}$$

$$\tag{9-7}$$

$$P''(t) = \begin{bmatrix} P''^{1}_1(t) \dfrac{L''_{0,1}(t)}{\sum\limits_{i=0}^{4} L''_{i,1}(t)} & P''^{1}_2(t) \dfrac{L''_{0,2}(t)}{\sum\limits_{i=0}^{4} L''_{i,2}(t)} \\[1em] P''^{1}_1(t) \dfrac{L''_{1,1}(t)}{\sum\limits_{i=0}^{4} L''_{i,1}(t)} & P''^{1}_2(t) \dfrac{L''_{1,2}(t)}{\sum\limits_{i=0}^{4} L''_{i,2}(t)} \\[1em] P''^{1}_1(t) \dfrac{L''_{2,1}(t)}{\sum\limits_{i=0}^{4} L''_{i,1}(t)} & P''^{1}_2(t) \dfrac{L''_{2,2}(t)}{\sum\limits_{i=0}^{4} L''_{i,2}(t)} \\[1em] P''^{1}_1(t) \dfrac{L''_{3,1}(t)}{\sum\limits_{i=0}^{4} L''_{i,1}(t)} & P''^{1}_2(t) \dfrac{L''_{3,2}(t)}{\sum\limits_{i=0}^{4} L''_{i,2}(t)} \end{bmatrix}$$

$$P''(t) = \begin{bmatrix} P_1''^1(t)\dfrac{L_{4,1}''(t)}{\sum\limits_{i=0}^{4} L_{i,1}''(t)} & P_2''^1(t)\dfrac{L_{4,2}''(t)}{\sum\limits_{i=0}^{4} L_{i,2}''(t)} \\ \vdots & \vdots \\ P_1''^{20}(t)\dfrac{L_{95,1}''(t)}{\sum\limits_{i=95}^{99} L_{i,1}''(t)} & P_2''^{20}(t)\dfrac{L_{95,2}''(t)}{\sum\limits_{i=95}^{99} L_{i,2}''(t)} \\ P_1''^{20}(t)\dfrac{L_{96,1}''(t)}{\sum\limits_{i=95}^{99} L_{i,1}''(t)} & P_2''^{20}(t)\dfrac{L_{96,2}''(t)}{\sum\limits_{i=95}^{99} L_{i,2}''(t)} \\ P_1''^{20}(t)\dfrac{L_{97,1}''(t)}{\sum\limits_{i=95}^{99} L_{i,1}''(t)} & P_2''^{20}(t)\dfrac{L_{97,2}''(t)}{\sum\limits_{i=95}^{99} L_{i,2}''(t)} \\ P_1''^{20}(t)\dfrac{L_{98,1}''(t)}{\sum\limits_{i=95}^{99} L_{i,1}''(t)} & P_1''^{20}(t)\dfrac{L_{99,1}''(t)}{\sum\limits_{i=95}^{99} L_{i,1}''(t)} \\ P_1''^{21}(t)L_{100,1}''(t) & P_2''^{20}(t)\dfrac{L_{98,2}''(t)}{\sum\limits_{i=95}^{99} L_{i,2}''(t)} \\ P_2''^{20}(t)\dfrac{L_{99,2}''(t)}{\sum\limits_{i=95}^{99} L_{i,2}''(t)} & P_2''^{21}(t)L_{100,2}''(t) \end{bmatrix}$$

$$(9-8)$$

$$L''(t+1) = L''(t)P''(t) \qquad (9-9)$$

t 年年中农村户籍人口统计数据年龄状态向量为：

$$L''(t_{中}) = \frac{L''(t+1) + L''(t)}{2} \qquad (9-10)$$

由此：

$$R''(t_{\text{中}}) = \begin{bmatrix} \dfrac{L''_{0,1}(t_{\text{中}})}{\sum\limits_{i=0}^{100} L''_{i,1}(t_{\text{中}})} & \dfrac{L''_{0,2}(t_{\text{中}})}{\sum\limits_{i=0}^{100} L''_{i,2}(t_{\text{中}})} \\ \dfrac{L''_{1,1}(t_{\text{中}})}{\sum\limits_{i=0}^{100} L''_{i,1}(t_{\text{中}})} & \dfrac{L''_{1,2}(t_{\text{中}})}{\sum\limits_{i=0}^{100} L''_{i,2}(t_{\text{中}})} \\ \vdots & \vdots \\ \dfrac{L''_{i,1}(t_{\text{中}})}{\sum\limits_{i=0}^{100} L''_{i,1}(t_{\text{中}})} & \dfrac{L''_{i,2}(t_{\text{中}})}{\sum\limits_{i=0}^{100} L''_{i,2}(t_{\text{中}})} \end{bmatrix} \quad (9-11)$$

陕西省宝鸡市陈仓区人事和劳动社会保障局提供了2005年12月31日、2006年12月31日、2007年12月31日、2008年12月31日、2009年12月31日的农村户籍人口统计数据。以此为依据，计算得到陈仓区2010年6月30日的户籍人口年龄结构统计数据，见表9-1。

表9-1 2010年6月30日陈仓区农村户籍人口年龄结构统计数据

单位:%

年龄	男性	女性	年龄	男性	女性	年龄	男性	女性
0	0.679686	0.584052	34	1.340472	1.404582	68	0.495501	0.643927
1	0.739988	0.648406	35	1.556428	1.634675	69	0.471707	0.590708
2	0.848145	0.768602	36	1.758859	1.860568	70	0.444885	0.522533
3	0.856225	0.78235	37	1.875956	2.009998	71	0.416657	0.48665
4	0.856587	0.755324	38	1.938555	2.069888	72	0.432243	0.482424
5	0.904677	0.761324	39	1.881149	1.988185	73	0.388834	0.436449
6	0.980544	0.810927	40	1.982022	2.068546	74	0.338412	0.388283
7	1.002686	0.840034	41	1.888404	1.963672	75	0.289597	0.30813
8	1.017103	0.85528	42	1.826537	1.866879	76	0.229221	0.231162
9	1.034479	0.86132	43	1.807261	1.853771	77	0.224189	0.221864
10	1.041741	0.89261	44	1.674106	1.733965	78	0.178436	0.187682
11	1.082615	0.92791	45	1.871764	1.930941	79	0.125379	0.132437

年龄	男性	女性	年龄	男性	女性	年龄	男性	女性
12	1.263553	1.053574	46	2.037642	2.122679	80	0.098411	0.115638
13	1.492612	1.238382	47	1.545788	1.628465	81	0.087508	0.110697
14	1.702963	1.410776	48	1.357144	1.321948	82	0.074887	0.090591
15	1.78622	1.52329	49	1.488609	1.460864	83	0.071267	0.082995
16	1.933887	1.633602	50	1.363	1.369083	84	0.058996	0.073395
17	2.157153	1.766974	51	1.435752	1.432018	85	0.046475	0.052109
18	2.230802	1.83094	52	1.351941	1.399631	86	0.039076	0.034517
19	2.348217	2.061815	53	1.251667	1.309606	87	0.031041	0.028425
20	2.451807	2.345818	54	1.192213	1.300567	88	0.027196	0.027589
21	2.384324	2.382773	55	1.111122	1.255374	89	0.016226	0.020589
22	2.265273	2.303283	56	1.080624	1.203797	90	0.008966	0.014951
23	2.185814	2.27038	57	1.031754	1.178193	91	0.006337	0.010843
24	1.960141	2.031138	58	0.907906	1.089396	92	0.00389	0.005797
25	1.844944	1.876339	59	0.820871	0.985881	93	0.002564	0.00183
26	1.753605	1.719344	60	0.718818	0.863307	94	0.001289	0.002868
27	1.550231	1.457145	61	0.691937	0.862295	95	0.001051	0.003253
28	1.38075	1.31116	62	0.678103	0.957076	96	0.001263	0.002228
29	1.157205	1.098078	63	0.625751	0.911827	97	0.001653	0.002882
30	1.153276	1.088426	64	0.628449	0.789436	98	0.002064	0.003068
31	1.165644	1.149866	65	0.601276	0.710916	99	0.005488	0.003047
32	1.148661	1.16678	66	0.578083	0.679144	100 +	0.495501	0.643927
33	1.242401	1.24693	67	0.564086	0.685023			

9.2.2　假设检验

设　$H_0: R''(t_{中}) = R'(t)$　$H_1: R''(t_{中}) \neq R'(t)$
根据抽样调查结果可得表 9 - 2。

表9-2　2010年6月30日陈仓区农村户籍人口年龄结构调查数据

单位:%

年龄	男性	女性	年龄	男性	女性	年龄	男性	女性
0	0.801282	0.466744	34	1.816239	1.341890	68	0.908120	1.108518
1	0.908120	0.408401	35	0.801282	1.400233	69	1.175214	1.225204
2	1.335470	0.700117	36	1.068376	1.458576	70	0.747863	1.341890
3	1.228632	0.525088	37	1.014957	0.991832	71	0.747863	0.583431
4	0.747863	0.350058	38	0.908120	1.108518	72	0.961538	1.691949
5	1.068376	0.758460	39	1.549145	1.575263	73	0.373932	0.583431
6	0.801282	0.641774	40	1.388889	1.925321	74	1.335470	1.166861
7	0.747863	0.700117	41	1.549145	1.108518	75	0.480769	0.583431
8	0.854701	1.050175	42	1.655983	2.567095	76	0.427350	0.466744
9	1.175214	0.525088	43	1.014957	1.575263	77	0.480769	0.758460
10	1.388889	0.466744	44	2.136752	2.683781	78	0.801282	0.583431
11	1.014957	0.350058	45	0.801282	0.758460	79	0.373932	0.233372
12	1.388889	0.583431	46	2.083333	1.633606	80	0.427350	0.583431
13	0.801282	0.758460	47	1.175214	1.458576	81	0.320513	0.175029
14	1.335470	0.758460	48	1.549145	1.575263	82	0.480769	0.175029
15	1.442308	1.341890	49	1.655983	1.633606	83	0.106838	0.233372
16	1.655983	0.991832	50	1.335470	1.400233	84	0.427350	0.350058
17	1.762821	1.691949	51	1.228632	1.516919	85	0.160256	0.058343
18	1.709402	1.808635	52	1.869658	2.275379	86	0.106838	0.058343
19	1.602564	0.933489	53	1.175214	1.166861	87	0.213675	0.291715
20	2.510684	2.042007	54	2.350427	2.508751	88	0.160256	0.175029
21	1.495726	1.283547	55	1.549145	1.341890	89	0.160256	0.116686
22	2.029915	1.808635	56	1.335470	1.633606	90	0.106838	0.058343
23	1.816239	1.750292	57	1.228632	1.575263	91	0.053419	0.116686
24	2.083333	3.267211	58	1.762821	1.283547	92	0.160256	0.058343
25	1.976496	2.100350	59	0.961538	1.050175	93	0.053419	0.175029
26	2.350427	2.158693	60	1.655983	1.808635	94	0.000000	0.058343

年龄	男性	女性	年龄	男性	女性	年龄	男性	女性
27	1.655983	1.108518	61	0.694444	1.516919	95	0.053419	0.000000
28	1.709402	1.575263	62	1.602564	1.575263	96	0.000000	0.000000
29	1.228632	1.108518	63	0.854701	1.225204	97	0.000000	0.058343
30	0.801282	0.466744	64	1.388889	2.625438	98	0.000000	0.000000
31	0.908120	0.408401	65	0.908120	0.816803	99	0.053419	0.000000
32	1.335470	0.700117	66	0.801282	1.050175	100 +	0.000000	0.000000
33	1.228632	0.525088	67	0.641026	1.750292			

检验统计量为：

$$z = \frac{R'(t) - R''(t_{中})}{\sqrt{\dfrac{R''(t_{中})(1 - R''(t_{中}))}{1872}}} \qquad (9 - 12)$$

根据显著性水平 $\alpha = 0.05$，查标准正态分布表得 $z_{\alpha/2} = z_{0.025} = 1.96$。当 $|z| > 1.96$，拒绝 H_0，反之，接受 H_0。

据此，计算得到农村户籍人口年龄结构统计数据中，有偏差的年龄段如下：

（1）男性：2、3、13、19、21、26、30、39、41、43、47、50、54、56、58、60、65、68、70、74、78、80、83、88、91、95。

（2）女性：4、11、12、14、16、19、21、24、37、40、41、48、50、56、60、63、65、66、68、70、76、80、83、89、93。

9.3 农村户籍人口年龄结构统计数据的修正思路

9.3.1 替代法

替代法是指寻找农村户籍人口年龄结构统计数据中存在偏差年龄段

的替代数据。运用这一方法的前提是假设调查数据所反应出的农村户籍人口年龄结构更接近准确数据。农村户籍人口统计时不可避免的存在着户籍人口漏报、漏销或者年龄填错等问题。采用多阶段分层整群随机抽样方法获得的调查数据相对于准确数据的误差主要来源于样本估计总体时的抽样误差,避免了常住居民没有户口、有户口没有人、高龄人口死亡状况掌握不准确等问题。

本章所采用的替代法是在农村户籍人口年龄结构统计数据的基础上对存在偏差年龄段的数据用调查数据予以替代,即:

如果,

$$R''(t_{中}) \neq R'(t)$$

那么,

$$R''(t_{中}) = R'(t)$$

然后,

$$\frac{L'_{j,1}(t)_{修}}{\sum_{i=0}^{100} L'_{i,1}(t)_{修}} = \left(\sum_{j=1} \frac{\frac{L'_{j,1}(t)}{100}}{\sum_{i=0} L'_{i,1}(t)} / 100 \right) L'_{j,1}(t) \qquad (9-13)$$

$$\frac{L''_{k,1}(t)_{修}}{\sum_{i=0}^{100} L''_{i,1}(t)_{修}} = \left(\sum_{j=1} \frac{\frac{L''_{k,1}(t)}{100}}{\sum_{i=0} L''_{i,1}(t)} / 100 \right) L''_{k,1}(t) \qquad (9-14)$$

由此得到修正后的户籍人口年龄结构修正数据,见表9-3。

表9-3　替代法下陈仓区农村户籍人口年龄结构修正数据

单位:%

年龄	男性	女性	年龄	男性	女性	年龄	男性	女性
0	0.662272	0.566385	34	1.277743	1.283142	68	1.145103	1.188144
1	0.721028	0.628793	35	1.306127	1.362096	69	0.58587	1.3013
2	1.301254	0.745353	36	1.51655	1.585229	70	0.563272	0.658601
3	1.197153	0.758685	37	1.713795	1.074987	71	0.936903	1.64077
4	0.83464	0.33947	38	1.827891	1.949199	72	0.482806	0.624449

年龄	男性	女性	年龄	男性	女性	年龄	男性	女性
5	0. 881498	0. 738295	39	0. 988953	2. 007277	73	1. 301254	1. 131565
6	0. 955421	0. 786398	40	1. 832951	2. 602601	74	0. 433486	0. 506727
7	0. 976996	0. 814624	41	0. 780752	0. 735518	75	0. 405982	0. 47193
8	0. 991043	0. 829409	42	1. 840021	1. 904274	76	0. 421168	0. 467831
9	1. 007974	0. 835266	43	1. 145103	1. 810409	77	0. 780752	0. 423247
10	1. 01505	0. 86561	44	1. 760957	1. 797697	78	0. 329741	0. 376538
11	1. 054877	0. 33947	45	1. 631213	1. 681515	79	0. 282177	0. 565783
12	1. 231179	0. 565783	46	1. 823807	1. 872533	80	0. 223348	0. 22417
13	0. 780752	1. 200923	47	1. 197153	2. 058471	81	0. 468451	0. 215153
14	1. 659331	0. 735518	48	1. 506183	2. 206553	82	0. 173864	0. 182005
15	1. 740455	1. 477213	49	1. 322372	1. 281961	83	0. 416401	0. 33947
16	1. 884338	0. 961831	50	2. 290206	2. 432866	84	0. 09589	0. 11214
17	2. 101884	1. 713526	51	1. 328078	1. 32767	85	0. 085266	0. 107349
18	2. 173646	1. 775557	52	1. 398966	1. 388702	86	0. 208201	0. 282891
19	1. 561504	0. 905252	53	1. 317302	1. 357294	87	0. 069441	0. 080485
20	2. 388988	2. 274861	54	1. 717655	1. 269993	88	0. 057484	0. 071175
21	1. 457404	1. 244722	55	1. 161667	1. 261227	89	0. 045284	0. 050533
22	2. 207234	2. 233612	56	1. 613554	1. 753927	90	0. 038075	0. 033473
23	2. 12981	2. 201705	57	1. 052937	1. 167384	91	0. 15615	0. 027565
24	1. 90992	3. 168383	58	1. 561504	1. 142555	92	0. 026499	0. 169735
25	1. 797674	1. 819583	59	0. 884644	1. 056444	93	0. 01581	0. 019966
26	2. 290206	1. 667337	60	1. 353304	2. 546022	94	0. 05205	0. 014499
27	1. 510512	1. 413069	61	0. 700401	0. 837193	95	0. 006175	0. 010515
28	1. 345373	1. 2715	62	0. 674209	0. 836212	96	0. 00379	0. 056578
29	1. 127556	1. 064863	63	0. 660729	1. 697348	97	0. 002498	0. 001775
30	1. 769705	1. 055503	64	0. 609718	0. 884246	98	0. 05205	0. 002781
31	1. 135779	1. 115084	65	1. 277743	1. 283142	99	0. 001024	0. 003155
32	1. 119231	1. 131487	66	1. 306127	1. 362096	100 +	0. 001231	0. 002161
33	1. 210569	1. 209212	67	1. 51655	1. 585229			

利用替代法修正后，2010 年 6 月 30 日的陕西省宝鸡市陈仓区户籍人口总数为 496501 人，比统计数据 483155 人多了 13346 人，占统计人口总数的 2.76%；修正后男性户籍人口总数为 256118 人，比男性统计数据 250043 人多了 6075 人，占男性统计人口数的 2.43%；修正后女性户籍人口总数为 240383 人，比女性统计数据 233112 人多了 7271 人，占女性统计人口数的 3.11%。

9.3.2 中和法

在农村户籍人口年龄结构统计数据和调查数据都存在一定误差的条件下，我们取存在偏差年龄段的人口年龄结构数据均值，以期能够尽可能的减少误差。计算方法是：

设存在误差的年龄为 m，那么：

$$\frac{L''_{m,1}(t)_{\text{修}}}{\sum_{i=0}^{100} L''_{i,1}(t)_{\text{修}}} = \left(\frac{L''_{m,1}(t)}{\sum_{i=0}^{100} L''_{i,1}(t)} + \frac{L'_{m,1}(t)}{\sum_{i=0}^{100} L'_{i,1}(t)} \right)/2 \qquad (9-15)$$

然后，

$$\frac{L'_{j,1}(t)_{\text{修}}}{\sum_{i=0}^{100} L'_{i,1}(t)_{\text{修}}} = \left(\sum_{j=1} \frac{L'_{j,1}(t)}{\sum_{i=0}^{100} L'_{i,1}(t)}/100 \right) L'_{j,1}(t) \qquad (9-16)$$

$$\frac{L''_{k,1}(t)_{\text{修}}}{\sum_{i=0}^{100} L''_{i,1}(t)_{\text{修}}} = \left(\sum_{j=1} \frac{L''_{k,1}(t)}{\sum_{i=0}^{100} L''_{i,1}(t)}/100 \right) L''_{k,1}(t) \qquad (9-17)$$

由此，得到修正后的户籍人口年龄结构修正数据，见表 9-4。

表 9-4　中和法下陈仓区农村户籍人口年龄结构修正数据

单位:%

年龄	男性	女性	年龄	男性	女性	年龄	男性	女性
0	0.679686	0.584052	34	1.311341	1.323166	68	0.762812	1.188486
1	0.739988	0.648406	35	1.340472	1.404582	69	0.495501	0.643927

年龄	男性	女性	年龄	男性	女性	年龄	男性	女性
2	1.091808	0.768602	36	1.556428	1.634675	70	0.903589	0.878785
3	1.042429	0.78235	37	1.758859	1.484543	71	0.444885	0.522533
4	0.856587	0.552691	38	1.875956	2.009998	72	0.416657	0.48665
5	0.904677	0.761324	39	1.476756	2.069888	73	0.432243	0.482424
6	0.980544	0.810927	40	1.881149	2.335983	74	0.595058	0.436449
7	1.002686	0.840034	41	1.391652	1.413503	75	0.338412	0.388283
8	1.017103	0.85528	42	1.888404	1.963672	76	0.289597	0.44578
9	1.034479	0.86132	43	1.500875	1.866879	77	0.229221	0.231162
10	1.041741	0.89261	44	1.807261	1.853771	78	0.352479	0.221864
11	1.082615	0.638984	45	1.674106	1.733965	79	0.178436	0.187682
12	1.263553	0.818502	46	1.871764	1.930941	80	0.276365	0.241248
13	1.146947	1.238382	47	1.633137	2.122679	81	0.098411	0.115638
14	1.702963	1.084618	48	1.545788	1.951922	82	0.087508	0.110697
15	1.78622	1.52329	49	1.357144	1.321948	83	0.144281	0.191153
16	1.933887	1.312717	50	1.919518	1.984808	84	0.071267	0.082995
17	2.157153	1.766974	51	1.363	1.369083	85	0.058996	0.073395
18	2.230802	1.83094	52	1.435752	1.432018	86	0.046475	0.052109
19	1.975391	1.497652	53	1.351941	1.399631	87	0.039076	0.034517
20	2.451807	2.345818	54	1.507244	1.309606	88	0.095649	0.028425
21	1.940025	1.83316	55	1.192213	1.300567	89	0.027196	0.101309
22	2.265273	2.303283	56	1.383522	1.532004	90	0.016226	0.020589
23	2.185814	2.27038	57	1.080624	1.203797	91	0.031192	0.014951
24	1.960141	2.649175	58	1.317159	1.178193	92	0.006337	0.010843
25	1.844944	1.876339	59	0.907906	1.089396	93	0.00389	0.03207
26	2.052016	1.719344	60	1.10488	1.805659	94	0.002564	0.00183
27	1.550231	1.457145	61	0.718818	0.863307	95	0.027354	0.002868
28	1.38075	1.31116	62	0.691937	0.862295	96	0.001051	0.003253

年龄	男性	女性	年龄	男性	女性	年龄	男性	女性
29	1.157205	1.098078	63	0.678103	1.353684	97	0.001263	0.002228
30	1.484758	1.088426	64	0.625751	0.911827	98	0.001653	0.002882
31	1.165644	1.149866	65	0.901831	1.00732	99	0.002064	0.003068
32	0.679686	0.584052	66	0.601276	1.026403	100 +	0.005488	0.003047
33	0.739988	0.648406	67	0.578083	0.679144			

利用中和法修正后,2010 年 6 月 30 日的陕西省宝鸡市陈仓区户籍人口总数为 489828 人,比统计数据 483155 人多了 6673 人,占统计人口总数的 1.38%;修正后男性户籍人口总数为 253080 人,比男性统计数据 250043 人多了 3037 人,占男性统计人口数的 1.21%;修正后女性户籍人口总数为 236748 人,比女性统计数据 233112 人多了 3636 人,占女性统计人口数的 1.56%。

9.3.3　误差判断法

由于农村户籍人口年龄结构统计数据中存在偏差的年龄段较多,可以判断现行人口年龄结构统计数据存在较大的误差,即使是通过检验的年龄段人口结构也有可能存在偏差。参照人口普查数据调整时的做法[15],我们设定农村户籍人口年龄结构统计数据与调查数据比较时,如果两者某一岁年龄结构数据的差值占该岁统计的年龄结构数据的比例大于或等于 10% 时,应当对该岁的年龄结构数据进行调整;当小于 10% 时,则不需要修正,我们称之为误差判断法。

$$\text{当}\quad \frac{\dfrac{L'_{i,j}(t)}{\sum\limits_{i=0}^{100} L'_{i,j}(t)} - \dfrac{L''_{i,j}(t_{中})}{\sum\limits_{i=0}^{100} L''_{i,j}(t_{中})}}{\dfrac{L''_{i,j}(t_{中})}{\sum\limits_{i=0}^{100} L''_{i,j}(t_{中})}} \geq 10\% \quad \text{时,令}$$

$$\frac{L_{i,j}(t)}{\sum\limits_{i=0}^{100} L''_{i,j}(t)} = \frac{L'_{i,j}(t)}{\sum\limits_{i=0}^{100} L'_{i,j}(t)} \qquad (9-18)$$

当 $\dfrac{\dfrac{L'_{i,j}(t)}{\sum\limits_{i=0}^{100} L'_{i,j}(t)} - \dfrac{L''_{i,j}(t_{中})}{\sum\limits_{i=0}^{100} L''_{i,j}(t_{中})}}{\dfrac{L''_{i,j}(t_{中})}{\sum\limits_{i=0}^{100} L''_{i,j}(t_{中})}} < 10\%$ 时，令

$$\frac{L_{i,j}(t)}{\sum\limits_{i=0}^{100} L''_{i,j}(t)} = \frac{L''_{i,j}(t_{中})}{\sum\limits_{i=0}^{100} L''_{i,j}(t_{中})} \qquad (9-19)$$

令 $A_{i,j}(t) = \dfrac{L_{i,j}(t)}{\sum\limits_{i=0}^{100} L''_{i,j}(t)}$

那么：

$$L(t_{中}) = \begin{bmatrix} A_{0,1}(t)L''_1(t) & A_{0,2}(t)L''_2(t) \\ A_{1,1}(t)L''_1(t) & A_{1,2}(t)L''_2(t) \\ \vdots & \vdots \\ A_{100,1}(t)L''_1(t) & A_{100,2}(t)L''_2(t) \end{bmatrix} \qquad (9-20)$$

由此得到：

$$R(t_{中}) = \begin{bmatrix} \dfrac{A_{0,1}(t)L''_1(t)}{\sum\limits_{i=0}^{100} A_{i,1}(t)L''_1(t)} & \dfrac{A_{0,2}(t)L''_2(t)}{\sum\limits_{i=0}^{100} A_{i,2}(t)L''_2(t)} \\ \dfrac{A_{1,1}(t)L''_1(t)}{\sum\limits_{i=0}^{100} A_{i,1}(t)L''_1(t)} & \dfrac{A_{1,2}(t)L''_2(t)}{\sum\limits_{i=0}^{100} A_{i,2}(t)L''_2(t)} \\ \vdots & \vdots \\ \dfrac{A_{100,1}(t)L''_1(t)}{\sum\limits_{i=0}^{100} A_{i,1}(t)L''_1(t)} & \dfrac{A_{100,2}(t)L''_2(t)}{\sum\limits_{i=0}^{100} A_{i,2}(t)L''_2(t)} \end{bmatrix} \qquad (9-21)$$

由此，得到修正后的户籍人口年龄结构修正数据，见表 9-5。

表9－5　误差判断法下陈仓区农村户籍人口年龄结构修正结果

单位:%

年龄	男性	女性	年龄	男性	女性	年龄	男性	女性
0	0.785663	0.553984	34	0.890418	1.051451	68	0.942795	1.604847
1	0.890418	0.615026	35	1.518947	1.494168	69	0.366643	0.553396
2	1.309438	0.729035	36	1.361815	1.826205	70	1.309438	1.106791
3	1.204682	0.742074	37	1.518947	1.051451	71	0.436213	0.553396
4	0.83989	0.71644	38	1.623703	2.43494	72	0.408535	0.461597
5	1.04755	0.722131	39	0.995172	1.494168	73	0.471397	0.719414
6	0.96143	0.76918	40	2.0951	2.545619	74	0.785663	0.553396
7	0.983141	0.796788	41	0.785663	0.719414	75	0.331815	0.221358
8	0.997277	0.996112	42	2.042722	1.549508	76	0.41902	0.553396
9	1.152305	0.816979	43	1.152305	1.383488	77	0.314265	0.166018
10	1.361815	0.846658	44	1.518947	1.494168	78	0.471397	0.166018
11	1.061511	0.880141	45	1.641472	1.6447	79	0.104755	0.221358
12	1.238923	0.999336	46	1.309438	1.328149	80	0.41902	0.332037
13	1.463517	1.17463	47	1.204682	1.438828	81	0.157132	0.055339
14	1.669767	1.338149	48	1.833213	2.158242	82	0.104755	0.055339
15	1.751401	1.444871	49	1.152305	1.106791	83	0.20951	0.276697
16	1.89619	1.549503	50	2.30461	2.3796	84	0.157132	0.166018
17	1.728458	1.676009	51	1.518947	1.298602	85	0.157132	0.110679
18	1.676081	1.736683	52	1.407765	1.549508	86	0.104755	0.055339
19	1.571325	0.885433	53	1.204682	1.494168	87	0.052378	0.110679
20	2.404014	1.936884	54	1.728458	1.242187	88	0.157132	0.055339
21	1.46657	1.21747	55	0.942795	0.996112	89	0.052378	0.166018
22	1.990346	1.715526	56	1.623703	1.715526	90	0.01591	0.019529
23	1.780835	1.660186	57	0.680907	1.438828	91	0.008791	0.014181
24	1.921932	3.099014	58	1.571325	1.494168	92	0.006214	0.010284
25	1.80898	1.992223	59	0.890209	1.16213	93	0.003814	0.005498
26	2.30461	2.047563	60	1.361815	2.49028	94	0.002514	0.001735

年龄	男性	女性	年龄	男性	女性	年龄	男性	女性
27	1. 520012	1. 051451	61	0. 890418	0. 818863	95	0. 001264	0. 002721
28	1. 676081	1. 494168	62	0. 785663	0. 996112	96	0. 001031	0. 003085
29	1. 134648	1. 041549	63	0. 664885	1. 660186	97	0. 001238	0. 002113
30	1. 780835	1. 272809	64	0. 890418	1. 051451	98	0. 001621	0. 002734
31	0. 785663	1. 328149	65	1. 152305	1. 16213	99	0. 002024	0. 00291
32	1. 12627	1. 383488	66	0. 733285	1. 272809	100 +	0. 005381	0. 00289
33	0. 995172	0. 940772	67	0. 733285	0. 553396			

陈仓区男性户籍人口总数由统计数据的 250043 人修正为 255014 人,统计数据比修正后数据少了 4971 人,占陈仓区男性户籍人口统计总数的 1.99%;女性户籍人口总数由统计数据的 233112 人修正为 245764 人,统计数据比修正后数据少了 12652 人,占陈仓区女性户籍人口统计总数的 5.43%;陈仓区户籍人口总数由统计数据的 483155 人修正为 500778 人,统计数据比修正后数据少了 17623 人,占陈仓区户籍人口统计总数的 3.65%。由此可见,在陈仓区农村户籍人口数据统计中,漏报现象多于漏销现象,漏报人数占统计总数的 5.43%,尤其是女性人口的漏报人数占女性统计总数的 5.43%,远大于男性的 1.99%。

9.4 结果讨论

农村户籍人口数量统计中存在漏报、漏销和误报现象,导致农村户籍人口年龄结构调查数据与农村户籍人口年龄结构统计数据不吻合。经检验,男性有 26 个年龄段的户籍人口统计数据未通过检验,女性也有 26 个年龄段的户籍人口统计数据未通过检验。运用替代法、中和法和误差判断法对农村户籍人口年龄结构统计数据修正进行了初步探索,研究结果表明,陈仓区农村户籍人口年龄结构统计数据存在一定的误差,见表9-6。

表9-6 农村户籍人口年龄结构统计数据修正结果比较

方法	总人口数（人）	男性人口数（人）	女性人口数（人）	总误差比	男性误差比	女性误差比
原始数据	483155	250043	233112	0	0	0
替代法	496501	256118	240383	2.76%	2.43%	3.11%
中和法	489828	253080	236748	1.38%	1.21%	1.56%
误差判断法	500778	255014	245764	3.65%	1.99%	5.43%

由表9-6可知，三种方法修正的结果略有差异。按照对原始数据中总人口数修正程度的不同依次为误差判断法、替代法、中和法，误差判断法测算的农村户人口总数统计数据误差达到3.65%，高于替代法的2.76%和中和法的1.38%；按照对原始数据中男性人口数修正程度的不同依次为替代法、误差判断法、中和法，替代法测算的男性误差比达到2.43%，误差判断法测算的男性误差比达到1.99%，中和法测算的男性误差比为1.21%；按照对原始数据中女性人口数修正程度的不同依次为误差判断法、替代法、中和法，误差判断法测算的女性误差比达到5.43%，而替代法和中和法分别为3.11%、1.56%。

从本章对农村户籍人口年龄结构统计数据的修正结果来看，误差判断法的运用前提是统计数据的误差较大；替代法的运用前提是统计数据误差不大，且调查数据是可靠的；中和法综合了误差判断法和替代法的优势，选用介于两者之间的修正方法。这三种测算方法得出的结论在定性判断上是一致的，都可以得出农村户籍人口统计数据存在误差、漏报现象严重这一结论，只是对误差程度的定量测算结果不同，三种方法在选用时，要考虑统计数据和调查数据的精度。

本章对农村户籍人口年龄结构统计数据的修正研究只是一个初步的探索，由于受到农村户籍人口年龄结构调查数据采集、农村户籍人口年龄结构统计数据修正方法等的约束，如何对农村户籍人口年龄结构统计数据进行更加精确的修正还需进一步研究。

参考文献

[1] 刘军：《户籍人口与常住人口的区别》，《北京统计》2004年第Z1期，第6—7页。

[2] 吴开亚、张力：《发展主义政府与城市落户门槛：关于户籍制度改革的反思》，《社会学研究》2010年第6期，第58—86页。

[3] 熊允发、李靖：《户口统计中人口数据质量评价的方法探讨》，《中国人民公安大学学报（自然科学版）》2006年第2期，第50—51页。

[4] 王立剑：《人口年龄结构变动对养老保障需求的影响研究》，《中国人口资源与环境》2010年第8期，第164—169页。

[5] 张为民：《对我国人口统计数据质量的几点认识》，《人口研究》2008年第5期，第10—14页。

[6] 熊允发：《有关户籍统计中人口数据调整的原则、方法探讨》，《中国人民公安大学学报（自然科学版）》1998年第1期，第39—42页。

[7] 李永胜：《人口预测中的模型选择与参数认定》，《财经科学》2004年第2期，第32—34页。

[8] 李树苗、刘晓兵：《系统工程在人口研究中的应用》，《西安交通大学学报（社会科学版）》2006年第5期，第41—47页。

[9] 尹春华、陈雷：《基于BP神经网络人口预测模型的研究与应用》，《人口学刊》2005年第2期，第32—38页。

[10] Brander,J. A.,Dowrick,S.,"The Role of Fertility and Population in Economic Growth-Empirical Results from Aggregate Cross-National Data", *Journal of Population Economics*,1994(7):1-14.

[11] Bloom,D. E. & D. Canning. "Demographic Change and Economic

Growth in Asia", *Population and Development Review*, 2000, (8):58.

[12] 周皓:《我国第四次人口普查漏报情况的重新估计》,《人口研究》2003 年第 2 期, 第 36—41 页。

[13] 李波、姜全保:《基于五普数据对四普数据质量的估计》,《西北人口》2010 年第 3 期, 第 37—42 页。

[14] 黄荣清:《中国人口普查中人口年龄报告准确性的检验》,《人口研究》2009 年第 6 期, 第 30—41 页。

[15] 李树苗、姜全保、孙福滨:《"五普"人口总量和结构的分析与调整》,《人口学刊》2006 年第 5 期, 第 3—8 页。

[16] 任杰、林国钧:《贵州省第五次人口普查数据的评估与检验》,《贵州大学学报(自然科学版)》2003 年第 2 期, 第 136—142 页。

[17] John W. Peabody, "COPD: A Prevalence Estimation Model", *The Economic Journal*, 2006(2):134-138.

[18] Laurence S. Seidman, *Forecasting the Number of Social Security Retirees: Improving Forecasts for Better Policy Making*, Blackwell Publishing Ltd, 2003:15-19.

10　新型农村社会养老
保险账户结构研究

10.1　引　言

2009 年 9 月 1 日，国务院颁布了《关于开展新型农村社会养老保险试点的指导意见》[1]（国发［2009］32 号），提出新型农村社会养老保险制度实行社会统筹与个人账户相结合的基本制度模式。试点并实施新农保制度，是实现广大农村居民老有所养、促进社会和谐的重大惠民政策，体现了中国政府逐步缩小城乡差距、改变城乡二元结构、推进基本公共服务均等化的坚定决心。在新农保制度的试点、推进中，不同地区对新农保的制度模式进行了很多有益的探索，也出现了一些地方社会统筹账户尚未建立或社会统筹层次偏低等问题。

近年来，理论界对新农保制度模式的研究很多。杨翠迎等人提出了适合农民工群体的"弹性账户 + 激励账户"模式，适合失地农民的"个人账户 + 基础养老金 + 储备金"模式，适合纯农户的"个人账户 + 长寿风险基金"或者"个人账户 + 统筹账户"模式，适合计生户的"到龄扶助"奖励转为"即期投入"模式等[2]。刘昌平等人提出建立采取社会统筹账户管理方式的"最低养老金" + 个人账户管理方式的"个人账户养老金"模式[3]。王章华将新型农村养老保险制度归纳概括为五种基本模式：由个人缴费、集体补助、政府补贴构成的完全积累型的个人账户养老金模式，由个人缴费、政府补贴、集体补助构成的个人账户养老金 + 政府统筹托底模式；由个人缴费、政府补贴构成的个人账户养老金 + 由政府补贴、集体补助的大部分构成的基础养老金模式，由个人缴费、集体补助构成的个人账户养老金 + 由政府补贴构成的基础养老金模式，由个人缴费、集体补助（对多缴费人员）、政府补贴（市、县或区）构成的个人账户养老金 + 政府补贴（市、县或区）构成的社会统筹账户基础养老金模式[4]。孙志华认为积累制、普惠制、社会统筹与个人账户相结合的制度都不是新型农村养老保险理想的模式选择，只有由现收现付制的筹资模式、积累制的给付方式组成的名义账户制模式才是最优选择[5]。

本章在梳理国内外农村社会养老保险账户结构模式的基础上，对中国新农保试点中的账户结构模式给予总结与比较，提出进一步完善新农保制度账户结构模式的思路。

10.2 农村养老保险账户结构模式梳理

10.2.1 国际农村养老保险账户结构模式

新农保与老农保的最大区别是筹资结构不同："老农保"的本质是农民自我储蓄模式；"新农保"是个人缴费、集体补助和政府补贴相结合，特别是中央财政补贴成为"新农保"的本质特点。自我储蓄模式通常通过建立个人账户来管理基金。政府财政补贴通常通过建立社会统筹账户的形式管理基金。如果以筹资结构，进而以筹资结构导致的账户结构为依据，可将国外养老保险账户结构划分为三种基本模式。

1. 社会统筹账户模式

在社会统筹账户模式下，国家按照"社会统筹"方式筹集社会养老保险基金；按照"社会互济"的原则，采用确定给付的方式，把社会养老保险基金在社会成员之间进行再分配。在账户管理上主要依靠国家立法或行政力量，对社会养老保险基金进行统一筹集、统一管理、统一支付。

社会统筹账户强调的是预算期内，尤其是年度内的基金收支平衡，有利于国家随物价、收入增长等情况对养老金指数进行调整，有利于应对通货膨胀的影响，有利于保证社会养老保险基金的收支在年度内达到平衡。但在实践中，社会统筹账户通常只顾及当前社会养老保险基金的收支状况，而无法应对人口结构变化和可能出现的经济危机给社会养老保险制度带来的风险。

2. 储蓄型个人账户模式

储蓄型个人账户模式以新加坡、智利等国家为代表，其本质是个人生命周期内的收入再分配，核心是体现"自我保障"。这种模式下基金主要依靠个人积累，国家不负投保资助责任。新加坡的中央公积金制度是 1955 年建立的，实行强制储蓄预筹制筹集基金。经过五十多年的发展，该制度已演化为一个包含养老、购房、医疗等项目在内的综合性社会保障储蓄计划。新加坡的中央公积金制度将 55 岁以下会员的个人账户分为普通账户、医疗账户和特别账户三部分。普通账户中的公积金用于住房和教育等方面的支出，医疗账户中的公积金用于住院等医疗项目支出，特殊账户中的公积金用于养老和紧急支出。55 岁以后，个人账户变更为退休账户和医疗账户两部分。新加坡也为作为自营者的农民建立储蓄型个人账户，公积金由本人全额缴纳，国家对法定比例内的公积金免收所得税。智利规定保险费完全由个人缴纳并建立个人账户。个人账户设置采用两级管理：一是基本个人账户，由政府强制个人缴纳，缴纳比例为个人纳税收入的 10%；二是补充个人账户，这个账户中的基金由参保人自己决定缴纳数额。储蓄型个人账户模式在参保人之间不存在收入再分配，账户可以转移，但共济互助性差，而且储蓄基金易受通货膨胀的影响，难以保值增值。

3. 社会统筹与个人账户相结合模式

社会统筹与个人账户相结合模式普遍实行现收现付制与积累制相结合的资金筹集与计发模式，强调养老首先是农民个人的责任，要求将农民养老保险待遇与个人收入及缴费年限联系起来，同时国家给予适当的补贴。这种模式的实现形式主要有两种：一种是针对农村人口设立单独的社会保险制度，另一种是直接将城市社会保险制度向农村延伸。这种模式的缺点是，前者针对农村人口这一特殊群体单独设立，因而与其他社会保险制度在待遇等方面存在差异，进而会引起与不同制度接续的困难；后者在向农村延伸过程中，从初建到全覆盖所需时间较长（如日本13 年），给接续带来了不便。

国外农村社会养老保险账户结构模式的设置一般都是根据本国的社会、经济、政治、文化等条件，进行优选的结果。这对我国正在推进中的新农保制度账户结构模式设置具有一定的参考价值，要求我们必须探索农村社会养老保险制度变迁的作用机理、传导机制等，进而探索其内在的演化规律和发展道路。

10.2.2　我国新农保试点中的账户结构模式

2009 年 10 月，根据国务院《指导意见》，全国 4 个直辖市和 320 个县（市、区、旗）实施新农保试点。2010 年 6 月至 8 月，课题组先后在三省六县对 197 名新农保经办人员进行了问卷调查，对 120 名管理人员进行了访谈，收集了一系列政策法规和新农保账户结构设置等方面的基础资料。被调查的六个新农保试点县的新农保账户结构可分为两种模式。

一是陕西省陈仓区、商南县，河南省通许县、西峡县采用的政府补贴基础上的个人账户模式。由中央财政给予年满 60 周岁及以上的农村居民每人每月补助 55 元基础养老金，各级地方政府可以根据本地实际，增加补贴，提高基础养老金发放标准。各级地方政府根据本地实际确定包含多个档次的个人缴费标准，由年满 16 周岁至 59 周岁的参保人自主选择缴费档次，缴费记入个人账户。各级地方财政根据参保人个人缴费档次和缴费年限，给予有差别或无差别的财政补贴，记入个人账户。年满 60 周岁及以上农村居民每月领取的养老金，由基础养老金和个人账户基金储存积累总额除以 139 两部分组成。

二是江苏省高淳县、常熟市采用的政府补贴基础上的地方性社会统筹与个人账户相结合模式。

江苏省高淳县由中央财政给予年满 60 周岁及以上农村居民每人每月补助 27.5 元的基础养老金，地方财政给予年满 60 周岁及以上农村居民每人每月至少补助 27.5 元的基础养老金。高淳县的参保者按照全县上年度农村居民人均纯收入 4% 的比例缴费，记入个人账户；市、县、镇财政按照全县上年度农村居民人均纯收入 4% 的比例给予补贴，政府补贴资金除将上年度农村居民人均纯收入的 1% 划转个人账户外，其余进入社会统筹账户，用于补充基础养老金或养老补贴。60 周岁及以上的农村居民每月领取的养老金，由基础养老金和个人账户基金储存积累总额除以 139 两部分组成。

常熟市按照参保人员类型和年龄的不同，设置了 100—1800 元九个档次的缴费标准。纯农人员中女性 40 周岁、男性 45 周岁及以上者，每人每月按照 60 元（720 元/年）的标准缴费，记入个人账户；女性 40 周岁、男性 45 周岁以下者，每人每月按照 100 元（1200 元/年）的标准缴费，记入个人账户；非纯农人员按照每人每月 150 元（1800 元/年）的标准缴费，记入个人账户；市、镇两级财政（各负担 50%）给予参保者每人每年 60 元的缴费补贴，计入个人账户。社会统筹账户（新农保统筹基金）按照每人每年 1000 元的标准（由市、镇两级财政各负担 50%）建立。男年满 60 周岁、女年满 55 周岁，缴费年限达到 15 年以上的农村居民每月领取的养老金由基础养老金、缴费年限养老金和个人账户养老金三部分组成①。

10.3　新农保制度试点中账户结构存在的问题

10.3.1　社会统筹账户设置存在的问题

1. 不知如何设置社会统筹账户

社会统筹是指在一定的社会范围内由社会保险经办机构依法统一筹

---

① 月养老金待遇 = 基础养老金（120 元）+ 缴费年限×6 + 个人账户储存积累总额÷139。

集、统一管理、统一调剂和使用社会保险基金。社会统筹一般通过建立社会统筹账户的形式实现基金管理。新型农村社会养老保险参照城镇职工基本养老保险的制度设计，实行社会统筹与个人账户相结合的制度模式。这种制度设计通过个人账户体现个人在新农保制度中的责任，通过社会统筹体现社会成员之间的互助共济，实现社会公平原则。调查结果显示，陕西省陈仓区、商南县，河南省通许县、西峡县制定的新农保实施办法虽然也遵循"实行社会统筹与个人账户相结合"的制度模式，但这些地区的实施办法中未发现如何设置"社会统筹账户"的具体规定。

2. 统筹层次偏低

江苏省高淳县、常熟市明确规定新型农村社会养老保险实行社会统筹与个人账户相结合，并明确了社会统筹账户的收支内容。高淳县规定政府补贴资金（依据统计部门公布的本县上年度农村居民人均纯收入，市政府补贴2%，县政府补贴1%，镇政府补贴1%）除划转给个人账户的1个百分点之外，其余3%（2010年度约为300元）进入社会统筹账户。"社会统筹基金用于计发参保人员的基础养老金、个人账户储存额用完后继续支付的个人账户养老金及农村老年居民养老补贴。个人账户用于计发个人账户养老金。"

常熟市①每年按照1000元/人的标准筹集建立新农保统筹基金，由市、镇两级财政各负担50%，用于支付新农保基础养老金。由上述规定可以看出，高淳县、常熟市虽然都隶属于江苏省，但由于社会统筹停留在县级层次，因而统筹账户基金在筹资方式、筹资水平和使用等方面存在明显不同，体现出不同的制度效率。我国城镇职工基本养老保险的实践已经证明，低统筹层次虽然管理起来较为方便，但降低了养老保险基金的抗风险能力，也不利于改善参差不齐的养老保险待遇，不利于在更大范围内实现社会保险的公平性原则。因此，新农保的社会统筹账

---

① 常熟市已经停止办理新农保新增业务，提出了全面推进农村基本养老保险向城镇基本养老保险转接的工作目标。

户，可以借鉴城镇职工基本养老保险的经验，尽可能地提高社会统筹层次。

10.3.2 个人账户设置存在的问题

1. 所有权界定不合理

按照 A. A. 阿尔钦的观点[6]，财产权益包括私有产权、共有产权和国有产权①。陕西省陈仓区、商南县，河南省通许县、西峡县在账户结构上采用政府补贴基础上的个人账户形式，国家财政补贴和地方财政补贴主要用于发放基础养老金，在产权性质上属于"国有产权＋共有产权"；个人账户基金主要来源是个人缴费，部分来源于地方政府补贴，但参保人死亡，个人账户资金余额中的政府补贴部分用于继续支付其他参保人的养老金。因此，个人账户在产权性质上属于"私有产权＋共有产权"，但以私有产权为主。这种产权结构界定，在实践中容易引起误解，导致新农保经办人员和农村居民之间的纠纷。

2. 个人账户基金使用权的规定缺乏灵活性

个人账户基金中由个人缴费形成的部分本是农村居民自己的资金，在所有权上具有明显的"私有产权"性质。在农村居民由于种种原因遇到经济上的暂时困难时，按说应该可以提前支取，但按照现行政策，这部分基金却不能动用，在一定意义上，造成了对"私有产权"的侵犯。

3. 个人账户基金管理层次偏低

目前，新农保个人账户基金管理集中在县（县级市、区）一级，由此带来的问题：一是县级管理机构缺乏专业的投资管理人才和风险控制体系，不利于个人账户基金进行投资运营；二是县级新农保基金规模

---

① 私有产权就是将资源的使用与转让以及收入的享用权界定给了一个特定的人，共有产权则意味着共同体内的每一成员都有权分享这些权利，国有产权在理论上是指这些权利由国家拥有（林毓铭：《社会保障研究的另一视角：社会保障若干产权问题》，《中共福建省委党校学报》2006 年第 6 期）。

较小，难以有效降低投资成本。

4. 高龄老人个人账户基金必然出现缺口[①]

《指导意见》规定，个人账户养老金的月计发标准为个人账户全部储存额除以139。参保人死亡，个人账户中的资金余额，除政府补贴外，可以依法继承；政府补贴余额用于继续支付其他参保人的养老金。按照这一政策，意味着农村高龄老人，即生存至71.58岁（平均生命余岁139个月，约为11.58年）以后的老人的个人账户将会出现基金缺口。如果严格遵循缴费确定制支付原则，则意味着高龄老人将承担长寿风险。如果由政府出资补足该部分基金，则意味着政府财政压力的进一步加大。同时，在制度设计上也需要明确该部分基金的承担主体等问题，但《指导意见》并没有明确个人账户基金缺口由谁来承担以及如何解决等问题，势必影响新农保试点工作的顺利开展。

10.4 新农保账户结构的改进设想

10.4.1 目标、依据与原则

1. 目标

针对新农保制度账户结构存在的问题，本章对新农保账户结构的改进试图达到以下目标：解决一些地方不知统筹账户如何设置的问题，解决统筹账户统筹层次偏低的问题，解决个人账户基金产权不清和管理层次偏低的问题，解决农村高龄老人个人账户基金来源问题。

2. 依据与原则

建立城乡统筹的社会养老保险账户结构模式是必然选择。从长远来看，新农保制度应该是在一种渐进的动态过程中，逐步实现与城镇社会

---

① 本书界定的高龄老人是指生存至平均生命余岁以上的老人。

养老保险制度的整合统一。因此，新农保从试点到制度健全和完善的过程中，其账户结构模式必然经历一个从多到少，最后和城镇职工社会养老保险制度账户结构模式相统一的历程。在国家已经出台《指导意见》并付诸试点的情况下，本章对新农保账户结构的改进，参照城镇职工社会养老保险制度账户结构，旨在对《指导意见》中提出的基本制度模式进行细化和完善。

坚持"大（社会）统筹、小（个人）账户"原则。追求"公平性"是建立新农保制度的本质所在和重要目标。为此，本章在设计新农保账户结构时，认为统筹账户应占更大比重，应提供更多数额的养老金。政府财政投入应在保障农村老年居民的基本生活需求方面发挥更大的作用。

在城镇职工基本养老保险基金统筹层次问题上，学界和政府部门主导的观点和意见是应提高社会养老保险制度的统筹层次，最终实现全国统筹。参考学者和管理者的意见，本章在改进新农保帐户结构时，将统筹层次最终提高到全国统筹的层级。

10.4.2 新农保账户结构设想

1. 过渡性新农保账户结构设想

在不能将统筹层次一步到位提高至全国层级的情况下，应实行一种既符合当前农村地区实际情况又便于向实现全国统筹过渡的新农保账户结构。本章设想的过渡性新农保账户结构由"社会统筹账户 + 个人账户"两部分组成。参见图 10 - 1。

过渡性新农保账户结构中，为了明晰中央和省级政府对新农保的贡献，中央财政补贴、各省财政补贴和筹资建立两个分立账户。社会统筹账户 I 中的基金来源于中央财政拨款，产权性质为国有产权。该部分基金是基础养老金的重要来源之一，发放的对象为所有 60 周岁及以上的农村老年居民，不附带其他条件，具有普惠性质。中央财政对中西部地区按中央确定的基础养老金标准给予全额补助，对东部地区给予 50% 的补助。

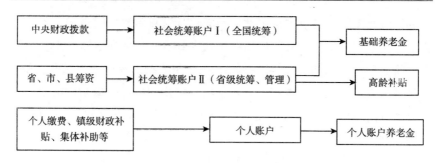

图 10-1　过渡性新农保账户结构

社会统筹账户Ⅱ中的基金来源于省、市、县三级财政，建议各省按本省农民人均纯收入的 10% 建立社会统筹账户基金。产权性质为共有产权（一省范围内）。使用方向，一是为本省 60 周岁及以上的农村老年居民提供部分基础养老金，二是用于发放高龄养老金补贴。

个人账户基金由参保人缴费、镇级财政补贴、集体补助等形成，计入个人名下，产权性质为私有产权，实行省级管理。

2. 改进的账户结构

改进的新农保账户结构由"社会统筹账户 + 个人账户"两部分组成，参见图 10-2。

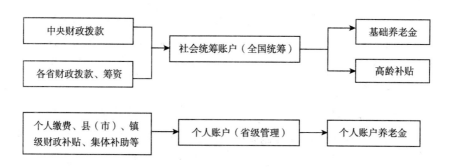

图 10-2　新农保制度账户结构示意图

社会统筹账户主要为农村老年居民提供基础养老金，基础养老金应根据高于全国农村最低生活保障线平均水平、低于全国最低工资平均水平的标准确定。社会统筹账户基金的来源主要有两部分：一是中央财政补贴资金，二是省级财政补贴资金（各省按照财政收入的一定比例缴纳）。这部分资金按照"以支定收，收支平衡"和"专款专用"原则实行"现收现付制"。鉴于目前中央和地方政府财政分税制的实施结果①，建议在财政补贴资金中，中央和地方财政补贴资金各占基础养老金的50%左右。社会统筹账户基金使用方向，一是为全国60周岁及以上的农村老年居民提供同一待遇水平的基础养老金；二是提供高龄养老金补贴，即为生存年限超过平均生命余岁（计发系数）的农村老年居民提供一定数量的补贴。社会统筹账户应由国家统一管理，在全国范围内进行统筹调剂使用，体现社会保险的互助共济功能。

个人账户基金由参保人自愿缴费形成。县、镇级财政补贴、集体补助等划归个人账户的部分、个人账户基金投资收益等也计入个人账户。个人账户积累的所有基金归个人所有，其提供的个人账户养老金根据个人账户储蓄额除以计发系数（计发系数一般确定为平均生命余岁），按月计发。个人账户实行省级管理，由各省建立相应机构管理。在明晰个人账户私有产权的基础上，应尊重农村居民的意愿，对农村社会养老保险基金进行投资运营。

在提供养老金待遇水平方面，个人账户提供的个人账户养老金应占养老金总待遇的30%左右[7]，社会统筹账户提供的基础养老金应占养老金总待遇的70%左右②。

3. 对改进后账户结构的评价

改进后的账户结构以全国统筹为目标，基金调剂范围大，可以在全国范围内分散农村居民的老年经济风险，在更大程度上体现新农保制度

---

① 2001—2008年中央财政收入比重为52.4%、55.0%、54.6%、54.9%、52.3%、52.8%、54.1%、53.3%，地方财政收入比重为47.66%、45.0%、45.4%、45.1%、47.7%、47.2%、45.9%、46.7%。

② 在实行缴费型的国家，来自农民的缴费所占比例仅为10%—30%。详见林义：《农村社会养老保障的国际比较及启示研究》，中国劳动社会保障出版社2006年版，第14页。本章取个人缴费所占比例的上限作为个人账户提供养老金的比例，因此社会统筹账户提供的养老金占养老金总待遇水平的70%。

的公平性。

改进后的账户结构明确了中央财政和省级财政为农村居民提供的基础养老金待遇约为养老金总待遇水平的70%，其中中央和省级财政的基础养老金分担比例各为50%，清晰划分了中央政府和省级政府的负担责任，有利于推进新农保事业健康发展。

改进后的账户结构中，个人账户基金由参保人自愿缴费形成，县级财政补贴、集体补助等划归个人账户的部分也计入个人账户并归个人所有，明晰了个人账户的产权归属，有利于调动农村居民参保的积极性。

10.5　改进新农保账户结构的保障措施

1. 将新农保账户结构过渡及实施方案纳入国民经济和社会发展规划

中央及地方政府应按照将农村社会保险事业纳入国民经济和社会发展规划的总体要求，合理规划改进后的新农保账户结构过渡和实施的阶段、步骤，实现新农保从现有账户结构向改进后账户结构的平稳衔接，为最终实施改进后的新农保账户结构提供制度保障。

2. 加大政府投入和政策扶持力度

在严格划分中央与地方政府财政职责的情况下，加大中央和地方财政对新农保事业发展的投入力度，形成与新农保工作目标任务相适应的财政资金投入机制和激励机制。在加强新农保基金征缴和支出监督、落实个人责任的基础上，明确各级财政在新农保基金收支平衡中的责任，确保改进后的新农保账户结构的顺利实施。

3. 加强新农保信息化建设

信息化建设是实施改进后的新农保账户结构的关键因素之一，也是新农保工作顺利推进的重要保障。因此，各地应大力加强新农保信息化建设，强化新农保信息化综合管理，提高整体信息化水平。在新农保工作逐步推进的过程中，应适时建立全国性新农保信息网络平台，实现全国新农保业务之间的信息共享和协调经办，为实现新农保基金全国统筹打下基础。

4. 加强新农保经办机构服务能力建设

各地应加强省、市、县（区）、街道（乡镇）、社区（村）新农保工作平台建设，进一步调整和理顺新农保经办机构的工作职能，提高新农保工作的规范化、标准化和科学化水平；应完善针对新农保经办服务人员的教育培训体系，大规模培训各级各类新农保经办服务人员，建设一支勤政、廉洁、务实、高效的新农保经办服务人才队伍，为实施改进后的新农保账户结构、推进新农保事业发展提供人才保障。

10.6　结　论

新农保账户结构选择是新农保制度建设的重要内容之一。本章在梳理国内外农村社会养老保险账户结构类型的基础上，分析了我国新农保试点中账户结构存在的问题，细化、改进和完善了新农保账户现行结构，并提出了改进新农保账户结构的保障措施，结论如下：

第一，从城乡统筹、城乡社会养老保险制度衔接的角度考虑，"社会统筹与个人账户相结合"是新农保账户结构的必然选择。

第二，实现新农保社会统筹基金的全国统筹，采取"高（层次）统筹、大（社会）统筹、小（个人）账户"的账户结构，是在全国大部分农村居民还不十分富裕的情况下，抗御新型农村养老保险制度可能面临的各项风险，实现社会养老保险制度可持续发展的有效举措。

第三，在全国农村经济发展水平、社会进步程度存在较大差异的条件下，实现新农保账户结构的改进和完善，需要一个过渡性账户结构。

参考文献

[1] 国务院：《国务院关于开展新型农村社会养老保险试点的指导意见》（国发［2009］32 号），2009 年 9 月 1 日。

[2] 杨翠迎、米红：《农村社会养老保险：基于有限财政责任理念的制度安排及政策构想》，《西北农林科技大学学报（社会科学版）》2007 年第 3 期，第 1—7 页。

[3] 刘昌平、殷宝明、谢婷：《中国新型农村社会养老保险制度研究》，中国社会科学出版社 2008 年版，第 124 页。

[4] 王章华：《关于新型农村社会养老保险模式的思考》，《南昌大学学报（人文社会科学版）》2009 年第 2 期，第 90—94 页、第 136 页。

[5] 孙志华：《新型农村养老保险模式选择》，《山东劳动保障》2009 年第 Z1 期，第 16—19 页。

[6] 林毓铭：《社会保障研究的另一视角：社会保障若干产权问题》，《中共福建省委党校学报》2006 年第 6 期，第 38—41 页。

[7] 林义：《农村社会养老保障的国际比较及启示研究》，中国劳动社会保障出版社 2006 年版，第 14 页。

11 适度加快新型农村社会养老 保险制度的建设进程

11.1 引 言

在计算机领域，进程（Process）被理解为程序的运行过程[1]。《现代汉语同音词词典》把进程解释为事物发展变化的过程[2]。林毓铭[3]从措施和时间两个角度论述中国养老保险个人账户的"实账化"进程。本书认为，进程是指在一定时间内和既定的约束条件下，运用有效的推进措施，促进事物发展所经历的过程。

2009年9月，《国务院关于开展新型农村社会养老保险试点的指导意见》，提出"试点—扩大试点—全国普遍实施"，到2020年实现"适龄农村居民全覆盖"的新农保制度建设方案。随之，新农保制度建设迅速起步，2009年国家级试点县（市、区、旗）占到全国县（市、区、旗）总数的10%，2010年底这一数据达到24%。① 到2011年，国家级试点县（市、区、旗）将占到全国县（市、区、旗）总数的60%②，并力争在2015年实现新农保制度全覆盖。③

---

① 参考《人力资源社会保障部介绍2010年就业等工作进展》，中华人民共和国政府门户网站，http://www.gov.cn/xwfb/2011 - 01/25/content __1792213. html。

② 参考《温家宝主持会议研究部署2011年深化经济体制改革重点工作》，中国共产党新闻网，http://cpc. people. com. cn/BIG5/64093/64094/14442439. html。

③ 参考《中共中央关于制定国民经济和社会发展第十二个五年规划的建议》。

2010年6月至8月，我们对陕西省陈仓区、商南县，河南省西峡县、通许县，江苏省高淳县、常熟市三省六县（市、区）的新农保试点现状进行了抽样调查。先后对5032户农村居民和197名县（市、区）、乡（镇）、村新农保经办机构工作人员进行访问式问卷调查，对120名县（市、区）、乡（镇）新农保管理干部进行了深度访谈；搜集了三省六县（市、区）有关新农保政策法规、制度运行环境、基金运行情况的文字资料。

调查结果显示，新农保制度受到了试点地区广大农村居民的普遍欢迎。在我们调查的全部样本中，92.91%的被调查者表示愿意或非常愿意参加新农保制度；在2338份有效副问卷中，91.66%的老人表示对新农保制度满意或非常满意。同时，我们也了解到，非试点地区的农村居民，尤其是老人对自己不能领取基础养老金表现出强烈的不理解，不时发泄着不满情绪，迫切希望能够尽快享受到新农保制度的恩惠；有研究者把这种现象描述为，非试点地区与试点地区"隔了一座山，待遇两重天"[4]；非试点地区县（市、区）、乡（镇）、村各级领导，也为未被列入试点而显示出十分的无奈，强烈要求尽快将本地区纳入试点[5]。

对于发展中国家建立普惠型农村社会养老保险制度的可行性，学者们最为担忧的问题是：政府财政资金能否到位，哪怕只是提供一个水平非常有限的养老金[6]-[9]。事实上，普惠型农村社会养老保险制度在博茨瓦纳、纳米比亚、尼泊尔、玻利维亚等一些低收入发展中国家已经取得了一定的成功[10]。根据亚洲开发银行2002年的一个研究报告，当时中国的经济发展水平与许多欧洲国家建立农村社会养老保险制度之初的经济发展水平相似，甚至更高，已经具备建立农村社会养老保险制度的经济条件[11]。目前，我国新农保制度建设已经具备中央有明确要求、农民有迫切需求、各界有广泛共识、工作有较好基础、试点有丰富经验、财政有保障能力六个有利条件。全国人大农委的委员们、Li Mingshun[12]、李成贵等普遍呼吁加快新农保制度建设进程。

笔者认为，加快新农保制度建设进程势在必行。但是，在既定约束条件下，通过提供加快新农保试点的各项配套措施，适度加快新农保度的建设进程，可能更为积极、稳妥并切合实际。本章通过分析加快新农保制度建设的紧迫性及面临的约束条件，提出适度加快新农保制度建设进程的"一三一二"方案，以及实现此方案应该做好的基础工作。

11.2　加快新农保制度建设进程的紧迫性

11.2.1　农村人口老龄化、家庭养老功能弱化、农村商业养老保险发展缓慢，急切需要普及新农保制度

20 世纪 80 年代末以来，我国人口老龄化进程明显加快，农村老年人口绝对数量和老龄化程度又高于城市，且将持续到 2040 年左右[13]。第五次人口普查数据显示，我国 60 岁及以上农村老年人口占全国老年人口总数的 66%。目前，我国 60 岁及以上贫困人口有 1010 万人，其中农村贫困人口 860 万人，农村老年人贫困发生率约为 8.5%，是城镇老年人贫困发生率的 3 倍以上[14]。

与农村巨大的养老需求不相适应的是，农村家庭养老功能严重弱化和农村商业养老保险发展缓慢。一方面，市场经济的发展和传统小农经济的萎缩，动摇了家庭养老的基础；家庭规模小型化和居住方式变革，减少了家庭对老人的照料；城镇化和农村劳动力转移，降低了家庭凝聚力，削弱了家庭成员的互助功能。另一方面，商业养老保险较高的进入门槛以及农村居民整体较低的收入水平，使得我国大多数农村居民不具备参加商业养老保险的能力。

在农村整体收入水平偏低、家庭养老功能弱化、商业养老保险发展缓慢的条件下，广大农村居民把养老希望寄托于社会养老保险。调查数据显示，试点地区农村居民对新农保有着很高的认可度，90.47% 的被调查者认为新农保政策能够解决或缓解农村居民的养老压力，其中认可度最高的为常熟市（96.40%），最低的为西峡县（81.03%）（见表 11-1）。在试点地区，新农保已经成为农村居民首选的养老方式，选择

比例为 42.82%（见图 11-1）。广大农村居民迫切要求尽快扩大新农保制度试点，加快推进新农保制度的建设进程。

表 11-1　农村居民对新农保制度的认知

地区	①解决了农民的实际问题	②缓解了养老压力但需要改进	③没有实质性效果	④不关心也不信任这个政策	⑤有效样本量	（①+②）占⑤的比重（%）
江苏常熟	194	610	13	17	835	96.40
江苏高淳	244	559	22	18	843	95.26
河南通许	239	532	57	12	840	91.79
河南西峡	104	571	94	64	833	81.03
陕西陈仓	295	447	65	24	831	89.30
陕西商南	214	525	54	37	830	89.04
合计	1290	3244	305	172	5012	90.47

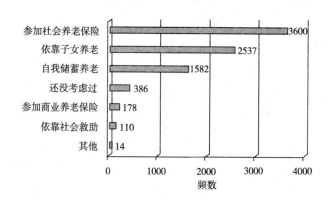

图 11-1　农村居民偏好的养老保障方式

11.2.2　地方政府积极推进、政策措施逐步完善、管理体制逐渐理顺，为加快新农保制度建设进程奠定了良好的工作基础

地方各级政府对新农保建设表现出极大的积极性，普遍加快了新农

保制度的建设进程。截至 2010 年底，全国有 838 个县（市、区、旗）以及 4 个直辖市的大部分县（区）开展了国家级新农保试点，覆盖面达到 24%；另外还有 15 个省份的 316 个县（市、区、旗）通过自筹经费在非国家试点地区开展了新农保试点；新农保的参保人数达到 1.43 亿，养老金领取人数达到 4243.24 万。青海①、江苏②、宁夏③、西藏④等省（自治区），通过新农保国家试点与自行试点，基本实现了新农保制度全覆盖；福建⑤、新疆⑥等省（自治区），提出要在 2011 年实现新农保制度全覆盖；陕西⑦、广东⑧、山东⑨等省，提出要在 2012 年实现新农保制度全覆盖；黑龙江⑩、山西⑪等省，提出要在 2013 年实现新农保制度全覆盖。

　　为了保障新农保试点工作的顺利推进，各地先后出台了一系列政策措施。我们调查的三省六县（市、区），都根据《指导意见》制定了本区域新农保管理办法，乃至实施细则和配套措施。其中，新农保试点较早的常熟市和陈仓区已经形成了比较完整的政策体系，西峡县还

---

　　①　参考《青海实现新农保制度全覆盖》，《人民日报》2010 年 12 月 11 日，http://www.tianshannet.com.cn/news/content/2011－03/08/content__5645029.htm。

　　②　参考《江苏实现新农保全覆盖》，中国江苏网，http://news.jschina.com.cn/jshm/201012/t600558.shtml。

　　③　参考《宁夏率先在全国实现新农保制度全覆盖》，《中国人事报》2010 年 11 月 12 日。

　　④　参考《海南提前 4 年实现新型农村社会养老保险全覆盖》，人民网，http://news.0898.net/2010/12/31/617918.html.2010－12－31。

　　⑤　参考《福建省 2011 年内将实现新农保全覆盖》，中华人民共和国政府门户网站，http://202.123.110.5/fwxx/sh/2011－03/24/content__1830793.htm。

　　⑥　参考《新疆将力争 2011 年全面实现新农保全覆盖》，天山网。

　　⑦　参考《陕西省人民政府关于开展新型农村社会养老保险试点的实施意见》（陕政发［2009］55 号）。

　　⑧　参考《广东新农保政策目标　力争三年内实现全覆盖》，新华网，http://news.xinhuanet.com/politics/2010－12/28/c__12924424.htm。

　　⑨　参考《山东力争 2012 年实现新农保全覆盖》，新华网，http://www.sd.xinhuanet.com/news/2011－01/14/content__21866687.htm。

　　⑩　参考《黑龙江省力争 2013 年底实现新农保全覆盖》，新华网，http://www.hlj.xinhuanet.com/zxdb/2011－04/17/content__22543859.htm。

　　⑪　参考《山西计划两年实现新农保全覆盖》，中国养老金网，http://www.cnpension.net/yljkx/2011－01－25/news1295916665d1208303.html。

制定了针对计划生育家庭的财政补贴方案（见表11-2）。新农保相关政策措施的逐步完善，为新农保制度的全面推广奠定了良好的法律基础。

表11-2　三省六县（市、区）新农保相关政策

地区	管理办法及实施细则
江苏常熟	《关于改革和完善农村社会养老保险制度的意见》、《常熟市农村养老保险暂行规定》、《〈常熟市农村养老保险暂行规定〉实施细则》、《关于完善农村社会保障工作的试行办法》、《常熟市农村和城镇基本养老保险转移接续办法》、《关于印发〈常熟市全面推进城镇社会保险制度的意见〉的通知》、《常熟市新型农村社会养老保险管理办法》、《关于〈常熟市新型农村社会养老保险管理办法〉有关问题的处理意见》
江苏高淳	《高淳县新型农村社会养老保险实施办法》
河南通许	《通许县人民政府关于印发〈新型农村社会养老保险试点暂行办法〉的通知》
河南西峡	《西峡县新型农村社会养老保险试行办法》 《西峡县给予参加新农保农村部分计划生育家庭财政补贴的实施方案》
陕西陈仓	《宝鸡市新型农村社会养老保险试行办法》 《宝鸡市新型农村社会养老保险管理工作规程（试行）》 《新型农村社会养老保险经办规程（试行）》 《宝鸡市新型农村社会养老保险实施办法》
陕西商南	《商南县新型农村社会养老保险试点工作实施方案》

在新农保管理体制上，三省六县都建立了县（市、区）、镇、村三级工作平台，明确了各级管理部门和经办机构的工作职责，建立了相应的奖惩措施，把新农保工作列为重要的工作考核指标（见表11-3）。新农保管理体制的逐渐理顺，为新农保工作的顺利推进提供了良好的组织保障。

表 11 - 3 三省六县（市、区）新农保管理体制

地区	管理体制	说明
江苏常熟	市、镇、村三级工作平台	地税部门管征收，财政部门管专户，劳动保障部门管发放，审计部门管监督。市人力资源和社会保障局、镇劳动和社会保障所、村劳动和社会保障工作站三级工作平台
江苏高淳	县、镇、村三级工作平台	县劳动和社会保障局负责全县新农保的统筹规划、政策制定、组织实施、综合协调和监督检查。镇（街道）劳动和社会保障所负责本辖区的新农保实施工作
河南通许	县、镇、村三级工作平台	成立了由县长任组长，由县委办、政府办、发改委、人力资源和社会保障局、财政局、民政局、各乡镇等23个相关单位为成员的新农保试点工作领导小组，定期研究工作中出现的问题。新农保管理服务中心，负责全县新农保日常事务，承办全县新农保业务。乡镇社会保障事务所实行垂直管理，承办本乡镇新农保业务
河南西峡	县、镇、村三级工作平台	县建立具有独立法人资格的新农保事业管理中心，作为新农保的经办、管理和监督机构，定为副科级财政全供事业单位，隶属县人事劳动和社会保障局领导。乡镇劳动社会保障所是新农保的经办机构，按新农保经办规程开展经办工作。各村设农保协办员，协办员由村会计担任
陕西陈仓	区、镇、村三级工作平台	人事和劳动社会保障局（人劳局）负责新农保制度的组织实施和监督管理。农村社会养老保险管理中心（农保中心）负责各项具体工作的分配和落实。乡（镇）劳动保障事务所承担具体业务办理工作。村劳动保障服务站协助劳动保障事务所，组织村民统一办理新农保的具体业务
陕西商南	县、镇、村三级工作平台	县人事和劳动社会保障局是新农保工作的主管部门。农村社会养老保险办公室（简称农保办）是新农保工作的经办机构。乡镇是农户个人养老基金征缴的责任主体

11.2.3 中央政府高度重视、国家领导人密切关注、财政支农力度不断增强，为加快新农保制度建设进程提供了有力的政治保障

近年来，中央政府高度重视农村居民养老问题。2002 年十六大、

2005 年十六届五中全会、2007 年十七大、2008 年十一届全国人大一次会议等都把解决农村居民养老问题作为和谐社会与新农村建设的关键所在。为了保障新农保制度建设的顺利推进，国家决策层颁布了一系列的政策法规指导、推进新农保试点工作，关于新农保制度建设的时间安排也不断提前。2009 年 9 月，提出 2009 年在全国 10% 的县（市、区、旗）进行新农保试点，于 2020 年实现适龄人口全覆盖；① 2010 年 5 月，提出 2010 年全国 23% 的县（市、区、旗）开展新农保试点；② 2010 年 12 月，提出 2011 年全国 40% 的县（市、区、旗）开展新农保试点；③ 2011 年 4 月，又调整为 60%。

温家宝总理从 2009 年起多次强调④：第一，新农保制度改变了农村传统的养儿防老方式，使农村老年居民有了养老的主动权，有了老人的尊严，具有划时代的意义；第二，新农保制度建设是继"上学不交费、种地不交税、看病不太贵"后农村民生工程建设的重大突破；第三，国家财政宁可减少其他方面的开支，也要把新农保制度尽快建设起来。张德江副总理也一再强调⑤：农村居民在中国革命和现代化建设中做出了巨大牺牲和贡献，现在到了反哺他们的时候；国家财政特别是中央财政要加大对新农保的投入；党政一把手要高度重视，指导好、抓好新农保制度建设。

---

① 参考《国务院关于开展新型农村社会养老保险试点的指导意见》（国发〔2009〕32 号）。

② 参考《关于 2010 年扩大新型农村社会养老保险试点的通知》（人社部发〔2010〕27 号）及 2010 年政府工作报告。

③ 参考《2011 年新农保试点扩至 40% 的县　将有 1 亿农民参保》，中华人民共和国政府门户网站。

④ 参考《开展新型农村社会养老保险试点工作逐步推进基本公共服务均等化——在全国新型农村社会养老保险试点工作会议上的讲话》（2009 年 8 月 18 日），2010 年政府工作报告（2010 年 3 月 5 日），《温家宝主持会议研究部署 2011 年深化经济体制改革重点工作》（2011 年 4 月 20 日）等。http://www.gov.cn/jrzg/2010-12/31/content_1776441.htm。

⑤ 参考《张德江：开展新农保试点要严格遵循四项原则》，金融界，http://finance.jrj.com.cn/people/2009/08/1921035830439.shtml；《国务院副总理张德江强调扎实推进新农保试点》，新浪网，http://finance.sina.com.cn/g/20091019/06486852898.shtml；《张德江：做好新农保试点工作把惠农政策落到实处》，大洋网，http://www.dayoo.com/roll/201004/17/10000307_101705911.htm 等。

中央财政支农力度的加大为新农保制度建设提供了财力保障。2003年至2010年中央财政"三农"支出的年均增长率达到了25.17%，占中央财政支出的比重增长了1.16倍。2007年，中央财政增加了农村社会事业支出项目，其所占比重达到32.79%，到2010年达到了37.99%，四年内中央财政农村社会事业支出额度增长了1.20倍（见表11-4）。

表11-4 中央财政"三农"支出情况

年份	中央财政支出（亿元）	中央财政"三农"支出（亿元）	中央"三农"支出占中央财政支出的比重（%）	农村社会事业发展支出（亿元）	农村社会事业发展占中央"三农"支出的比重（%）
2003	7420.10	1754.50	23.65	—	—
2004	7894.08	2337.60	29.61	—	—
2005	8775.97	2450.30	27.92	—	—
2006	9991.40	3173.00	31.76	—	—
2007	11442.06	4318.30	37.74	1415.80	32.79
2008	13344.17	5955.50	44.63	2072.80	34.80
2009	15255.79	7253.10	47.54	2693.20	37.13
2010	16049.00	8183.40	50.99	3108.50	37.99

资料来源：《中国统计年鉴2010》、《中国农村统计年鉴2010》、《人大关于2009年、2010年中央地方预算审查报告》。

11.2.4 新农保试点实态调查、经验总结与推进战略的相关研究，为加快新农保制度建设进程提供了一定的决策支持

新农保试点工作启动以来，各级政府有关部门、国内学术界关于新农保试点实践的研究很多，其中以实态调查为基础的研究尤为突出：包括对北京三区县，山东莱芜、青岛、烟台，江苏无锡，浙江宁波、慈溪，成都温江等经济较发达地区的调查[15-19]；对江苏东海、河南罗山、山西运城、陕西宝鸡等经济欠发达地区的调查[20-23]；还有对少数民族

地区新农保试点的调查^[24]。本书对江苏、河南、陕西三省六县（市、区）的调查，比较系统的归纳、总结了我国东、中、西部不同地区新农保试点的经验和问题。

实际工作部门和学术界的一些研究，认为《指导意见》中关于到2020年实现新农保制度对适龄农村居民全覆盖的进程安排比较保守，可能引发试点和非试点地区之间的不公平^[25]、高龄老人来不及享受新农保的福利、难以应对农村人口老龄化^[26]、不利于扩大农村消费需求^[27]等等问题。加快新农保制度的建设进程成为研究者们比较一致的意见：赵殿国^[28]、付奉义^[29]建议在"十二五"结束之前全部普及新农保制度；国家行政学院调研组提出争取"十二五"期间实现新农保制度全覆盖；潘永和①、陈启涛②、韩永文^[30]等建议在2013年，即本届政府任期内实现新农保制度全覆盖；米红^[31]建议我国一类地区2012—2013年、二类地区2015—2016年、三类地区2017—2018年实现新农保全覆盖。这些研究为加快新农保制度建设提供了有益的舆论氛围和决策支持。

11.3　加快新农保制度建设进程的约束条件

11.3.1　基层经办管理与服务能力不足

我国农村地区人口众多，居住分散，对新农保制度的基层经办能力提出了较高的要求。新农保的政策宣传、保费收缴、养老金发放等主要工作量集中在乡（镇）、村两级，其中村级更是直接面对广大农村居民；尤其是保费收缴、养老金发放的政策性强，服务面广，服务对象文

---

① 参考《应加快建立新农保制度》，中国经济新闻网，http://www.jjxww.com/html/show.aspx? id=163699&cid=213.htm。

② 参考《陈启涛：加快农村新农保的覆盖进程》，中安在线，http://ah.anhuinews.com/qmt/system/2011/03/06/003811843.shtml。

化程度低，现金往来的手续繁琐、安全风险度高等，对基层经办人员的政治素质、业务能力有一定的要求。因此，乡（镇）级社会保障服务所、村级社会保障服务站建设的水平，是新农保制度成败的关键。

我们调查的六个县（市、区）普遍存在的问题是：乡（镇）、村新农保经办管理与服务机构工作人员数量不足，文化程度偏低，专业知识缺乏；办公场所拥挤，设备短缺，经费不足。地处东、中部的江苏、河南四个县（市、区），每个行政村基本配备了1－2名新农保协管员；而地处西部的陕西两个县（区），新农保协管员只配备到镇一级，只有个别经济情况较好的行政村配备了专职协管员。六个县（市、区）53.13%的新农保经办人员文化程度为大专及以下，其中高中专及以下的比例为21.00%；只有8.41%新农保经办人员是人力资源与社会保障类专业毕业的。我们调查的乡（镇）新农保经办机构的经办场所面积与其数万名服务对象人数相比显得十分狭小，其中总面积、前台服务面积、信息化系统（机房）面积、业务管理面积、行政管理面积的平均值分别为202.81 m²、72.24 m²、17.39 m²、129.19 m²、90.79 m²；计算机的配备1—18台不等，平均为4.12台，其中数量在1—2台的乡（镇）新农保经办机构占到48%；每个乡（镇）为新农保经办机构配备的公务汽车、摩托车平均为0.25辆。

11.3.2 农村居民中的低收入户和中低收入户缴费能力有限

新农保基金由个人缴费、集体补助、政府补贴构成，除残疾人、五保供养人员等弱势群体外，新农保个人账户基金主要依靠个人缴费；且养老金待遇领取条件规定"符合参保条件的子女应当参保缴费"，只有子女具有缴费能力且愿意缴费，父母才能享受基础养老金。农村居民个人缴费能力成为制约新农保制度建设进程的重要因素。

调查资料显示，农村居民所期望的新农保养老金发放水平是4664.52元/年，是《指导意见》规定的660元/年基础养老金的7.07倍。我们调查的六个县（市、区）农村居民参加新农保的个人缴费与参加商业养老保险的个人缴费之和仅736.02元/年，除常熟市之外的其他五县（区）这一数据只有 367.96 元/年（见表 11 - 5）。

表 11 - 5 农村居民的养老期望

单位：元/年

地区	养老投入	期望养老金水平	期望缴费水平
陈仓区	413.07	3021.84	160.16
商南县	284.50	3476.64	149.28
通许县	193.30	2098.08	135.06
西峡县	433.96	2703.24	188.75
高淳县	514.96	4992.6	365.33
常熟市	2576.33	11694.36	275.06
平均值	736.02	4664.52	212.27

　　《指导意见》规定农村居民参加新农保的个人年缴费档次分别为 100 元、200 元、300 元、400 元、500 元，占 2009 年我国农村居民低收入户年人均纯收入的比例分别为 6.45%、12.91%、19.36%、25.82%、32.27%；占高收入户年人均纯收入的比例分别为 0.81%、1.62%、2.44%、3.25%、4.06%（见表 11 - 6）。其中，新农保 200 元缴费标准占农村居民低收入户年人均纯收入的 12.91%，相当于城镇企业职工基本养老保险个人缴费占工资收入 8% 的 1.61 倍；新农保 400 元缴费标准占农村居民中等收入户年人均纯收入的 8.88%，相当于城镇企业职工基本养老保险个人缴费占工资收入 8% 的 1.11 倍；新农保 500 元缴费标准占农村居民高收入户年人均纯收入的 4.06%，相当于城镇企业职工基本养老保险个人缴费占工资收入 8% 的 0.51 倍。上述表明，参照城镇企业职工基本养老保险个人缴费占工资收入 8% 的标准，农村居民中的低收入户承担 200 元及以上缴费额、中低收入户承担 300 元及以上缴费额，显得负担较重；同时，现行缴费档次对于农村居民中的中高收入户和高收入户来说，又显得偏低。

表 11-6 新农保缴费占农村居民年人均纯收入的比例

		2009 年收入五等分下农村居民年人均纯收入				
		低收入户	中低收入户	中等收入户	中高收入户	高收入户
		1549.30 元	3110.10 元	4502.08 元	6467.56 元	12319.05 元
年缴费档次	100 元	6.45%	3.22%	2.22%	1.55%	0.81%
	200 元	12.91%	6.43%	4.44%	3.09%	1.62%
	300 元	19.36%	9.65%	6.66%	4.64%	2.44%
	400 元	25.82%	12.86%	8.88%	6.18%	3.25%
	500 元	32.27%	16.08%	11.11%	7.73%	4.06%

注：收入五等分下农村居民年人均纯收入的数据来源于《中国统计年鉴 2010》。

11.3.3 农村居民对新农保制度与政策的认知程度偏低

新农保制度是国家为保障农村老年人基本生活，在农村居民 16—59 周岁期间，由个人、集体和政府共同承担缴费责任，年满 60 周岁后，领取由政府提供的基础养老金和由个人缴费、集体补助累积的个人账户养老金的一种制度安排。在调查中我们发现，农村居民对新农保制度的原理认知甚少，甚至存在诸多误解：很多调查对象以为自己现在的缴费是用于支付现在 60 周岁以上老人的养老金；家庭没有老人的农村居民，以为自己是为其他家庭的老人缴纳养老金，因此不愿意成为参保者。一些调查对象以为将来领取的养老金只有基础养老金，不知道还有个人账户养老金，因此不愿意选择较高的缴费档次。

我们把农村居民对新农保政策的了解程度由低到高设定为五级，"1"表示了解程度最低，"5"表示了解程度最高。调查结果显示，调查对象对政府基础养老金补贴政策了解程度的平均值为 3.67；对缴费档次、政府缴费补贴、弱势人群优惠等政策了解程度的平均值分别为 3.26、3.02、2.92；对集体补贴、个人账户计发月数、个人账户计息办法等政策了解程度的平均值分别为 2.52、2.53、2.46。与农村中老年人相比，农村年轻人对新农保政策的关注程度更低。

11.3.4 新农保信息化建设进程不平衡

新农保制度运行涉及海量的数据和账户信息，因此新农保的信息化建设是新农保制度建设的重要内容。调查发现，地处东中部的常熟市、高淳县、西峡县、通许县均建立了本辖区的新农保信息系统平台，实现了新农保档案管理的信息化。而地处西部的陈仓区，虽然新农保试点的时间比较早，但是直到 2010 年 7 月才开始试运行新农保网络平台；商南县尚未建立网络化的新农保信息管理系统，档案管理还停留在纸质阶段，不便于信息的修改、更新和共享，增加了管理成本。

目前，全国统一的新农保信息系统管理软件和网络平台尚未形成，一些省份自行开发新农保信息管理系统。由于不同地区新农保经办管理模式、业务操作流程不同，各地开发的新农保信息管理系统在数据库结构、数据接口、指标体系、主要功能模块等方面的标准不一，阻碍了新农保信息在更大范围内的交流和共享。因此，急需加快建设全国统一的新农保信息系统平台。

11.3.5 部分地区地方财政资金配套能力有限

与老农保相比，新农保的重要特征是强化了中央政府和地方政府的财政责任。就基础养老金来看，国家财政完全具有承担能力。2009 年我国 60 岁及以上老年人口 1.67 亿，[①] 其中农村老年人口约 1.25 亿[②]，按照每人每月 55 元的基础养老金标准，中央财政和东部各省地方财政每年用于新农保基础养老金的财政支出约为 825 亿元，占 2009 年国家财政总收入[③]的 1.20%。但从中西部地区来看，各级地方财政承担新农保个人缴费补贴、经办经费、基础设施建设的能力有限。在访谈中，河南省通许县、西峡县和陕西省陈仓区、商南县的县、乡（镇）有关领

---

① 参考《2009 年度中国老龄事业发展统计公报》。

② 参考《震惊：中国全国 60 岁及以上老年人口达到 1.6714 亿占总人口的 12.5%》，成功保险网，http://www.xy178.com/news/a/2010 – 10/21/201918u21975.html。

③ 数据来源：《中国统计年鉴 2010》。

导和管理人员，纷纷列举了其所在地区地方财政对新农保资金投入的困难，对地方财政的后续资金投入表示了很大的担忧。陈仓区有关领导给我们算了一笔账，2009 年全区新农保应参保人口为 33.09 万人①，即使只按照每年每人最少 30 元的"进口补贴"标准，地方财政每年对新农保投入资金达 992.7 万元，占 2009 年陈仓区财政收入②的 2.07%，加上新农保经办机构的人员工资、运行经费、建设投资等，对区财政形成很大的压力。

11.4　适度加快新农保制度建设进程的思考

加快新农保制度建设进程已经成为理论界和实践部门的共识，但是在基层经办管理与服务能力、农村居民的低收入户和中低收入户缴费能力、农村居民对新农保制度与政策的认知程度、新农保信息化建设进程、部分地区地方财政资金配套能力等的约束下，新农保制度建设进程应当稳中求快。新农保试点初期，各试点地区基础不同，制度设计存在差异，主要任务是总结经验，发现、分析问题；随着经验的积累和制度的完善，可以逐渐加快新农保制度的建设速度。我们提出适度加快新农保制度建设进程的"一三一二"方案。

第一，用一年时间，即 2009 年在全国 10% 的县（市、区、旗）启动新农保试点。第二，用三年时间，即 2010—2012 年，实现新农保制度对全国所有农村地区的全覆盖，其中 2010 年新农保试点县（市、区、旗）达到 23%，2011 年达到 60%，2012 年实现制度全覆盖。第三，用一年时间，即 2013 年，实现新农保制度对适龄中老年农村居民的全覆盖，重点解决收入较低、缺乏缴费能力的 45—59 周岁农村居民的参保问题。第四，用两年时间，即 2014—2015 年，实现新农保制度对全体适龄农村居民的全覆盖，重点解决 16—44 周岁农村居民的参保问题，

---

①　数据来源：陈仓区农保中心统计资料。
②　数据来源：《陈仓区统计年鉴 2009》。

全面解决新农保与城镇企业职工基本养老保险、城镇居民基本养老保险以及其他各项社会保险的制度衔接和关系转续问题。

为适度加快新农保制度建设进程，必须做好以下五个方面的基础工作。

11.4.1 加快新农保基层经办机构建设，提升基层经办管理与服务能力

作为新农保制度建设的基石，基层经办机构经办管理与服务能力的不足已经成为制约新农保制度建设进程的瓶颈。因此，适度加快新农保制度建设的关键是，确实提升新农保基层经办机构的经办管理与服务能力。第一，明确县（市、区）、乡（镇）、村各级经办机构的职能分工；完善乡（镇）、村两级经办服务机构，尤其加强村级服务机构的建设；优化新农保的业务流程，实现参保信息的准确、完整和安全，提高经办效率。第二，加强基层经办机构人才队伍的建设，确保乡（镇）社会保障服务所拥有与服务对象数量相适应的专职人员编制，村社会保障服务站应当配备专职社会保障经办员；定期或不定期对基层经办机构的工作人员进行专业培训。第三，各级财政设立专门账户，确保县（市、区）、乡（镇）、村各级新农保经办机构包括人员工资、场地建设、设施配备等在内的经费投入。

11.4.2 完善新农保政策体系，提高农村居民的缴费能力

参考城镇企业职工基本养老保险个人缴费占工资收入8%的参数，建议根据当前农村居民低收入户、中低收入户、中等收入户、中高收入户、高收入户的年收入水平，分别设置200元、400元、600元、800元、1000元五个基本缴费档次；缴费额上限为基本缴费档次最高额的300%；基本缴费档次应该随着经济发展和人民生活水平的提高适时调整。为了鼓励有能力的农村居民选择较高的缴费档次，建议地方各级财政按照参保者所选基本缴费档次的20%给予缴费补贴，并计入参保者的个人账户；缴费额超过1000元的，按1000元的20%给予缴费补贴。

为了避免由此加大的政策不公平，建议地方各级财政对残疾人和低保户代缴保费；在落实每个参保者基本缴费档次 20% 的缴费补贴之外，对低收入户和中低收入户再给予不低于 50 元/年的缴费补贴。

11.4.3　加强新农保制度与政策的宣传力度，提高农村居民对新农保制度与政策的认知水平

农村居民对新农保制度原理认知不足，对新农保政策内容了解程度偏低，在很大程度上制约着新农保制度的建设进度。因此，要进一步加强新农保制度与政策的宣传力度和实效性。第一，加强对新农保经办人员的政治思想教育和业务培训，不断提高新农保经办人员的政治素质和业务水平，使其更好、更深的理解政策内容，自觉地在业务经办过程中宣讲新农保的制度原理，解释新农保各项政策的含义。第二，充分利用文艺演出、电视、广播、报纸、网站等多种宣传媒介，向社会各个阶层宣传新农保制度和政策，营造良好的舆论氛围。

11.4.4　加速搭建新农保网络管理平台，推进新农保信息化建设进程

新农保信息管理系统的建设，是实现新农保业务规范化和现代化的基本条件。建议开发并尽快普及全国统一的新农保信息系统管理软件，在数据库结构、数据接口、指标体系、主要功能模块等方面实行全国统一的标准。合理划分省（自治区）、市、县（市、区）在新农保信息管理系统建设中的任务和责任，落实新农保信息化建设中地方各级财政的投入比例。确保县（市、区）、乡（镇）、村各级的新农保经办机构具有足够的软硬件设施。加强对乡（镇）、村级新农保经办人员的技术培训，使其熟练掌握计算机基本操作，熟悉新农保信息化管理软件的使用。

11.4.5　增加中央政府对中西部地区新农保制度建设的财政转移支付额度，促进新农保制度建设在全国范围的均衡发展

我国区域经济发展不平衡，东、中、西部地方各级政府财政能力差异很大。新农保制度建设中地方政府的财政补贴需求，已经超过中西部很多地方政府的财政支付能力。建议中央政府加大对中西部地区新农保制度建设的财政转移支付额度，中央财政在支付中西部地区新农保基础养老金的同时，再为中西部地区承担50%的新农保缴费补贴。国家级贫困县、少数民族地区、陆地边境县、革命老区县新农保的基础养老金和缴费补贴，建议也由中央财政给予支付。

参考文献

［1］方今：《操作系统原理及使用》，清华大学出版社1988年版。

［2］周勇翔：《现代汉语同音词词典》，商务印书馆国际有限公司2009年版。

［3］林毓铭：《中国养老保险个人帐户"实帐化"进程研究》，《财经研究》1997年第10期。

［4］张作哈：《四川省新农保试点取得积极进展》，《行政管理改革》2010年第9期。

［5］韩永文：《湖南省确保新农保试点顺利推进》，《行政管理改革》2010年第9期。

［6］Estelle James, 2000, "Coverage under Old Age Security Programs and Protection for the Uninsured: What are Issues?" World Bank: Policy Research Working Paper WPS2163, http://elibrary.worldbank.org/deliver/2163.pdf? itemId =/content/workingpaper/10.1596/1813 – 9450 – 2163 & mimeType = pdf.

［7］Robert Holzmann and Richard Hinz, *Old-Age Income Support in the*

21*st* *Century*：*An International Perspective on Pension Systems and Reform*，World Bank Publications，2005：93-140.

［8］ Einar Overbye，"Extending Social Security in Developing Countries：A Review of Three main Strategies"，*International Journal of Social Welfare*，2005，14（4）：305-314.

［9］ Robert Palacios and Oleksiy Sluchynsky，"Social Pensions Part I：Their Role in the Overall Pension System"，World Bank：Social Protection Discussion Paper，2006，No. 0601，http：//www2. gtz. de/wbf/4tDx9kw63gma/World __Bank __ – __Social __Pensions. pdf.

［10］ Jessica K. M. Johnson and John B. Williamson，"Do Universal Non-contributory Old-Age Pensions Make Sense for Rural Areas in Low-Income Nations?"*International Social Security Review*，2006，59（4）：47-65.

［11］ Lutz Leisering，Gong Sen and Athar Hussain，"People's Republic of China：Old-age Pensions for the Rural Areas：From Land Reform to Globalization"，Asian Development Bank，2002：131-144.

［12］ Li Ming-shun，"China's New Rural Pension Insurance System Must Be Accelerated"，Proceedings of the 2009 International Conference on Public Economics and Management，2009，121-126.

［13］ 赵殿国：《积极推进新型农村社会养老保险制度建设》，《经济研究参考》2008 年第 32 期。

［14］ 刘从龙：《人口老龄化背景下的农村养老保险探索》，《老龄问题研究论文集（十一）——积极老龄化研究之三》，2006 年版。

［15］ 关博：《新型农村社会养老保险制度分析——以北京市为例》，《北京工业大学学报（社会科学版）》2009 年第 2 期。

［16］ 白霜、付燕：《关于农村新型养老保险模式的研究——以山东省莱芜市为例》，《当代经济》2009 年第 13 期。

［17］ 方晓红：《经济发达地区建立新型农村养老保险制度的思考——以江苏省无锡市为例》，《安徽冶金科技职业学院学报》2009 年第 1 期。

［18］许韶辉、肖潇：《新型农村社会养老保险试点现状的调查报告——以成都市温江区为例》，《大众商务》2010 年第 1 期。

［19］李俊林、王虹、张霞：《建立新型农村社会养老保险体系的分析研究——以河北省青县为例》，《河北工业大学学报（社会科学版）》2010 年第 3 期。

［20］明磊：《对欠发达地区探索"老有所养"特色之路的思考——基于江苏省东海县建设新型农村社会养老保险制度的实证分析》，《安徽农业科学》2009 年第 17 期。

［21］柯楠：《科学构建新型农村养老保险制度的法学思考——基于河南省农村改革发展综合实验区罗山县的调研》，《调研世界》2010 年第 3 期。

［22］王霞：《以运城市为例：看新型农村养老保险试点工作》，《经济师》2009 年第 12 期。

［23］张茜：《新型农村社会养老保险制度试点阶段的问题探析——以陕西省宝鸡市为例》，《西部财会》2010 年第 7 期。

［24］张艳春：《少数民族地区农村养老保障的建立和发展分析——以朝鲜族聚居的延边地区为例》，《黑龙江民族丛刊》2009 年第 5 期。

［25］赵殿国：《新型农村社会养老保险推进之路》，《中国社会保险研究》2010 年第 3 期。

［26］付奉义：《关于推进新农保的几点建议》，中国社会保障网，2010 年。

［27］《蔡昉委员建议新农保的扩面速度应该加快》，中国人大网，http://www. npc. gov. cn/huiyi/ztbg/ncshbztxjs/2009 - 12/26/content ＿1532971. htm。

［28］赵殿国：《积极推进新型农村社会养老保险制度建设》，中国改革论坛网，http://www. chinareform. org. cn/forum/crf/69/speech/201008/t20100807 ＿39244. htm。

［29］付奉义：《关于推进新农保的几点建议》，中国社会保障网，

2010 年。

［30］韩永文：《湖南省确保新农保试点顺利推进》，《行政管理改革》2010 年第 9 期。

［31］米红：《我国新型农村社会养老保险制度推进的若干问题与对策建议》，《中共浙江省委党校学报》2009 年第 5 期。

12 新农保基金筹集与养老金
发放的参数分析与改进

12.1 问题的提出

2009 年 9 月，国务院《关于开展新型农村社会养老保险试点的指导意见》规定，农村居民养老金由基础养老金和个人账户养老金组成。其中，基础养老金标准为每人每月 55 元，中西部地区由中央财政全额补助；东部地区中央财政补助 50%，其余由地方财政补助。个人账户养老金由参保者个人缴费、集体补助和地方政府的缴费补贴组成，规定个人缴费为每人每年 100 元、200 元、300 元、400 元、500 元五个档次；集体补助由各地根据实际自行确定；地方政府的缴费补贴每人每年不低于 30 元；对年满 60 周岁的参保者发放个人账户养老金，月计发标准为个人账户全部储存额除以 139。

国务院《指导意见》颁布后，各省根据本地实际相继制定了实施细则，并陆续展开新农保试点工作。截至 2010 年底，全国有 838 个县（市、区、旗）和 4 个直辖市的大部分区县开展国家新农保试点，覆盖面达到 24%；加上 15 个省份的 316 个县自行开展的新农保试点，全国有 1.43 亿人参加新农保，4243.24 万年满 60 周岁的农村居民领取了新农保养老金。[①] 2011 年新农保试点范围将扩大到 40% 的县，并重点向民

----

① 数据来源于 2010 年 1 月 25 日《人力资源社会保障部介绍 2010 年就业等工作进展》。

族自治地区、贫困地区、陆地边境县、革命老区县倾斜。①

2010 年 6 月至 8 月，我们对陕西省陈仓区、商南县，河南省通许县、西峡县，江苏省高淳县、常熟市的国家级新农保试点县（区、市）进行了抽样调查，先后对 5032 户农村居民、197 名新农保经办机构工作人员进行了访谈式问卷调查，对 120 名县、乡（镇）、村级新农保管理干部进行了深度访谈。调查发现，基金筹集标准和养老金发放水平是新农保试点中两个至关重要的制度设计问题。

第一，试点县之间个人账户养老金基金的筹集标准、个人缴费档次差异很大，个人平均缴费金额偏低。陕西省陈仓区规定，参保者个人每年 100—1000 元八个缴费档次，97% 的被调查者选择的是 200 元缴费档次，平均缴费金额为 204.32 元。陕西省商南县、河南省通许县都规定参保者个人每年 100—500 元五个缴费档次，其中商南县 94.82% 的被调查者选择 100 元的缴费档次，平均缴费金额为 114.39 元；通许县 93.83% 的被调查者选择 100 元的缴费档次，平均缴费金额为 109.73 元。河南省西峡县规定参保者个人每年 100—2000 元九个缴费档次，41% 的被调查者选择的是 200 元的缴费档次，36% 的被调查者选择的是 100 元的缴费档次，平均缴费金额为 165.1 元。江苏省高淳县规定个人缴费比例为本县上年度农村居民人均纯收入的 4%，2010 年个人缴费标准为 384 元。江苏省常熟市规定纯农人员中以性别、年龄差异为依据，每人月缴费 60 元或 100 元，全年每人交费 720—1200 元不等；其他非纯农人员月缴费 150 元，全年每人交费 1800 元。

在我们调查的六个县（区、市）中，大多没有集体补助，只有个别村组对个人缴费给予一点补助：2010 年，陕西省陈仓区宝丰村，个人缴费每人每年 200 元，其中本人缴纳 150 元，村集体为每人补助 50 元；2009 年，千河镇冯家嘴村个人缴费每人每年 175 元，其中本人缴纳 130 元，村集体为每人补助 45 元。②

---

① 数据来源于 2010 年 12 月 31 日全国人力资源和社会保障工作会议《中国 1 亿农民参加新农保　明年试点范围将扩至 40% 县》。

② 数据来源于陕西省宝鸡市陈仓区人事和劳动保障局内部资料。

地方政府缴费补贴差异较大：河南省通许县、西峡县地方政府缴费补贴为参保者每人每年 30 元；陕西省陈仓区、商南县针对参保者个人缴费的多少给予差别补贴：个人缴费 200 元及以下、300 元、400 元、500 元的参保者每年地方政府补贴分别为 30 元、40 元、45 元、50 元，其中陈仓区对个人缴费高于 500 元的，也是补贴 50 元；江苏省常熟市地方政府缴费补贴为 60 元/年/人；江苏省高淳县地方政府缴费补贴为本县上年度农村居民人均纯收入的 4%。

理论界关于农村居民养老金基金筹集标准的研究很多。周莹[1]通过一般均衡分析，提出参保者个人按照农村居民人均纯收入的 5%缴纳保费，并计算出 2008 年参保者个人缴纳的金额为每月 19.7 元，即每年 236.4 元，政府对参保者个人每月补贴 11 元，即每年补贴 132 元。林源[2]依据 2007 年农村居民平均生活消费支出水平，推算出两种级差式缴费方案，即参保者 20 岁、30 岁、40 岁、50 岁分别投保时，低方案年缴费分别为 283 元、452 元、813 元、1951 元，高方案分别为 435 元、696 元、1251 元、3002 元。米红[3]计算出社会养老保险个人缴费能力的上限为可支配收入的 26.86%，社会养老保险的个人适度缴费率为可支配收入的 21.27%，并认为这一结论也适用于农村居民的养老保险缴费。

薛惠元等[4]还研究了农村居民养老金基金筹集标准的承受能力问题，指出 500 元/人/年的缴费标准占 2008 年人均纯收入 4760.6 元的 10.5%，对大多数农民来说偏高。米红、项洁雯[5]认为以人均纯收入 8%缴费，按照 1020.50 元/人/年发放基础养老金，利率年增长率 2.5%，到 2015 年我国农村养老保险财政补贴额为 937.62 亿元，2030 年财政补贴额为 5541.34 亿元，补贴总额在财政可承受范围之内。Cai Xia[6]指出，由于中国的农村人口数量众多，在支出刚性条件下，55 元/月/人的基础养老金只能升不能降，政府以后的财政压力将会比较大。

第二，在我们调查的六个县（区、市）中，基础养老金发放水平都高于《指导意见》规定的 55 元/人/月，但是各地的差异较大，与被调查者的期望值相去甚远。陕西省陈仓区基础养老金的发放标准：60—69 周岁、70—79 周岁、80—89 周岁、90 周岁以上者每人每月分别为 60 元、70 元、80 元、90 元，而被调查者期望的养老金待遇平均为每人每月 251.82 元。陕西省商南县基础养老金的发放标准：60—69 周岁、70—79 周岁、80 周岁以上者每人每月分别为 55 元、65 元和 75 元，而被调查者期望的养老金待遇平均为每人每月 289.72 元。河南省通许县、西峡县基础养老金的发放标准是每人每月 60 元，其中通许县被调查者期望的养老金待遇平均为每人每月 174.84 元，西峡县被调查者期望的养老金待遇平均是每人每月 225.27 元。江苏省高淳县基础养老金月领取标准按起领时当年月缴费基数 8% 的比例计发，累计缴费年限每增加 1 年，增加 0.3%，2010 年全县被调查者平均每人每月领取基础养老金 57 元，被调查者期望的养老金待遇平均是每人每月 416 元。江苏省常熟市规定，缴费年限不足 15 年的，每人每月领取基础养老金 100 元，缴费年限 15 年及以上的，每人每月领取基础养老金 120 元，被调查者期望的养老金待遇平均是每人每月 974.53 元。三省六县被调查者平均实际领取的养老金为每人每月 59.95 元，期望的养老金待遇是每人每月 394.5 元，后者是前者的 6.58 倍。

Ce Shen 和 John B. Williamson[7] 指出中国现行的新农保政策保障水平比较低，55 元/月不能满足农村居民的基本生活需求，很多家庭由于贫困无钱参加新农保，因此应实行非供款型的农村养老保险制度。郑宗培、田开[8] 计算出在 100 元缴费档次情况下，缴费 15 年、20 年、25 年、30 年，60 岁时个人账户月支付额分别为 18 元、26 元、34 元和 43 元；在 300 元的缴费档次情况下，缴费 15 年、20 年、25 年、30 年，60 岁时个人账户月支付额分别为 44 元、62 元、83 元和 106 元；在 500 元的缴费档次情况下，缴费 15 年、20 年、25 年、30 年，60 岁时个人账户月支付额分别为 70 元、99 元、131 元和 168 元。王朝才、吕旺实等[9] 将老人每月所需的米、面、油等折合成现金，以 2008 年的价格得出老人每人每月需 220 元左右。Zhang W. 等[10] 通过在宝鸡市的调研发现 55 元/月/人的基础养老金的保障水平太低了，并运用调查数据计算得出农村老人月消费近 200 元。华黎、郑小明[11]建议不再实行中央政府出口补、地方政府入口补，统一改为出口补，中央政府按全国农村居民人均纯收入的 15% 承担，地方政府按本地农民人均纯收入的 5% 承担，二者共同构成基础养老金，对于人多财政负担重的地区实行专项转移支付。张惠英[12]建议应当在国家规定的基础养老金的基础上建立补充基础养老金，以提高缴费时间长、缴费多的参保者的养老保障水平，增强参保者的积极性。

新农保个人账户基金筹集标准的高低，决定着参保者未来养老金的领取水平，受到当前农村居民收入水平、村集体经济发展水平、地方政府财政收入水平的制约，也取决于参保者个人、各级地方政府领导和农村基层组织对农村居民养老问题的认知程度。基础养老金的发放水平直接关系到农村老年居民当下基本生活的保障程度，取决于制度规定，受到中央财政、东部地区财政支付能力的约束。本章通过对《指导意见》、三省六县试点实践、理论界探索等涉及的新农保基金筹集与养老金发放的主要参数进行梳理，运用世代交叠模型、抽样调查资料和公开统计数据，构建了在农村经济、社会、人口等约束条件下，反映农村居民基本生活需求的新农保基金筹集与养老金发放主要参数测算的数学模型。应用模型修正、改进了新农保基金筹集与养老金发放的各项主要参数。

12.2　主要参数

农村居民参加新农保的缴费期和领取期分别与新农保基金筹集和养老金发放相关。新农保基金来自个人缴费、集体补助和政府补贴；养老金发放由基础养老金和个人账户养老金组成，基础养老金由政府全额支付，个人账户养老金的计发标准是个人账户全部储存额除以计发月数。新农保基金筹集和养老金发放关系如图 12 - 1 所示。

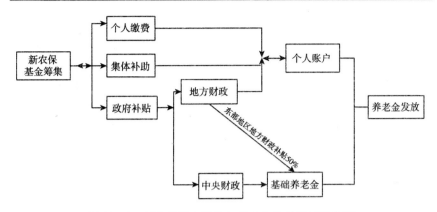

图 12 - 1　新农保基金筹集与养老金发放关系示意图

根据《指导意见》，新农保个人账户基金筹集的主要参数包括缴费标准、缴费年限、个人账户记账利率等；养老金发放的主要参数包括月除数、领取养老金的年龄、基础养老金标准等。参考有关学者的研究[13]，根据研究需要，我们梳理出新农保基金筹集与养老金发放的主要参数（参见表 12 -1）。

表 12 - 1　新农保基金筹集与养老金发放的主要参数

分类	参数	符号	现行参数值	数据来源
基金筹集①	参保年龄	a	年满 16 周岁	调研数据
	参保年限	h	15 年	调研数据
	利率	r	一年期存款利率	统计资料
	年个人缴费额	GR	100—500 元五个档次	调研数据 + 模型测算
	年集体补助额	JT	有条件的村集体应当给予缴费补助	调研数据 + 模型测算

---

　① 根据《指导意见》，政府补贴分为两部分，一部分用于个人缴费补贴，另一部分用于发放基础养老金，本章在构建数学模型时，将用于个人缴费补贴部分归为基金筹集类参数，将用于发放基础养老金部分归为养老金发放参数。

分类	参数	符号	现行参数值	数据来源
基金筹集	年政府补贴额	ZF	不低于 30 元/人/年，选择较高档次可适当鼓励	调研数据 + 模型测算
养老金发放	开始领取养老金的年龄	b	60 周岁	调研数据
	基础养老金调整系数	m	根据经济发展和物价变动等，适时调整	统计资料
	基础养老金发放金额	JC	55 元/人/月，地方政府可适当提高标准	调研数据 + 模型测算
	计发月数	n	139	统计资料

根据图 12 – 1，可得：

$$I = \sum_{i=a}^{a+h} GR_i(1+r)^{b-i} + \sum_{i=a}^{a+h} JT_i(1+r)^{b-i} + \sum_{i=a}^{a+h} ZF_i(1+r)^{b-i}$$

$$(12-1)$$

$$Q = JC + \frac{\sum_{i=a}^{a+h} GR_i(1+r)^{b-i} + \sum_{i=a}^{a+h} JT_i(1+r)^{b-i} + \sum_{i=a}^{a+h} ZF_i(1+r)^{b-i}}{n}$$

$$(12-2)$$

其中：I——个人账户累积额；

Q——养老金月领取额。

12.3　模型构建

12.3.1　模型原理

改进新农保基金筹集与养老金发放主要参数的目的是，形成新农保基金筹集、养老金发放与经济发展水平、农村居民基本生活需求的联动机制。构建新农保基金筹集和养老金发放主要参数模型的目标是，尽可能使新农保养老金最大程度地满足农村居民的基本生活需求。农村居民基本生活需求是指在既定的经济、社会发展水平下，受多种因素影响的，满足人们生存和发展需要（包括食品、衣着、住房、家庭日常用品、杂项商品与服务、医疗、教育、交通通信等）的商品或劳务价格总量[14]。基本生活需求是同时期消费水平的函数[15]-[17]。消费水平是以某一消费者及其家庭在某一时期所获得的消费对象的数量与质量的价格总量体现的[18]。

农村居民参加新农保的缴费期和领取期分别与新农保基金筹集和养老金发放相关。缴费期是指农村居民从缴纳养老保险保费起到领取养老金所经历的时间。领取期是指参保的农村居民从领取养老金开始到不再领取养老金为止所经历的时间。在缴费期，适龄农村居民为应对未来养老的风险，参加新农保的个人缴费（含一定数额的政府补贴、集体补助）并进行自我储蓄；在领取期，适龄农村居民通过领取基础养老金、个人账户养老金并使用自我储蓄，以满足年老时的基本生活需求。农村居民基本生活需求的变动引发新农保基金筹集水平和养老金发放水平的相应变化。新农保基金筹集和养老金发放是以农村居民基本生活需求为连接纽带的。本章以农村居民基本生活需求为目标函数，以当下经济发展水平、人口数量和结构为约束条件，以新农保基金筹集标准为自变量，构建新农保基金筹集主要参数的测算模型；以调查获取的人均纯收入为自变量，农村居民基本生活需求为因变量，运用扩展线性支出方法，构建了养老金发放主要参数的测算模型，计算出基础养老金的发放标准。

12.3.2 基本假设

（1）以《指导意见》为依据，保持新农保现行制度框架不变。

（2）不存在集体补助之外的经济组织、公益组织、个人对参保者缴费的资助。

（3）为了与人口统计时点相一致，保费缴纳和个人账户基金利息支付时间设定为年末。

（4）不考虑参保农村居民退保、关系转续问题。

（5）满足农村老年人基本生活需求的资金来源是养老金和自我储蓄，农村老年人的财产性收入、儿女赡养费等主要用于满足超额需求。

12.3.3 模型推导

设 W_i——i 岁农村居民人均纯收入；

s——农村居民的年储蓄率；

R——新农保个人账户年入帐额；

g_{y1}——个人因素①引起的年纯收入的增长率；

g_{y2}——社会因素②引起的年纯收入的增长率；

g_{y1}'——个人因素引起的筹集标准的增长率；

g_{y2}'——社会因素引起的筹集标准的增长率；

L——分年龄的农村人口数；

e_b——b 岁人口的平均余命；

ω——极限年龄；

q——农村分年龄人口的死亡率；

F_1——参保者个人缴费期和领取期总的基本生活需求；

F_2——基期缴费期和领取期所有农村居民的基本生活需求。

1. 新农保基金筹集主要参数模型构建

2010 年底，我国新农保制度覆盖了 1.02 亿农村居民，约占全国农村居民总数的 14.25%；由于新农保制度覆盖率还比较小，在使用农村居民人均纯收入数据时，假设并未扣除参加新农保的保费。因此，参保者个人在缴费期的总消费额 $C_{p,1}$ 为人均纯收入扣除自我储蓄和缴纳新农保保费后剩余部分，即：

---

① 个人因素是指劳动年龄增加和劳动熟练程度提高等影响纯收入增长的因素。

② 社会因素是指社会经济发展和通货膨胀等影响纯收入增长的因素。

$$C_{p,1} = \sum_{i=a}^{a+h} \left[(1-s)W_{i,t+i-a}(1+r)^{a-i} - R_{i,i-a}(1+r)^{a-i} \right]$$

$$= \sum_{i=a}^{a+h} \left[(1-s)W_{a,0}(1+g_{y1})^{i-a}(1+g_{y2})^{t+i-a}(1+r)^{a-i} \right.$$

$$\left. - R(1+g_{y1}')^{i-a}(1+g_{y2}')^{t+i-a}(1+r)^{a-i} \right] \qquad (12-3)$$

参保者个人在养老金领取期的资金来源，一是缴费期缴纳的保费，二是缴费期的自我储蓄积累。由此，参保者个人在养老金领取期的总消费额 $C_{p,2}$ 为：

$$C_{p,2} = \sum_{i=a}^{a+h} sW_{i,t+i-a}(1+r)^{a-i} + \sum_{j=b}^{e_b+b} \frac{\sum_{i=a}^{a+h} R_{i,t+i-a}(1+r)^{b-i}}{n} 12(1+m)^{j-b}(1+r)^{a-j}$$

$$= \sum_{i=a}^{a+h} sW_{a,0}(1+g_{y1})^{i-a}(1+g_{y2})^{t+i-a}(1+r)^{a-i}$$

$$+ \sum_{j=b}^{e_b+b} \frac{\sum_{i=a}^{a+h} R(1+g_{y1}')^{i-a}(1+g_{y2}')^{t+i-a}(1+r)^{b-i}}{n} 12(1+m)^{j-b}(1+r)^{a-j}$$

$$(12-4)$$

由式 (12-3)、式 (12-4) 可得：

$$F_1 = F(C_{p,1}) + F(C_{p,2})$$

$$= F\left(\sum_{i=a}^{a+h} \left[(1-s)W_{a,0}(1+g_{y1})^{i-a}(1+g_{y2})^{t+i-a}(1+r)^{a-i} \right.\right.$$

$$\left. - R(1+g_{y1}')^{i-a}(1+g_{y2}')^{t+i-a}(1+r)^{a-i} \right])$$

$$+ F\left(\sum_{i=a}^{a+h} sW_{a,0}(1+g_{y1})^{i-a}(1+g_{y2})^{t+i-a}(1+r)^{a-i} \right.$$

$$+ \sum_{j=b}^{e_b+b} \frac{\sum_{i=a}^{a+h} R(1+g_{y1}')^{i-a}(1+g_{y2}')^{t+i-a}(1+r)^{b-i}}{n} 12(1+m)^{j-b}(1+r)^{a-j})$$

$$(12-5)$$

当前缴费一代的总消费额 $C_{s,1}$ 为收入扣除自我储蓄部分和缴纳的养老保险保费部分，即：

$$C_{s,1} = \sum_{i=a}^{b-1} \left[(1-s)W_{i,t}L(i+1,t) - R_{i,t}L(i+1,t) \right]$$

$$= \sum_{i=a}^{b-1} \left[(1-s)W_{a,t}(1+g_{y1})^{i-a}L(i+1,t) - R(1+g_{y1}')^{i-a}L(i+1,t) \right]$$

$$(12-6)$$

基期领取养老金的一代人的收入来源包括缴费期的自我储蓄和领取的养老金两部分。对于领取养老金时间超过规定的计发月数的农村居民，养老金发放标准为：

$$Q = \frac{\sum_{i=a}^{a+h} R_{i,t+i-a}(1+r)^{b-i}}{n} = \frac{\sum_{i=a}^{a+h} R(1+g_{y1}')^{i-a}(1+g_{y2}')^{t+i-a}(1+r)^{b-i}}{n}$$

$$(12-7)$$

对于在计发月数期限内，达到养老金领取年龄后 j 岁死亡的参保者，养老金返还额为：

$$(n-12(j-b)) \frac{\sum_{i=a}^{a+h} R(1+g_{y1}')^{i-a}(1+g_{y2}')^{t+i-a}(1+r)^{b-i}}{n}$$

$$(12-8)$$

由式（12-7）、式（12-8）得：

$$C_{s,2} = \sum_{j=b}^{w} \sum_{i=a}^{a+h} sW_{i,t-(b-i)}(1+r)^{b-i}L(j+1,t)\frac{w-j}{w-b}$$

$$+ \sum_{j=b}^{w} \frac{\sum_{i=a}^{a+h} R_{i,t-(b-i)}(1+r)^{b-i}}{n} 12(1+m)^{j-b}L(j+1,t)\frac{w-j}{w-b}$$

$$+ \sum_{j=b}^{b+e_b}(n-12(j-b)) \frac{\sum_{i=a}^{a+h} R_{i,t-(b-i)}(1+r)^{b-i}}{n}(1+m)^{j-b}L(j+1,t-1)$$

$$q(j)\frac{b+e_b-j}{e_b}$$

$$= \sum_{j=b}^{w} \sum_{i=a}^{a+h} \frac{sW_{a,0}(1+g_{y1})^{i-a}(1+g_{y2})^{t+i-a}}{(1+g_{y2})^{b-a}}(1+r)^{b-i}$$

$$L(j+1,t)\frac{w-j}{w-b} + \sum_{j=b}^{w} \frac{\sum_{i=a}^{a+h} R(1+g_{y1}')^{i-a}(1+g_{y2}')^{t+i-a}(1+r)^{b-i}}{(1+g_{y2}')^{b-a}n}$$

$$12(1+m)^{j-b}L(j+1,t)\frac{w-j}{w-b} + \sum_{j=b}^{b+e_b}(n-12(j-b))$$

$$\frac{\sum_{i=a}^{a+h}R(1+g_{y1}')^{i-a}(1+g_{y2}')^{t+i-a}(1+r)^{b-i}}{(1+g_{y2}')^{b-a}n}(1+m)^{j-b}L(j+1,t-1)$$

$$q(j)\frac{b+e_b-j}{e_b} \tag{12-9}$$

由式（12 - 6）、式（12 - 9）可知，当前领取养老金的一代和缴费一代的总的基本生活需求 F_2 为：

$$F_2 = F(C_{s,1}) + F(C_{s,2})$$

$$= F\left(\sum_{i=a}^{b-1}[(1-s)W_{a,t}(1+g_{y1})^{i-a}L(i+1,t) - R(1+g_{y1}')^{i-a}L(i+1,t)]\right)$$

$$+ F\left(\begin{array}{l}\sum_{j=b}^{w}\sum_{i=a}^{a+h}\dfrac{sW_{a,0}(1+g_{y1})^{i-a}(1+g_{y2})^{t+i-a}}{(1+g_{y2})^{b-a}}(1+r)^{b-i}L(j+1,t)\dfrac{w-j}{w-b}\\[3mm] +\sum_{j=b}^{w}\dfrac{\sum_{i=a}^{a+h}R(1+g_{y1}')^{i-a}(1+g_{y2}')^{t+i-a}(1+r)^{b-i}}{(1+g_{y2}')^{b-a}n}12(1+m)^{j-b}\\[3mm] L(j+1,t)\dfrac{w-j}{w-b} + \sum_{j=b}^{b+e_b}(n-12(j-b))\\[3mm] \dfrac{\sum_{i=a}^{a+h}R(1+g_{y1}')^{i-a}(1+g_{y2}')^{t+i-a}(1+r)^{b-i}}{(1+g_{y2}')^{b-a}n}(1+m)^{j-b}L(j+1,t-1)\\[3mm] q(j)\dfrac{b+e_b-j}{e_b}\end{array}\right)$$

$$\tag{12-10}$$

构建动态均衡模型：

$$\begin{cases}Max(F_1) = Max(F(C_{p,1}) + F(C_{p,2}))\\ Max(F_2) = Max(F(C_{s,1}) + F(C_{s,2}))\end{cases} \tag{12-11}$$

根据学者的研究，基本生活需求可以用该时期消费对象的价格总量的对数形式来表示[19-20]。求公式（12 - 11）最优化解，得当期个人账

户应入账额 R^*：

$$R^* = \frac{H_5 H_6 H_1 - H_1 H_4 H_7}{(H_2 + H_3)(H_5 H_6 + H_4 H_7) - 4H_1 H_5 H_7} \qquad (12-12)$$

其中：

$$H_1 = \sum_{i=a}^{a+h} W_{a,0}(1+g_{y1})^{i-a}(1+g_{y2})^{t+i-a}(1+r)^{a-i} \qquad (12-13)$$

$$H_2 = \sum_{i=a}^{a+h} (1+g_{y1}')^{i-a}(1+g_{y2}')^{t+i-a}(1+r)^{a-i} \qquad (12-14)$$

$$H_3 = \sum_{j=b}^{e_b+b} \frac{\sum_{i=a}^{a+h}(1+g_{y1}')^{i-a}(1+g_{y2}')^{t+i-a}(1+r)^{b-i}}{n} - 12(1+m)^{j-b}(1+r)^{a-j}$$
$$(12-15)$$

$$H_4 = \sum_{i=a}^{b} W_{a,0}(1+g_{y1})^{i-a}(1+g_{y2})^{t-1}L(i+1,t) \qquad (12-16)$$

$$H_5 = \sum_{i=a}^{b-1} (1+g_{y1}')^{i-a}(1+g_{y2}')^{t-1}L(i+1,t) \qquad (12-17)$$

$$H_6 = \sum_{j=b}^{b+e_b}\sum_{i=a}^{a+h} \frac{W_{a,0}(1+g_{y1})^{i-a}(1+g_{y2})^{t+i-a}}{(1+g_{y2})^{b-a}}(1+r)^{b-i}L(j+1,t)\frac{w-j}{w-b}$$
$$(12-18)$$

$$H_7 = \sum_{j=b}^{w} \frac{\sum_{i=a}^{a+h}(1+g_{y1}')^{i-a}(1+g_{y2}')^{t+i-a}(1+r)^{b-i}}{(1+g_{y2}')^{b-a}n} - 12(1+m)^{j-b}$$

$$L(j+1,t)\frac{w-j}{w-b} + \sum_{j=b}^{b+e_b}(n-12(j-b))$$

$$\frac{\sum_{i=a}^{a+h}(1+g_{y1}')^{i-a}(1+g_{y2}')^{t+i-a}(1+r)^{b-i}}{(1+g_{y2}')^{b-a}n} - (1+m)^{j-b}L(j+1,t-1)$$

$$q(j)\frac{b+e_b-j}{e_b} \qquad (12-19)$$

2. 养老金发放主要参数模型构建

根据新农保基金筹集主要参数的测算模型，计算出养老金的发放标准：

$$Q^* = \frac{\sum_{i=a}^{a+h} \dfrac{H_5 H_6 H_1 - H_1 H_4 H_7}{(H_2 + H_3)(H_5 H_6 + H_4 H_7) - 4H_1 H_5 H_7}(1 + g_{y1}')^{i-a}(1 + g_{y2}')^{t+i-a}(1 + r)^{b-i}}{n}$$

$$(12 - 20)$$

借鉴扩展线性支出系统方法[21]，运用式（12 - 12）—式（12 - 19）处理调查数据，建立基础养老金的测算模型：

$$C_t = C_t' + b_t(I_t - C_t') + \varepsilon \quad (0 \leq b_t < 1) \qquad (12 - 21)$$

其中：C_t——t 年农村居民的消费支出；

C_t'——t 年农村居民基本消费支出；

b_t——t 年农村居民的边际消费倾向；

I_t——t 年农村居民可支配收入；

$b_t(I_t - C_t')$——t 年农村居民的超额消费支出；

ε—— 随机误差项。

令 $C_t' - b_t C_t' = a_t$，则有：

$$C_t = a_t + b_t I_t + \varepsilon \qquad (12 - 22)$$

式（12 - 22）中，C_t 可由居民 t 年基础养老金加个人账户发放标准的总和表示，居民可支配收入 I_t 来自三省六县的调查数据，依据人均纯收入进行排序，将调查人口数平分为五组，并分别计算各组的人均纯收入，从而拟合出 a_t 与 b_t，则基础养老金 JC 为：

$$JC = C_t' = a_t / (1 - b_t) \qquad (12 - 23)$$

12.4 模型应用

12.4.1 参数设定

（1）目标区间。《指导意见》设计了 2009—2020 年我国新农保制度的建设进程，即 "2009 年试点覆盖面为全国 10% 的县（市、区、旗），以后逐步扩大试点，在全国普遍实施，2020 年之前基本实现对农村适龄居民的全覆盖"。我们将目标区间设定为 2010—2020 年。

（2）开始缴费年龄 a。调查数据显示，农村居民参加新农保的年龄在 25 周岁左右，25 周岁以下参保农村居民仅占 1.93%，因此我们设 $a = 25$。

（3）开始领取养老金年龄 b。《指导意见》指出"年满 60 周岁、未享受城镇职工基本养老保险待遇的农村有户籍的老年人，可以按月领取养老金。"因此设 $b = 60$。

（4）计发月数 n。根据 2000 年全国农村分性别分年龄人口生命表，可得平均余命 $e_b = e_{60} = \frac{1}{l_{60}}(l_{61} + l_{62} + \cdots + l_{89}) + \frac{1}{2} = 12.79$。对计发月数取整数，即 $n = 12.79 \times 12 \approx 153$。

（5）一年期存款利率 r。《指导意见》指出"个人账户储存额目前每年参考中国人民银行公布的金融机构人民币一年期存款利率计息"，因此取 1999—2010 年人民币一年期定期存款利率平均值，即 $r = 0.0243$。

（6）个人因素、社会因素引起的农村居民人均纯收入的年调整率 g_{y1} 和 g_{y2}。1996—2010 年农村居民人均纯收入的年均增长率为 7.95%，因此我们将农村居民的人均纯收入的年增长率定为 7.95%，并在目标区间内保持不变。参考学者研究[22][23]，$g_{y1}' = g_{y1} = 1\%$，$g_{y2}' = g_{y2} = 6.87\%$。

（7）2010 年 a 岁农村居民人均纯收入 $W_{a,0}$。2010 年我国农村居民人均纯收入为 5919 元，参照张思锋等的研究，个人因素引起的年平均工资增长率为 1%，则 25 周岁的农村居民人均纯收入相当于当年农村居民人均纯收入的 65% × （1 + 1%）^4 = 67.6%，由此可得 $W_{a,0} = 4001.24$。

（8）养老金年调整率 m。我国新农保养老金待遇的历史数据缺乏，我们参考 2000—2009 年城镇退休职工人均养老金标准的调整率，设 $m = 9.75\%$。

（9）缴费年限 h。《指导意见》将 15 年作为 45 周岁以下农村居民参加新农保的最低缴费年限，因此设 $h = 15$ 年。

（10）个人、政府、集体筹资比例。调查数据显示，农村居民期望养老金为 394.5 元/月，以此为标准，基期缴费额应为 89.11 元/月，而农村居民期望缴费额为 62.64 元/月，两者之比约为 10∶7，参考李强[24]、米红[25]等的研究，结合实地调研中集体经济对新农保缴费支持力度较弱的现状，我们认为个人、政府、集体比较合理的筹资比例为 70%∶25%∶5%。

（11）人口数据。人口数据来源于 2000 年全国人口普查数据中的"全国农村分性别、分年龄人口数"。

12.4.2 测算结果

1. 基金筹集参数

将参数设定的结果带入式（12 - 12）—式（12 - 19），计算得到基金筹集标准；把农村居民按照人均收入平均分为五组，借鉴扩展线性支出方法的思想，根据式（12 - 13）—式（12 - 19）、式（12 - 22）、式（12 - 23），计算得到基础养老金发放标准；从基金筹集标准中扣除基础养老金视同缴费部分，得到个人、政府、集体三方的基金筹集标准。

根据式（12 - 12）—式（12 - 19）和参数设定结果，计算得到表12 - 2。

表 12 - 2　新农保个人账户基金筹集标准

单位：元/年

时间	个人缴费					政府补贴 + 集体补助				
	档次一	档次二	档次三	档次四	档次五	档次一	档次二	档次三	档次四	档次五
2010	112.94	250.97	559.33	1077.37	2506.77	40.34 + 8.08	89.63 + 17.93	199.76 + 39.95	384.78 + 76.96	895.28 + 179.06
2011	121.91	270.95	603.85	1163.12	2706.29	43.54 + 8.71	96.77 + 19.35	215.66 + 43.13	415.40 + 83.08	966.53 + 193.31
2012	131.61	292.48	651.83	1255.54	2921.31	47.00 + 9.40	104.46 + 20.89	232.80 + 46.56	448.41 + 89.68	1043.33 + 208.67

时间	个人缴费					政府补贴 + 集体补助				
	档次一	档次二	档次三	档次四	档次五	档次一	档次二	档次三	档次四	档次五
2013	142.06	315.75	703.70	1355.46	3153.82	50.74 +10.15	112.77 +22.55	251.32 +50.26	484.09 +96.82	1126.36 +225.27
2014	153.34	340.90	759.74	1463.41	3404.98	54.77 +10.95	121.75 +24.35	271.34 +54.27	522.64 +104.53	1216.06 +243.21
2015	165.50	368.09	820.35	1580.14	3676.59	59.11 +11.82	131.46 +26.29	292.98 +58.60	564.34 +112.87	1313.07 +262.61
2016	178.61	397.49	885.86	1706.33	3970.20	63.79 +12.76	141.96 +28.39	316.38 +63.28	609.40 +121.88	1417.93 +283.59
2017	192.77	429.21	956.56	1842.52	4287.08	68.85 +13.77	153.29 +30.66	341.63 +68.33	658.04 +131.61	1531.10 +306.22
2018	208.05	463.47	1032.91	1989.58	4629.24	74.30 +14.86	165.53 +33.11	368.90 +73.78	710.56 +142.11	1653.30 +330.66
2019	224.50	500.59	1115.63	2148.91	4999.97	80.18 +16.04	178.78 +35.76	398.44 +79.69	767.47 +153.49	1785.70 +357.14
2020	242.32	540.45	1204.47	2320.04	5398.14	86.54 +17.31	193.02 +38.60	430.17 +86.03	828.58 +165.72	1927.91 +385.58

表 12 - 2 中新农保个人账户基金筹集标准逐年略有增加。个人缴费部分的五个档次由农村居民自由选择，政府补贴和集体补助部分应该与个人缴费档次一一对应。《指导意见》规定，新农保基金来自个人缴费、政府补贴和集体补助。在调研中我们发现，新农保试点县（区、市）中多数村的集体经济比较薄弱，没有集体补助。为了保障农村老年居民的基本生活需求，表 12 - 2 中"政府补贴 + 集体补助"应该全部为政府补贴。

2. 养老金发放参数

根据式（12 - 13）—式（12 - 19）、式（12 - 22）、式（12 - 23），得到 2010—2020 年基础养老金的发放标准，如表 12 - 3 所示。

表 12 - 3 2010—2020 年基础养老金发放标准

时间	基础养老金标准（元/月）	年领取基础养老金的总额（元/年）
2010	84.19	1010.28
2011	92.40	1108.78
2012	101.41	1216.89
2013	111.29	1335.54
2014	122.15	1465.75
2015	134.06	1608.66
2016	147.13	1765.51
2017	161.47	1937.64
2018	177.21	2126.56
2019	194.49	2333.90
2020	213.45	2561.46

表 12 - 3 中，基础养老金的发放标准从 2010 年的 84.19 元/人/月，逐年递增，到 2020 年为 213.45 元/人/月，高于《指导意见》规定的 55 元/人/月的标准。

根据表 12 - 2 中个人缴费部分的五个档次，在 2010—2020 年期间达到领取年龄的 60 周岁农村居民，假设已经缴足 15 年个人账户基金，其每月领取的基础养老金和个人账户养老金总额如表 12 - 4 所示。

表 12 - 4 2010—2020 年年满 60 周岁的农村居民月领取养老金总额

单位：元/月

时间	标准一	标准二	标准三	标准四	标准五
2010	103	126	177.36	263.66	501.77
2011	112.71	137.54	192.99	286.15	543.22
2012	123.33	150.13	209.99	310.56	588.05
2013	134.95	163.89	228.51	337.08	636.66
2014	147.69	178.94	248.71	365.93	689.36

时间	标准一	标准二	标准三	标准四	标准五
2015	161.63	195.38	270.71	397.28	746.51
2016	176.88	213.34	294.7	431.37	808.49
2017	193.58	232.97	320.81	468.4	875.62
2018	211.87	254.42	349.27	508.64	948.35
2019	231.89	277.88	380.33	552.46	1027.4
2020	253.82	303.48	414.09	599.93	1112.7

表 12 – 4 中，2010—2020 年，年满 60 周岁的农村居民月领取养老金总额的年递增速度为 9.44%。按照档次一缴足 15 年个人账户基金，2010 年年满 60 周岁的农村老年居民，月领取养老金 103 元；按照档次五缴足 15 年个人账户基金，2010 年年满 60 周岁的农村老年居民，月领取养老金 501.77 元。按照档次一缴足 15 年个人账户基金，2020 年年满 60 周岁的农村老年居民，月领取养老金 253.82 元；按照档次五缴足 15 年个人账户基金，2020 年年满 60 周岁的农村老年居民，月领取养老金 1112.7 元。按此标准，可以保障农村老年居民的基本生活需求。

12.5　结论与建议

基金筹集标准和养老金发放水平是新农保试点中两个至关重要的制度设计问题。本章通过对《指导意见》的分析解读，得出新农保基金筹集和养老金发放的主要参数；运用世代交叠模型，构建了新农保基金筹集与养老金发放参数测算的数学模型；应用模型对农村经济、社会、人口等约束条件下，新农保基金筹集与养老金发放参数进行了测算。研究结果表明，新农保个人账户基金筹集标准和基础养老金的发放标准都应当逐年递增。2010—2020 年，满 60 周岁的农村居民月领取养老金总额的年递增速度为 9.44%。按照五个缴费档次之一，缴足 15 年个人账户基金，2011 年满 60 周岁的农村老年居民，月领取养老金最低为112.71 元，最高为 543.22 元；2020 年满 60 周岁的农村老年居民，月领取养老金最低为 253.82 元，最高为 1112.7 元。按此标准，可以保障农村老年居民的基本生活需求。根据上述结论，建议：

第一，新农保的个人账户基金筹集标准应适当提高。

可以在两个调整方案中选择其一：一是个人缴费、政府补贴、集体补助的各自标准按照表 12 - 2 的测算结果每年调整。为了缴交方便，可适当取整处理。二是个人缴费、政府补贴、集体补助的各自标准每三年调整一次，取表 12 - 2 中每三年的均值。

第二，提高基础养老金的发放标准。

2011 年，满足农村居民最低生活需求的基础养老金标准是 91.40元/人/月，随着经济发展和物价水平变动，到 2020 年，基础养老金标准为 213.45 元/人/月。对应于个人账户基金筹集标准的两个调整方案，采取每年递增方案时，基础养老金发放标准按照表 12 - 3 的测算结果逐年调整；或者采取三年调整一次的方案时，基础养老金发放标准取表 12 - 3 中每三年的均值。

参考文献

［1］周莹：《新型农村社会养老保险中基本养老金仿真学精算模型》，《上海经济研究》2009 年第 7 期。

［2］林源：《我国农村养老模式选择的探讨——基于农民社会养老保险缴费能力的实证分析》，《怀化学院学报》2010 年第 6 期。

［3］米红、余蒙：《中国城镇社会养老保险个人缴费能力测定的模型创新》，《统计与决策》2010 年第 11 期。

［4］薛惠元、张德明：《新型农村社会养老保险筹资机制探析》，《现代经济探讨》2010 年第 2 期。

［5］米红、项洁雯：《"有限财政"下的农保制度及仿真研究》，

《中国社会保障》2008 年第 10 期。

[6] Cai Xia, Deng Da Song, "Some Questions about the New Rural Endowment Insurance System Science", *Engineering Design and Manufacturing Informatization* (ICSEM), 2010 International Conference, 2010 (14): 136-140.

[7] Ce Shen, John B. Williamson, "China's New Rural Pension Scheme: Can it be Improved?" *International Journal of Sociology and Social Policy*, 2010(5): 239-250.

[8] 郑宗培、田开:《新型农村养老保险保障水平测算》,《金融财会》2009 年第 12 期。

[9] 王朝才、吕旺实、龚金保等:《公共财政体制下我国农村养老保险制度研究》,《经济研究参考》2010 年第 4 期。

[10] Zhang, W. and T, Dan. , "The New Rural Social Pension Insurance Programme of Baoji City", Occasional Paper, 2010-8-10.

[11] 华黎、郑小明:《完善新型农村社会养老保险财政资金供给的思路与对策》,《求实》2010 年第 10 期。

[12] 张惠英:《建立补充基础养老金提高新农保保障水平》,《企业家天地 (理论版)》2010 年第 8 期。

[13] 方锐帆:《新型农村养老保险政策推进仿真与基金风险评估》,浙江大学硕士学位论文,2009 年。

[14] 张思锋、雍岚、封铁英:《社会保障精算理论与应用》,人民出版社 2006 年版。

[15] Peter A. Diamond, "National Debt in a Neoclassical Growth Model", *The American Economic Review*, 1965, 55(5): 1126-1150.

[16] Feldstein, M. , "The Optimal Level of Social Security Benefits", *The Quarterly Journal of Economics*, 1985(100): 303-320.

[17] Niels Blomgren-Hansen, "A Three-period Samuelson-Diamond Growth Model", Working Papers, 2005(15): 1-9.

[18] 高清平:《基于市场吸引力模型的客流分担率研究》, The 3rd

International Conference on Power Electronics and Intelligent Transportation System, *Institute of Electrical and Electronics Engineers*, 2010 年第 6 期。

［19］ Estelle James, "New Models for Old-Age Security: Experiments, Evidence, and Unanswered Questions", *The World Bank Research Observer*, 1988(2):271-301.

［20］ Lawrence Zelenak, Francis A. Walker, "Taxing Endowment", *Duck Law Journal*, 2006(55):1145-1179.

［21］ Constantino Lluch, "The Extended Linear Expenditure System", *European Economic Review*, 1973(1):21-32.

［22］ 周渭兵:《社会养老保险精算理论、方法及其应用》,北京经济管理出版社 2004 年版。

［23］ 王晓军:《对我国养老保险制度财务可持续性的分析》,《市场与人口分析》2002 年第 3 期。

［24］ 李强:《农村社会养老保险制度建设中的政府行为研究》,山东农业大学硕士学位论文,2008 年。

［25］ 米红、王鹏:《新农保制度模式与财政投入实证研究》,《中国社会保障》2010 年第 6 期。

13 新型农村社会养老保险
基金保值增值研究

13.1 引 言

新农保基金保值增值问题是新型农村社会养老保险制度试点能否在全国大范围成功推广，以及新农保体系能否可持续发展的重要问题。2009 年 9 月 4 日国务院发布的《关于开展新型农村社会养老保险试点的指导意见》规定，新农保基金由个人缴费、集体补助、政府补贴构成，其中个人缴费、集体补助和政府入口补贴计入个人账户；政府的出口补贴不计入个人账户，作为基础养老金直接发放给参保者。因此，新农保基金的保值增值是指个人账户基金的保值增值。截至 2010 年 6 月底，全国 320 个试点县和 4 个直辖市，已有 5965. 47 万人参加新农保，参保率超过 70%①，基金积累 216. 25 亿元[1]。2010 年我国通货膨胀率 3. 3%，一年期银行利率 2. 5%，仅此一项，新农保基金一年就贬值 1. 73 亿。在通货膨胀预期没有根本转变的情况下，随着新农保制度覆盖面的不断扩大和时间的延伸，新农保个人账户基金的积累额将迅速增加，基金的贬值风险预期也随之增加。梁春贤指出，"在一个动态的经济环境下，不可避免的通货膨胀、物价上涨使逐年积累起来的养老保险

---

① 在本次调研的三省六县（江苏常熟市、高淳县，河南西峡县、通许县、陕西宝鸡陈仓区、商南县），参保率平均为 86. 75%。

基金面临贬值的风险。"[2]2010年1月25日，人保部新闻发言人尹成基说，"目前正在研究制定社会保险基金特别是养老保险基金的投资运营办法，今年还将研究城镇企业职工养老保险和新农保基金投资运营办法，基金投资运营办法、投资运营的渠道、途径和方式都需要进行认真研究，确保基金安全和保值增值。"[3]

当前，制约养老保险基金保值增值的主要原因是，基金管理层次低[4]、基金投资无章可循[5-6]、基金投资政策限制[7]、基金监管力度弱[8-9]。刘正桂、王海兰、林立等认为，养老保险基金监管的法律制度不健全、手段单调、透明度低，也是导致养老保险基金保值增值困难的原因[10-12]。邓大松、薛惠元、王信、李珍、孙永勇、麦克·凯伦、程杭生等[13-16]提出，养老保险基金以组合方式参与资本市场投资运营是实现保值增值的有效途径；在投资工具上，银行存款、股票、债券等都可以成为养老保险基金的投资选择。张泉、涂永波认为，在现有通货膨胀水平下，单靠银行存款、购买国债，很难实现养老保险基金的保值增值，可以通过明晰账户资产权益、确认基金管理的法律关系，引入第三方商业管理机构，增加养老保险基金保值增值的途径[17]。米红、张晓莉建议，建立国家新农保基金理事会、组建基金政策银行[18-19]，运营新农保基金，实现基金的保值增值。

在我们检索的文献中，尚未发现结合新农保制度的建设进程，深入分析新农保个人账户基金保值增值具体问题和解决方案的研究。本章依据三省六县调查资料，构建了新农保基金贬值风险预测模型，分析了我国新农保基金收支规模及风险预期，认为在不具备新农保基金投资运营的条件下，首先应当充分利用现有基金管理政策，减少新农保个人账户基金的资产缩水。同时，逐步提高新农保个人账户基金的管理层次，放松新农保个人账户基金的投资政策限制，制定新农保个人账户基金投资的相关法规，增强对新农保个人账户基金的投资监管力度。建立、完善具有激励和约束效应的新农保基金保值增值体制和机制。

13.2 新农保基金保值增值现状

13.2.1 新农保基金管理体制

国家财政部依据人力资源与劳动保障部提供的预算，向西部各省、自治区、直辖市财政厅按试点县 60 周岁及以上农村居民每人每月 55 元的标准拨付基础养老金；向东部各省、自治区、直辖市财政厅按试点县 60 周岁及以上农村居民每人每月 27.5 元的标准拨付基础养老金。地方各级政府财政厅、局依据同级人力资源与劳动保障厅、局提供的预算，根据各级政府的有关规定为试点县 60 周岁及以上农村居民拨付部分基础养老金和缴费补贴。财政部门拨付的基础养老金转入县级财政部门在合作金融机构开设的新农保基金支出专户；财政部门拨付的缴费补贴转入县级财政部门在合作金融机构开设的新农保基金收入专户。村级劳动保障服务站根据各级政府的有关规定，负责收缴 16—59 周岁参保者的保费，上交乡（镇）劳动保障服务所；乡（镇）劳动保障服务所把收缴的保费转入县农保中心在合作金融机构开设的新农保基金收入专户。新农保合作金融机构负责管理新农保基金收入专户的新农保基金，负责从新农保基金支出专户向 60 周岁及以上农村居民发放基础养老金和个人账户养老金。各级审计、财政和人力资源与劳动保障等机构负责对新农保基金收缴和发放的监督。

13.2.2 新农保基金保值增值政策

《指导意见》第五条规定，"国家为每个新农保参保人建立终身记录的养老保险个人账户。个人缴费，集体补助及其他经济组织、社会公益组织、个人对参保人缴费的资助，地方政府对参保人的缴费补贴，全部记入个人账户。个人账户储存额目前每年参考中国人民银行公布的金融机构人民币一年期存款利率计息。"第九条规定，"建立健全新农保基金财务会计制度。新农保基金纳入社会保障基金财政专户,实行收支两条线管理,单独记账、核算,按有关规定实现保值增值。"新农保基础养老金属于现拨现付,不存在保值增值问题。产权属于参保者个人的新农保个人账户基金属于积累制基金,目前参考中国人民银行公布的金融机构人民币一年期存款利率计息。我们调查的陕西、河南、江苏三省六个试点县都执行这一政策规定。参见表 13 – 1。

表 13 – 1　陕西、河南、江苏三省关于新农保基金保值增值的有关政策

省份	有关政策
陕西	①政府为每个参加城镇居民社会养老保险的参保人员建立养老保险个人账户。个人缴费、各级政府对参保人员的缴费补贴及其他收入全部记入个人账户。个人账户储存额每年参考中国人民银行公布的金融机构人民币一年期存款利率计息 ②建立健全新农保基金财务会计制度。新农保基金纳入社会保障基金财政专户,实行收支两条线管理,单独记账、核算,按有关规定实现保值增值
河南	①新农保经办机构为每个新农保参保人建立终身记录的养老保险个人账户。个人缴费、集体补助及其他经济组织、社会公益组织、个人对参保人缴费提供的资助,各级政府对参保人的缴费补贴,全部记入个人账户,完全积累,一步做实到位。个人账户储存额参考中国人民银行每年公布的金融机构人民币一年期存款利率计息 ②建立健全新农保基金财务会计制度。新农保基金纳入社会保障基金财政专户,实行收支两条线管理,单独记账、核算,按有关规定实现保值增值。基础养老金和个人账户养老金要分账管理,不得混用
江苏	①政府为每位新农保参保人建立终身记录的养老保险个人账户。个人缴费、集体补助及其他社会经济组织对参保人缴费的资助、地方政府对参保人的缴费补贴,全部记入个人账户。个人账户储存额按照中国人民银行公布的人民币一年定期存款利率计息 ②建立健全新农保基金财务会计制度。新农保基金纳入社会保障基金财政专户,实行收支两条线管理,单独记账、核算,按有关规定实现保值增值

13.2.3 新农保基金的运营

由于新农保制度试点时间不长，基金规模有限，县级管理的层次较低，抵御风险的能力弱，目前尚不具备投资运行的基本条件。我们调查的三省六个县，新农保基金都是存入合作金融机构，按照一年期存款利率计算利息。参见表 13 – 2。

表 13 – 2　三省六县的新农保基金规模

	商南	陈仓	通许	西峡	高淳
参保人数（万人）	15.24	2.57	32	23	16.27
缴费人数（万人）	10.2	1.94	24.8	18.97	9.5
缴费总额（万元）	1530	6112.76	2777	2836.67	105.55
领取人数（万元）	2.05	5.25	6.71	4.71	8.06
领取金额（万元）	819.9	2170.55	2369	1718.73	4145

13.3　新农保基金贬值风险预测

13.3.1　理论假设

王乔、周渭兵认为，养老保险基金贬值风险是由通货膨胀率和银行存款名义利息率的非同步变动引起的。[20] 在我国，银行存款名义利息率与通货膨胀率一般呈同方向而非同比例、非同速率变化。当通货膨胀率接近于零时，银行存款名义利息率一般高于通货膨胀率，银行存款实际利率为正。随着通货膨胀率的提高，银行存款名义利息率也逐步提高，但提高的幅度小于通货膨胀率提高的幅度，且在时间上滞后于通货膨胀率的变化，因此通货膨胀率较高时银行存款实际利率一般为负。

13.3.1 前提设定

（1）预测区间为 2009—2020 年，期间新农保基金账户模式不变。

（2）新农保缴费收入和待遇支付发生在每年年初。

（3）没有集体补贴和社会捐赠。

（4）参保者参保期间保持同一缴费档次，且连续缴费。

（5）各年龄段参保者的参保率相同。

（6）没有参保者退保现象。

13.3.2 模型构建

设 W_t —— 不考虑通货膨胀时 t 年新型农村社会养老保险基金收入；

W_t' —— 考虑通货膨胀时 t 年新型农村社会养老保险基金收入；

P_{2009} ——2009 年农村居民个人账户年缴费额；

G_{2009} ——2009 年政府缴费补贴额；

g_1 —— 个人缴费和政府缴费补贴年增长率；

j —— 通货膨胀率；

O_t —— 表示 t 年农民参加新型农村社会养老保险的参保率；

$L_{x,t}(2)$ —— 表示 t 年 x 岁农村居民人口数量；

N_t —— 不考虑通货膨胀时 t 年新型农村社会养老保险个人账户基金支出；

N_t' —— 考虑通货膨胀时 t 年新型农村社会养老保险个人账户基金支出；

i —— 实际利率；

i_j —— 同期银行一年定期存款利率；

FVM_t —— 不考虑通货膨胀时新型农村社会养老保险累计结余基金终值；

FVM_t' —— 考虑通货膨胀时新型农村社会养老保险累计结余基金终值；

PVM_t —— 不考虑通货膨胀时 t 年新型农村社会养老保险基金结余的

理论现值；

PVM'_t——考虑通货膨胀情况时 t 年新型农村社会养老保险基金结余的实际现值；

ΔPVM_t——新型农村社会养老保险基金贬值金额；

β——新型农村社会养老保险基金贬值比例。

$$W_t = (P_{2009} + G_{2009})(1 + g_1)^{t-2009} \sum_{x=16}^{59} L_{x,t}(2) O_t \qquad (13-1)$$

$$W'_t = (P_{2009} + G_{2009})(1 + g_1)^{t-2009}(1 + j)^{t-2009} \sum_{x=16}^{59} L_{x,t}(2) O_t$$
$$(13-2)$$

$$N_t = \sum_{a=2010}^{t} \left[\frac{\sum_{z=1}^{a-2009}(P_{2009} + G_{2009})(1 + g_1)^{a-z-2009}(1 + i)^z}{139} \right.$$

$$\left. \times 12 L_{(t-a+60),(t)}(2) O_{t-1} \right] \qquad (13-3)$$

$$N_t' = \sum_{a=2010}^{t} \left[\frac{\sum_{z=1}^{a-2009}(P_{2009} + G_{2009})(1 + g_1)^{a-z-2009}(1 + j)^{a-z-2009}(1 + i_j)^z}{139} \right.$$

$$\left. \times 12 L_{(t-a+60),(t)}(2) O_{t-1} \right] \qquad (13-4)$$

$$FVM_t = \sum_{a=2009}^{t} (W_a - N_a)(1 + i)^{t-2009} \qquad (13-5)$$

$$FVM'_t = \sum_{a=2009}^{t} (M'_a - N'_a)(1 + i)^{t-2009} \qquad (13-6)$$

$$PVM_t = \sum_{a=2009}^{t} \frac{M_a - N_a}{(1 + i)^{t-2009}} \qquad (13-7)$$

$$PVM'_n = \sum_{a=2009}^{t} \frac{M'_a - N'_a}{(1 + i_j)^{t-2009}} \qquad (13-8)$$

$$\Delta PVM_t = M_t - M'_t \qquad (13-9)$$

$$\beta = \frac{\Delta PVM_t}{M_t} \qquad (13-10)$$

13.3.3 参数设定

1. 预测区间

本章选取 2009 年至 2020 年作为预测目标区间。

2. 参数设定

（1）P_{2009}。《指导意见》规定，新农保缴费标准目前设为每年 100 元、200 元、300 元、400 元、500 元五个档次，参保人自主选择档次缴费。为了比较不同缴费档次方式下新农保结余基金贬值程度的差异，本章采用最低档次 100 元和最高档次 500 元两种方案，进行对比分析。即 2009 年农村居民个人账户年缴费额最低 100 元，最高 500 元。

（2）G_{2009}。《指导意见》规定，地方政府对参保人缴费按照不低于每人每年 30 元的标准给予补贴。本章规定两种不同方案下政府给予的缴费补贴都为 30 元。即 2009 年政府缴费补贴额为 30 元。

（3）g_1。借鉴贾宁[21]（2010）等的研究，本章假定个人账户缴费和政府缴费补贴年增长率近似于农村人均纯收入年增长率，设定为 4.08%。

（4）通货膨胀率 j。根据王乔、周渭兵[20]未来通货膨胀水平会在 2%—4% 之间波动的测算结果，本章假设未来通货膨胀率为 3%。

（5）i_j 和 i。《指导意见》规定，个人账户储存额目前每年参考中国人民银行公布的金融机构人民币一年期存款利率计息。借鉴王乔、周渭兵[20]的研究成果，当通货膨胀率为 3% 时，对应的记账利率为 2.75%；当通货膨胀率为 0% 时，对应的纯粹记账利率为 2.25%。

（6）O_t。本章将目标期间内 2009—2020 年全国的新农保参保率设定为从 10.24% 线性增长到 100%。

（8）$L_{x,t}(2)$。根据本课题组国家社会科学基金（07BRK004）的研究成果，设定 $L_{x,t}(2)$。

13.3.4 测算结果

根据参数设定的结果及式（13-1）—式（13-10），计算得到表

13 - 3。

表 13 - 3　两种方案下 2009—2020 年新农保基金收支预测表

单位：亿元

年份	低方案		高方案	
	年收支差额	基金积累额	年收支差额	基金积累额
2009	65.73	65.73	267.99	267.99
2010	88.82	156.37	362.13	637.49
2011	114.15	274.82	465.39	1120.41
2012	140.75	423.13	573.80	1725.02
2013	169.45	604.22	690.73	2463.19
2014	199.81	820.64	814.35	3345.28
2015	231.29	1074.49	942.46	4379.74
2016	266.32	1370.37	1085.02	5585.19
2017	304.97	1713.03	1242.14	6980.93
2018	347.84	2107.98	1416.42	8589.32
2019	396.69	2562.64	1615.13	10440.66
2020	448.90	3082.01	1827.29	12555.06

在低方案下，新农保基金累积结余从 2009 年的 65.73 亿元增长到 2020 年的 3082.01 亿元；高方案下，新农保基金累积结余从 2009 年的 267.99 亿元增长到 2020 年的 12555.06 亿元。

2009—2020 年期间，两种方案下新农保基金累积贬值金额计算结果见表 13 - 4。

表 13 - 4　两种方案下 2009—2020 年新农保基金结余贬值额及贬值率预测表

年份	低方案		高方案	
	贬值金额（亿元）	贬值率	贬值金额（亿元）	贬值率
2009	0.00	0.00%	0.00	0.00%
2010	2.11	1.41%	8.60	1.41%

年份	低方案		高方案	
	贬值金额（亿元）	贬值率	贬值金额（亿元）	贬值率
2011	7.24	2.86%	29.89	2.90%
2012	16.24	4.34%	67.83	4.46%
2013	30.03	5.86%	127.25	6.11%
2014	49.62	7.44%	213.15	7.87%
2015	75.81	9.05%	330.27	9.74%
2016	109.58	10.70%	484.13	11.71%
2017	152.41	12.43%	681.48	13.80%
2018	205.08	14.18%	928.01	16.00%
2019	268.85	15.96%	1229.07	18.26%
2020	346.05	17.83%	1591.90	20.61%

在低方案下，2020 年新农保基金累积贬值额为 346.05 亿元，贬值率为 17.83%；在高方案下，2020 年新农保基金累积贬值额为 1591.90 亿元，贬值率为 20.61%，新农保基金面临着严重的贬值风险。

13.4 新农保基金保值增值的必要性

13.4.1 新农保基金的贬值风险要求新农保基金必须保值、增值

根据《指导意见》，新农保个人账户储存额参考中国人民银行公布的金融机构人民币一年期存款利率计息。2009 年的银行一年期存款利率为 2.25%①，国家统计局公布的 2010 年 10 月份 CPI 指数为 4.4%，

---

① 2010 年 10 月 20 日中国人民银行宣布加息，现行一年期存款利率为 2.5%。

全年 3.3%①，这意味着新农保基金个人账户部分实际处于贬值状态，一年贬值率为 0.75%②。调查发现，新农保基金不能及时转存为一年期定期存款，长期处于活期存款状态，活期利率仅为 0.36%，新农保参保人个人账户又损失了 1.89% 的利息。究其原因，银行、财政部以及人力资源与劳动保障部之间没有建立相应的监督机制，财政部门并没有将银行支付给专户的一年期利息划入个人账户，而人力资源与劳动保障部也没有监督职能，导致个人账户的利息出现不必要的损失。③

在新农保基金积累只能用于定期存款和购买国债的制度约束下，通货膨胀率的预期上行趋势引起的新农保基金贬值风险已经显性化，而且新农保保险基金积累规模越大，贬值损失的绝对量越大。单个试点县的新农保基金积累有限，基金积累额贬值风险还不是很严重。以河南开封为例，由 2010 年 1—7 月，该县农村养老保险基金收入 2777 万元，支出 2369 万元，结余仅 408 万元。本次调查的六个县新农保基金收支情况见表 13 –5。

表 13 –5　新农保部分试点地区收支情况统计

单位：万元

	陕西		河南		江苏	
	陈仓④	商南	开封	西峡	高淳	常熟
收入	3316.11	1530⑤	2777	2836.67	10555⑥	31639
支出	2170.55	819.9⑦	2369	1718.73	4971	29691
结余	1145.56	710.1	408	1117.94	5584	1948

---

①　国家发改委主任张平接受媒体采访时坦承，2010 年的 CPI 估计会比 3% 要稍微高一些。《新文化报》2010 年 11 月 12 日。

②　按照 3% 的通胀率假设以及 2.25% 的银行一年定期存款利率计算。

③　参见访谈资料。

④　陈仓区数据为 2009 年陈仓区新农保个人账户基金收入和新农保基金支出额。

⑤　数据来源于 http://news.hc169.com/news/2010 –07/13513.html。

⑥　数据来源于《高淳县新型农村社会养老保险实施情况汇报》。

⑦　数据来源于 http://news.hc169.com/news/2010 –07/13513.html。

但是从全国来看，在低方案下（参保人选择最低缴费档次参保），2009—2020年新农保基金累计结余从65.7亿元增长到2260亿元，由于贬值率的存在导致新农保结余基金的总价值减少额从5570万元增长到93.80亿元；在高方案下（参保人选择最高缴费档次参保），2009—2020年新农保基金累计结余从268亿元增长到9220亿元，由于贬值率的存在导致新农保结余基金的总价值减少额从2.27亿元增长到382亿元。[①]

13.4.2 新农保基金个人账户的性质要求新农保基金必须保值、增值

新农保基金的个人账户主要由个人缴费、集体补助、政府缴费补贴构成，归属参保者个人所有，具有"私人物品"性质，个人账户基金法律上的所有权和占有权归属于参保者个人。但是，个人账户基金采取政府集中管理模式，处于现代产权制度下所有权与占有权分离状态，所有权归参保农民个人，占有权及其派生的使用权、经营权和处置权以委托代理的方式交给农村养老保险管理机构。新农保基金管理机构有为基金所有人的新农保基金保值增值的义务。但是，调查发现，农村居民对新农保基金计息政策的了解度、满意度、合理度都处于较低水平。参见表13-6。

表13-6 三省六县一年期同期存款利率计息政策认知情况

一年期同期存款利率计息政策认知	西部		中部		东部	
	陈仓区	商南县	通许县	西峡县	高淳县	常熟市
了解度	15.30%一般了解；58.10%不了解、非常不了解	26.90%一般了解；45.60%不了解、非常不了解	26.70%一般了解；43.03%不了解、非常不了解	11.80%一般了解；74.10%不了解、非常不了解	24.58%一般了解，53.24%不了解、非常不了解	20.38%一般了解，51.92%不了解、非常不了解

---

① 此数据为依据国家政策规定的一年期利率为基准，如果以现实中的活期利率计算，则数字更为庞大。

续表 13 – 6

一年期同期存款利率计息政策认知	西部		中部		东部	
	陈仓区	商南县	通许县	西峡县	高淳县	常熟市
满意度	53.19% 满意度一般，24.30% 比较满意	60.50% 满意度一般，24.30% 比较满意	44.80% 满意度一般，35.58% 比较满意	73.50% 满意度一般，22.06% 比较满意	53.84% 满意度一般，46.88% 比较满意	57.31% 满意度一般，29.98% 比较满意
合理度	53.91% 合理度一般，24.55% 合理	60.50% 合理度一般，23.50% 合理	42.50% 合理度一般，36.41% 合理	73.20% 合理度一般，22.30% 合理	53.72% 合理度一般，47.48% 合理	55.28% 合理度一般，31.41% 合理

13.4.3 养老金支付的刚性特点要求新农保基金必须保值、增值

社会保障基金支出是一种刚性福利，养老金发放水平具有不可逆性。在经济景气的时候，可以增加养老金，而经济不景气的时候却不能降低养老金。从近年美国、法国、英国、韩国等国家社会养老保险基金运转情况来看，都存在收不抵支的问题，但没有任何一届政府敢于下调社会保险待遇。新农保基金也不可避免的面临这一问题，这也就给新农保基金带来了保值、增值的外部压力。

从现有试点情况来看，新农保政策的实施对于政府的财政依赖度非常大，尤其是对于落后地区，地方政府的补贴对各地的财政构成了不小的压力。中央财政主要负责"补出口"，对中西部地区按中央确定的基础养老金标准给予全额补助，即每人每年 660 元；对东部地区给予 50% 的补助，即每人每年 330 元。地方政府应当对参保人缴费给予补贴，补贴标准不低于每人每年 30 元；对选择较高档次标准缴费的，可给予适当鼓励，具体标准和办法由省（区、市）人民政府确定。按照人力资

源和社会保障部社会保障研究所所长何平的观点，现在我国 60 岁以上的老人有 1 亿人在农村，如果按 55 元算，每年每人需 660 元，1 亿人一年就是 660 亿元[24]。而且，这还是按照每年每人 660 元的最低标准，参照本次调研对于农村老年人每人每月期望养老金值的统计结果，毫无疑问是严重偏低了。详见表 13 – 7。

表 13 – 7　三省六县每月养老金期望值

单位：元

	西部		中部		东部	
	陈仓区	商南县	通许县	西峡县	高淳县	常熟市
期望每月养老金（均值）	200	289	150	225	416	>1000

《指导意见》第六条规定，"新农保基金待遇由基础养老金和个人账户养老金组成，基础养老金由中央政府和地方政府的出口补贴组成，个人账户养老金的月计发标准是个人账户全部储存额除以 139。"对于参保人而言，未来新农保基金如果能实现良好的投资运营，个人账户收益都会归属个人账户基金，从而提高参保人个人账户的养老金水平，也就可以应对新农保待遇支付的刚性增长问题。本章通过对两种缴费档次方案下，新农保个人账户基金积累额（假设统一缴 15 年）对比，以说明基金投资收益对个人账户积累数额的影响（见表 13 – 8）。如果能够实现 9.75% 的年化投资收益率，参保人个人账户的基金金额会呈现190—775 元左右（按照缴费档次的不同而不同）的提高幅度。

表 13 – 8　个人账户基金投资前后个人账户养老金数额变化

	个人账户（元）		基金积累额（元）		投资收益率	资产增加额（元/年）	
	低方案	高方案	低方案	高方案	r①	低方案	高方案
陈仓区	130	530	1950	7950	9.75%	190.13	775.13

①　统一按照社保基金年均投资收益率 9.75% 的标准。见"社保基金年均投资收益率9.75%"，2010 年 07 月 31 日，上海证券报

续表 13 – 8

	个人账户（元）		基金积累额（元）		投资收益率	资产增加额（元/年）	
	低方案	高方案	低方案	高方案	r	低方案	高方案
商南县	130	530	1950	7950	9.75%	190.13	775.13
通许县	130	530	1950	7950	9.75%	190.13	775.13
西峡县	130	530	1950	7950	9.75%	190.13	775.13
高淳县	720	720①	10800	10800	9.75%	1053	1053

13.4.4　新农保基金的保值、增值可以调动农村居民提高缴费水平的积极性

调查发现，新农保政策试点地区存在一个较为严重的问题就是农村居民缴费积极性不高，尤其是年轻人；另外一方面主要表现为参保人选取较低缴费档次缴费。统计结果见表 13 – 9。

表 13 – 9　三省六县新农保缴费水平及缴费预期水平

单位：元

	西部		中部		东部	
	陈仓区	商南县	通许县	西峡县	高淳县	常熟市
缴费水平	100	100	100	100	360	200
期望缴费水平（均值）	150	149.28	100	188.75	300	275

如果个人账户能够实现一定比例的增值，尤其是达到高于现行个人账户利率按照银行一年期利率水平时，必然会形成个人账户缴费越多、积累越多，未来账户增值也越多的良性循环，从而大大提高农村居民提高缴费水平的积极性。

---

① 高淳县采用 1∶1 的缴费补贴政策，因此实际的缴费是 8%，即每人每年 720 元。

13.5 新农保基金保值增值的约束条件

13.5.1 中央政策的限制

2006 年之前，国家允许各地对社保基金进行投资运营，但是由于制度缺陷，导致运营过程出现诸多问题，严重威胁到社保基金的安全；2006 年，国家明确收回社保基金的投资运营权，严格限定社保基金的投资范围，规定社保基金只能存入四大国有银行和购买国债。《指导意见》第九条规定，"建立健全新农保基金财务会计制度。新农保基金纳入社会保障基金财政专户，实行收支两条线管理，单独记账、核算，按有关规定实现保值增值。"这里的有关规定就是存入国有银行和购买国债，而在实际运行过程中，由于技术、人才、投资主体资格等因素的限制，农村养老保险基金一般都存入了银行。单一的基金增值渠道无法实现较高的经济收益，两者之间的矛盾越来越突出。

中央政府对社会保险基金投资运营的严格政策限制的目的是确保社会保险基金平稳安全运行。因此，探索在确保新农保基金安全的前提下，实现农保基金保值、增值的路径，特别重要。

13.5.2 基金管理层次过低

《指导意见》规定，"试点阶段，新农保基金暂实行县级管理，随着试点扩大和推开，逐步提高管理层次；有条件的地方也可直接实行省级管理。"在县级管理状况下，农村养老保险基金的收、管、支的权力都掌握在县级单位手里，由于缺乏完善的法人治理结构和专业人士，不可能具备实行市场化投资的基本条件。首先，基金处于属地分散管理的状态，分割管理的小规模基金难以进行多样化投资，基金的安全无法得到保证，风险系数大。其次，以县（市、区）为单位的较低层次的基金管理，资金规模较小，无法形成规模效益，过度分散的管理带来不合理的高额管理费用。再次，管理层次过低，人才、信息、投资能力等方面受到限制，导致农村社会养老保险基金管理水平较低、管理体制不健全，资金流失和损耗现象严重。因此，在现有管理层次下，新农保基金在全国事实上就被分割成上万个独立管理的基本单位，呈现出严重"碎片化"状态，国家只能通过存银行和购买国债的方式确保其安全。

13.5.3 新农保基金运营的管理体制存在缺陷

由于新农保政策尚处于试点阶段，对于新农保基金如何管理还没有一个成熟的制度设计，基本上沿用老农保制度，如县级统筹、专款专户、收支两条线的管理等。但是，"实行收支两条线管理"的规定最多也就实现了"两权分立"——基金的收缴和发放分离。然而，基金"纳入社会保障基金财政专户"，基金管理权依然在财政部门手中，没有完全独立出来。在现有规定下，农村养老保险基金完全由行政力量进行管理最大的弊端是低效率，加之由于中央对养老保险基金投资运营的政策限制，因此对新农保基金如何投资运营、如何监管等都处于制度缺失状态，新农保基金运营的激励和约束机制尚未建立。

13.6 结论与建议

本章在分析新农保基金保值增值现状的基础上，定量测算了新农保基金的贬值金额和贬值率，提出了新农保基金保值增值的必要性和约束条件。从立足当下和着眼长远两个层面提出以下对策建议：

13.6.1 立足当下的政策建议

1. 切实加强新农保基金管理相关政策的落实

从减少由于操作原因而导致的个人账户缩水问题入手，严格按照政策规定，以一年期利率复利计算，并完全将利息所得划归个人账户，减少个人账户的损失。建立和健全财政部、人力资源与劳动保障部以及新农保基金管理银行之间相互监督监管的管理体制，加强三方之间的相互沟通和监督，确保新农保相关政策的具体落实，保证新农保基金的安全、正常运行，确保新农保参保人的切身利益，从而提高新农保政策的利民效果。

2. 针对新农保基金实行特殊利率政策

可以借鉴大额协议存款方式确定新农保个人帐户基金的存款利率：一是大额长期议价存款，二是大额长期存款。具体要求包括存款金额、业务办理资格（接款银行必须是独立法人资格的银行，如非独立法人须有总行的授权）等，一般按照五年为存款期限，存款利息除了按银行五年期存款基准利息外再一次性贴息，并包含一定比例的手续费。建议国家有关部门协商，以新农保基金整体作为一个投资单位商定协议存款利率，以等于或高于通胀率的利息水平，从而实现新农保基金的保值甚至增值。

3. 由国家发行特种定向社保国债

根据 2010 年约 3%的通货膨胀率将社保国债利率定为 4%左右，从而将社保基金的利息损失降到最小，并力争实现新农保基金的增值。

13.6.2 着眼长远的政策建议

1. 在逐步提高管理层次的前提下，以委托全国社保基金理事会对新农保基金进行投资运营作为过渡模式

对于新农保基金的运营增值，有两种模式，一是将新农保基金纳入全国社保基金管理范畴，通过委托代理的形式交由全国社保基金理事会代为运营，实现新农保基金的增值；二是新农保基金独立运营。本书认为，在目前新农保制度尚处于试点及推广阶段的条件下，一是试点层次还停留在县级试点；二是新农保基金积累额有限，与全国社保基金上万亿的规模相比，目前 200 多亿的规模还是非常小的；三是新农保基金管理体系尚不健全，还处于完善阶段，不具备独立运营数百亿乃至更多的

新农保基金的能力和基础。建议先采用过渡模式，即将新农保基金的运营通过委托代理的方式交由全国社保基金理事会代为管理和运营，从而达到新农保基金的增值目的，实现降低各级政府财政压力，不断提高农村养老保险水平的目标。

2. 以建立和完善新农保基金的投资管理体制，实现新农保基金的自我管理和保值增值为理想模式

在不断提高新农保基金管理层次的前提下，逐步放松新农保个人账户基金的投资政策限制，积极制定新农保个人账户基金投资的相关法规，建立和完善新农保基金的投资管理体制来实现新农保基金的自我管理和保值增值，是新农保基金保值增值的理想模式。应明晰新农保基金的个人产权性质，从而为建立个人账户基金的委托代理关系、选择专业基金公司进行新农保基金的投资运营奠定基础。建议对个人账户部分基金的产权明确界定，比如划入个人账户的地方政府财政补贴部分在未领取完以前参保人死亡的情况下应该允许继承。如果是按照现行的政策规定不允许继承的话，就应该直接成立统筹账户，将所有非个人缴款部分划入统筹账户，这样同样可以明确界定账户性质，从而为下一步的委托代理关系的确立扫清障碍，同时也可以大大减少实际工作部门的工作量。建议建立一套相互制衡的新农保基金管理体制，由于缺乏一个有效的具有激励和约束机制的投资运营体制和联动机制，包括谁来管理和运营、谁来监督以及基金运营收益的分配问题，我们认为，建立在信托和委托代理模式下的现代公司法人治理结构，是新农保基金运营体制设计的依据和目标，具体结构可以参照全国社保基金理事会的设置。

3. 建立运行顺畅的新农保基金运营机制

在法律约束框架下的多方利益协调统一及责权利互相制衡和监督的具有激励和约束功能的运行机制，充分发挥新农保基金投资运营的相关机构和个人的积极性、创造性的同时，增强对新农保个人账户基金的投资监管力度，有效遏制新农保个人账户基金运营过程中由于委托代理关系信息不对称所引发的代理人"偷懒"行为及道德风险。在具体资产配置上，加快开放多元化基金投资渠道的步伐，既有财政部发行的特种

定向社保债券，又有相对投资收益高、并且安全性强的国家投资项目的优先投资权，还有高风险、高收益的资本市场（尤其是股票市场）的一定比例的投资，从而确保新农保基金的保值和增值。

参考文献

［1］《中国社会保障》杂志官网，2010 年 9 月 26 日，http://www. cnlss. com/LssReference/PaperMaterial/201009/LssReference ＿20100926231137 ＿8243. html。

［2］梁春贤：《论我国新农保制度下养老基金的运营》，《财政研究》2010 年第 2 期，第 70 页。

［3］http://www. chinafund. cn/article/200972/200972 ＿116480. html。

［4］邵怡蓉：《论中国社会保障基金的保值增值》，上海交通大学硕士学位论文，2007 年。

［5］汤晓阳：《新农保基金的管理和运作问题探讨》，《四川大学学报：哲学社会科学版》2010 年第 5 期，第 134 页。

［6］单大圣：《新农保的工作重心应是优化现行制度》，《中国经济时报》2010 年 8 月 13 日。

［7］董关岭：《采用新型商业社保模式破解新农保问题》，《现代经济》2010 第 2 期，第 70—71 页。

［8］张艳花：《新农保的近喜与远忧》，《中国金融》2009 年第 22 期，第 80 页。

［9］林义：《破解新农保制度运行五大难》，《中国社会保障》2009 第 9 期，第 14—16 页。

［10］刘正桂、安义中：《中国农村社会养老保险基金管理模式研究》，四川大学硕士学位论文，2008 年。

［11］王海兰：《中国农村社会养老保险基金管理模式研究》，山东大学硕士学位论文，2006 年。

［12］林立：《我国社会保险基金监管研究综述》，《湖北经济学院学报（人文社会科学版）》2006 年第 3 期，第 52—54 页。

［13］邓大松、薛惠元：《新型农村社会养老保险替代率的测算及分析》，《山西财经大学学报》2010 年第 4 期，第 9—13 页。

［14］王信：《基金制养老保险的建立与资本市场的发展》，《国际经济评论》2001 年第 6 期，第 38 页。

［15］李珍、孙永勇：《多元化——养老保险基金管理的合理选择》，《经济评论》2001 年第 6 期，第 58 页。

［16］麦克·凯伦、程杭生：《国外经验与中国退休改革》，《社会保障制度》2002 年第 9 期，第 29 页。

［17］张泉、涂永波：《关于完善新农保基金管理模式的建议》，《中国劳动保障报》2010 年 6 月 1 日。

［18］米红：《我国新型农村社会养老保险制度推进的若干问题与对策建议》，《中共浙江省委党校学报》2009 年第 5 期，第 10—11 页。

［19］张晓莉、孔令英：《新型农村社会养老保险"呼图壁模式"的推行困境研究》，《农业经济》2009 年第 4 期，第 24 页。

［20］王乔、周渭兵：《通货膨胀、通货紧缩对基本养老保险个人账户基金的影响及对策》，《财贸经济》2007 年第 1 期，第 54 页。

［21］贾宁、袁建华：《基于精算模型的"新农保"个人账户替代率研究》，《中国人口科学》2010 年第 3 期，第 97 页。

［22］杨桂元、王军：《对预测模型误差的分析——相对误差与绝对误差》，《统计与信息论坛》2003 年第 4 期，第 21—24 页。

［23］王金营、原新：《分城乡人口预测中乡——城人口转移技术处理及人口转移预测》，《河北大学学报（哲学社会科学版）》2007 年第 3 期，第 13—19 页。

［24］《华商晨报》2009 年 8 月 5 日，http://www.cnss.cn/new/ttxw/xgxw/200908/t20090814__241706.htm。

14 新农保基金管理、经办和监督工作的问题与对策研究

14.1 引　言

2009 年 9 月，国务院印发了《关于开展新型农村社会养老保险试点的指导意见》，正式启动新型农村社会养老保险试点工作。首批试点确定了 320 个试点县（区），全国覆盖面达 11.8%，大约有 1500 万的 60 周岁以上农村老年人领到了基础养老金。截至 2010 年 12 月，全国 820 多个县区开展了新农保试点，大约有 24% 的 60 周岁以上农村老人每月至少领取到 55 元的基础养老金。① 最近，温家宝总理提出，在本届政府任期内实现新农保试点覆盖至全国所有县（区）。

社会保险基金工作可划分为管理、经办与监督三大类。基金管理工作包括账户设立、基金财务管理、业务统计与计划等环节。基金经办工作包括保险登记、保险费征缴核定、保险待遇支付审核等经办业务处理过程。基金监督工作包括外部稽核和内部监督等环节。随着新农保试点范围的逐步扩大，新农保参保人数迅速增加，基金收入、支出持续增长，基金管理、经办、监督等的工作量和工作难度压力陡增，成为制约新农保试点推进的瓶颈问题。

---

① 资料来源于 http://finance. qq. com/a/20101221/003134. htm。

新农保试点工作开展以来，国内一些学者对新农保基金管理、经办、监督等工作的现状、问题和改进方法进行了一定的研究。在基金管理方面，周运涛[1]通过对新农保地方试点过程中基金管理的现状与问题的深入分析，发现现有制度下基金管理存在保值增值困难、基金管理层次过低、基金管理运作权利义务界定不合理、地方财政补贴资金的非私有性等诸多弊端；提出了完善我国新农保基金管理的制度构想，包括改善基金保值增值措施、完善个人账户的相关规定、提高基金管理层次、实行政府主导下的市场化运营、完善各级政府监督机制等。张泉、涂永波[2]针对新农保基金账户设立、基金管理框架、账户的法律地位和保值增值方式等问题进行了研究，提出了完善账户设立、引入第三方商业机构、理顺法律关系、创新保值增值方式等对策建议。关于基金管理层次，陕西省劳动和社会保障厅课题组[3]认为，县级统筹有利于各县根据经济发展水平，确定适当的财政补贴标准，落实县一级政府责任。也有学者认为，如果基金统筹和管理长期停留在县一级，不仅给县级财政造成较大压力，也很难确保基金安全，不利于基金的保值增值，[4]更不利于参保户在县域之间的流动。[5]大多数学者认为，必须提高新农保基金管理层次，各地应该根据本地的特点，逐步提高新农保基金的统筹和管理层次[6][7]，最终形成全国统一的农村养老保障体系[8]。

王石[9]将社保经办工作分为操作、管理与监督，对其业务工作制定了标准化流程和绩效评价指标。杨翠迎[10]等通过对浙江省43个县市的调查，指出了当前新农保基层经办机构面临着缺乏村级经办机构、专业人员不足、资金来源不稳定等问题。李银燕[11]依据在广西壮族自治区的调查，指出要加强新农保经办机构建设，制定新农保经办网点的建设标准。陈娟[12]提出从操作、管理、监督三个方面加强新农保人力资源建设。

关于新农保基金监督问题，赵英侠[13]从体制、具体制度、执行和思想认识等方面分析了新农保经办机构的内控制度，并提出了加强基金监督的对策建议。李强[14]提出厘定政府财政职责，创新政府考核体制，建立监督和制约权力平衡的内部考核和外部监督机制。米红[15]建议设

立"国家新农保"制度试点绩效评估专家工作委员会，建立国家新农
保基金理事会或基金政策银行。

上述研究，基本上是就新农保基金的管理、经办、监督的一个方面
展开研究的，且调查的样本偏少。本章依据陕西、河南、江苏三省六县
抽样调查，分析了新农保试点过程的基金经办、管理、监督三个方面的
经验与问题，提出了提高新农保基金经办效率，完善管理制度，加大监
督力度等对策建议。

14.2 新农保基金管理、经办和监督现状

14.2.1 新农保基金管理现状

《指导意见》提出，"新农保基金纳入社会保障基金财政专户，实
行收支两条线管理，单独记账、核算，按有关规定实现保值增值。试点
阶段，新农保基金暂实行县级管理，随着试点扩大和推开，逐步提高管
理层次；有条件的地方也可直接实行省级管理。"目前，新农保基金管
理问题主要表现在新农保基金专户管理和县级管理两个方面。

1. 新农保基金专户管理

基金财政专户，是指财政部门在国有商业银行开设的，用于存储和
管理某类资金的专用计息账户，其主要功能是：接收基金收入、利息收
入、财政补贴收入；根据用款计划，向支出户拨付基金；购买国家债券
或者转作银行定期存款。

我们调查的三省六县，都把新农保基金纳入了社会保障基金专户，
并严格按照财务会计制度，把个人缴费、集体补助、财政补贴等全部纳
入县级社会保障基金财政专户，专款专用。但是由于受到金融服务网点
建设和发展水平的制约，三省六县新农保基金的委托合作金融机构不尽
相同，除了选用国有商业银行，有的县选用了农村网点较多的农村信用
合作社或邮政储蓄银行。

江苏省常熟市是六县中唯一与国有商业银行合作进行新农保基金管理的县（市）。其原因是常熟市经济发达，国有商业银行服务网点多、覆盖面广，且农保逐步与城保实现城乡一体化。

江苏省高淳县、河南省西峡县、陕西省商南县把农村信用合作社作为新农保的合作金融机构。这是因为，农村信用合作社是这些县长期形成的农村金融服务主力军，每个乡镇一般有两个以上的服务网点。

河南省通许县和陕西省陈仓区把邮政储蓄银行作为新农保的合作金融机构。其原因是，邮政存蓄服务网点多、覆盖面广，且邮政服务人员走村串户，方便了养老金发放工作。

在保险费收缴方面，陕西省陈仓区和商南县是由乡镇劳保所委托村级新农保协管员或代管员代收，然后交由乡镇劳保所存入财政专户。江苏省常熟市、高淳县和河南省通许县采用金融服务机构代收代发的方式，参保者在银行预存保险金，由银行按月代扣；少数缴费不方便的参保者由村协管员或代管员代收代缴。河南省西峡县农信社给参保户发放两种存折，一种存缴保险费，一种领取养老金。

《指导意见》对基金的保值增值没有明确规定。我们调查的六县都把新农保基金存入商业银行①或其他金融机构，按中国人民银行公布的人民币一年期存款利息计息。

2. 新农保县级管理

新农保管理层次，既可以从行政管理层级理解，也可以从覆盖人群的调剂范围来理解。本次接受调查的三省六县均将新农保基金的管理层次设定为县级管理。

（1）县级部门制定相关政策

现阶段新农保制度建设方式是中央确定基本原则和主要政策，地方制订具体办法，对参保居民实行属地管理。县级主管部门具有了与资金调度权相对应的政策制定权。这一政策建设方式是为了适应我国地区差

---

① 社保基金的运作原则是在在保证基金资产安全性、流动性的前提下，实现基金资产的增值。按国务院批准的《全国社会保障基金投资管理暂行办法》，社保基金的投资范围限于银行存款、买卖国债和其他具有良好流动性的金融工具。

异大，通过向地方政府放权的方式体现新农保制度的灵活性（见表14－1）。

表14－1　三省六县新农保相关政策的制定与调整

地区	已颁布政策	制定/调整权限
江苏常熟	《常熟市新型农村社会养老保险管理办法》	市人力资源和社会保障局负责相关政策的制定与解释
江苏高淳	《高淳县新型农村社会养老保险实施办法》①	①县劳动和社会保障局负责相关政策的制定与解释 ②县劳动和社会保障局每年7月1日前公布当年度缴费标准 ③县劳动和社会保障局每年7月1日前公布当年基础养老金金额，并相应调整养老金待遇 ④县劳动和社会保障局会同县财政局提出农村老年居民养老补贴标准调整方案，报县政府批准后执行
河南通许	《通许县新型农村社会养老保险试点暂行办法》	—
河南西峡	《西峡县新型农村社会养老保险试行办法》②	县劳动和社会保障局负责相关政策的制定与解释
陕西陈仓	《宝鸡市新型农村社会养老保险实施办法》 《宝鸡市新型农村社会养老保险试行办法》 《新型农村社会养老保险经办规程（2007）》 《新型农村社会养老保险经办规程（2009）》	①市劳动和社会保障局负责相关政策的制定与解释 ②各县区可根据实际情况确定缴费档次，但最低年缴费标准原则上不得低于本县区上年标准 ③县区人民政府可根据本办法制定具体的实施细则

---

① http://s-gt-j. nj. gov. cn/out/detail. jsp? id＝5ca4a5e6359944bf888017d734d91641&mid＝2。

② http://www. xixia. gov. cn/html/402881061ae7f4a8011ae7fed24a000b/2010030911255400. html。

地区	已颁布政策	制定/调整权限
陕西商南	《商南县新型农村社会养老保险实施细则》①	①县人力资源和社会保障局负责相关政策的制定与解释 ②县人劳局会同县财政局可提出养老待遇水平的调整方案，经县人民政府研究后报市人民政府批准

目前，各地新农保实施办法也已显现出由于管理层次低导致的政策碎片化现象。以缴费补贴政策为例（见表 14 − 2），我们调查的六县就提出了六种不同的缴费补贴政策。河南省西峡县严格遵照中央指导意见给予不低于每人每年 30 元的缴费补贴；陕西省陈仓区、商南县除每人每年 30 元的缴费补贴外，为了鼓励参保户根据个人情况选择较高的缴费档次，相应设置了针对不同缴费档次的差异化缴费补贴办法。调查中还发现，补贴政策的差异已经引起不同地区参保人员的互相攀比，影响着参保户的公平感和农村社会稳定。

表 14 −2　三省六县缴费补贴政策对比

地区	缴费补贴
江苏常熟	缴费补贴为 60 元/年/人
江苏高淳	缴费补贴为缴费额的 4%
河南通许	①缴费补贴为 30 元/年/人 ②缴满 15 年后每多缴 1 年，县财政再增补 10 元/年
河南西峡	缴费补贴为 30 元/年/人
陕西陈仓	①缴费 200 元及以下补贴 30 元，300 元补贴 40 元，400 元补贴 45 元，500 元及以上补贴 50 元 ②缴满 15 年后每多缴 1 年，基础养老金每月增加 2 元

---

① http://www. sxhealth. sn. cn/Template/City/NewsDetail. aspx? departmentcode = 97 & news __id = 21791。

地区	缴费补贴
陕西商南	缴费 100 元和 200 元标准的补 30 元、缴费 300 元、400 元、500 元标准的分别补 40 元、45 元、50 元

（2）县级部门组织试点工作

试点工作开始以来，县级部门承担着新农保试点实施的关键责任，全力推进新农保建设，其中主要包括：成立领导小组、前期摸底调查、制定推进计划、规范经办流程等。

陕西省陈仓区设立了区新农保领导办公室；陕西省商南县，河南省通许县、西峡县，江苏省高淳县都成立了由县长、副县长及相关部门负责人参加的新农保试点工作领导小组，负责组织并指导全县新农保试点工作。领导小组的成立标志着县级新农保试点的全面启动。

江苏省常熟市较早探索了新农保制度的建设。2003 年，常熟市开展了农村养老保险的入户调查，对农村居民家庭的人员构成、就业状况、参保情况进行了统计、汇总、核实，此后每年对数据进行更新。陕西省陈仓区在新农保制度试点前就进行了深入、细致的调查摸底，分析了农村居民的养老需求和新农保制度建设的有利因素和约束条件。陕西省商南县人劳局在 2009 年末组织相关业务人员重点对农村居民人数、人口年龄结构及分布、农民收入、缴费困难群体、金融服务网点等情况进行了全面摸底调查，对农民参加新农保的意愿、缴费承受能力、对养老金待遇期望值等进行了抽样调查。

为有序、有效的推进新农保试点工作，陕西省商南县制定了 2010 年新农保试点工作实施计划，包括宣传发动、组织落实、检查验收三个阶段。常熟市将养老保险城乡一体化进程分为企业内农村居民以及纯农人员两部分人群，按照企业参保人员农保转城保、纯农保参保人员转城保、停止办理农保参保业务、对新增参保人员统一办理城镇社会养老保险相关参保手续等步骤，有序的推进养老保险城乡一体化建设。

从 2009 年底到 2010 年初，被调查三省六县都先后制定了《新型农

村社会养老保险实施细则/办法》、《新型农村社会养老保险业务流程》
等文件，从机构职责、账户管理、待遇审核支付、财务管理等方面对新
农保制度给予详细设计，明确了保险费收缴、养老保险待遇和基金监督
等工作内容。

14.2.2 新农保基金经办现状

新农保试点阶段基金经办的工作重点是：详细记录农村居民参保缴
费和领取待遇信息，建立参保档案；建设全国统一的新农保信息管理系
统；推行社会保障卡；加强新农保经办机构建设，降低行政成本，提高
工作效率。

1. 建立参保档案

参保者档案是新农保制度建设的基础性工作，尤其是各项经办业务
的信息化管理，对档案管理工作提出了更高的要求。我们调查的六县
（区、市），普遍对参保、缴费、计发等信息进行了全面、系统的记录、
建档和保存。由于各县（区、市）工作基础和推进力度的差异，档案
管理的完善程度还存在较大差别（见表14-4）。

河南省通许县在相关文件中明确规定了档案管理的内容、流程和责
任，为每位参保者建立了包括参保登记表、待遇核定表、户口本身份证
复印件、个人照片等内容的参保档案；乡保障所工作人员初审签字、盖
章后，交县农保中心相关负责人审核签字、盖章、存档。档案正本由县
农保中心存档，副本由乡镇保障所存档。特殊群体成员需增加特殊群体
证件复印件。通许县还十分注意做好新增人员的补录和死亡人员的信息
注销。纸质档案规范统一，存放有序，并与电子档案一一对应。江苏省
常熟市、高淳县和河南省西峡县由乡镇新农保管理所建立规范化的纸质
与电子档案。陕西省陈仓区、商南县由县级劳动与社会保障局为参保者
建档并保管，由于条件限制，目前仅建立了纸质档案。

2. 建设新农保信息管理系统

新农保信息管理系统建设是新农保制度建设中的核心技术工作。我

们调查的六县不同程度的推进了新农保信息管理系统的建设（见表14 –
4）。江苏省常熟市、高淳县已经建成比较完善的"市、镇、村"三级
网络平台。河南省通许县借助金融服务伙伴的网络平台，建立起县、乡
之间的纵向业务贯通，经办机构与合作银行之间的横向联网信息平台。
河南省西峡县建立了健全的信息服务网络系统。由于条件所限，陕西省
陈仓区于2010 年7 月开始试运行新农保网络，商南县尚未建立统一的
互联网信息管理系统。

3. 推行社会保障卡

社会保障卡是新农保基金经办的有效工具，是由劳动和社会保障部
统一规划，地方劳动保障部门面向社会发行，用于劳动和社会保障各项
业务的集成电路卡（IC 卡）。社会保障卡记载持卡人姓名、性别、身份
证号码等基本信息，标识持卡人就业（失业）或退休的个人状态，记
录持卡人社会保险缴费情况、养老保险个人账户信息、职业资格和技
能、就业经历、工伤及职业病伤残程度等。《指导意见》提出，"要大
力推行社会保障卡，方便参保人持卡缴费、领取待遇和查询本人参保信
息。"我们调查的六县（市、区），尚未推行标准的社会保障卡，而是
借助新农保合作金融服务机构提供的存折或银行卡，记录参保者信息，
实施保费收缴和养老金发放。这些存折或银行卡可视为"类社会保障
卡"。参见表14 – 4。

4. 加强新农保经办机构建设

新农保经办机构建设是提高新农保基金经办质量、效率的根本保
障。新农保基金经办机构由县（市、区、旗）级农保中心、乡（镇）
级劳动和社会保障事务所、村级劳动保障服务站三级组成。

目前，县级新农保经办机构的建设情况总体良好，见表14 – 3。我
们调查的六县都在人力资源和社会保障局成立了专门的新型农村社会保
险管理中心，属于全额拨款事业单位，副科级，内部设置了相关科室，
确定了人员编制，有固定的办公场所和一定数量的办公设备，工作经费
主要来源于同级财政预算拨付。

乡镇级新农保经办机构建设水平参差不齐。虽然被调查的乡镇都设

立了劳动和社会保障事务所，配备了农保代办员，但对于人员编制和数量问题，各地规定不尽相同。陕西省宝鸡市提出"每个乡镇政府要为劳动保障事务所至少配备1至2名编制内专职工作人员，市、县（区）劳动保障部门为每个乡镇劳动保障事务所配1至3名新农保协管员"①；河南省认为应该"按照每万名参保人员配备1名专职工作人员的比例配备工作人员"②。因此，各地乡镇级新农保工作人员编制差别大，工作人员数量差别也较为明显。

村级劳动保障服务站尚处于建设或准备状态。村级新农保工作主要由协办员负责，被调查的试点地区每个行政村都至少配备了1名新农保协办员，一般由村文书、会计兼职。

表 14 - 3　新农保基金管理机构设置与人员配备

层级	县（市、区、旗）级	乡（镇）级	行政村级
名称	新型农村社会养老保险管理中心	劳动和社会保障事务所	劳动保障服务站
配备人员数	陕西陈仓　11人	代办员1—2人	协办员1人
	陕西商南　6人	代办员1—2人	协办员1人
	河南通许　25人	代办员2—4人	协办员1人
	河南西峡　15人	代办员1—2人	协办员1人
	江苏高淳　6人	代办员6—8人	协办员1人
	江苏常熟　4人	代办员4—6人	协办员1人

本次调查还对新农保工作经费来源进行了考察，发现开展新农保工作所需的人员经费、工作经费以及信息网络建设维护费用均已纳入县、镇财政预算，尚未发现从新型农保基金中开支的现象。

---

①　资料来源于《关于印发〈宝鸡市新型农村社会养老保险实施办法〉的通知》，宝政发〔2010〕8号。

②　资料来源于《河南省人民政府关于开展新型农村社会养老保险试点的实施意见》。

表 14 – 4　三省六县新农保基金经办服务现状

地区	建立参保档案	建设新农保信息管理系统	推行社会保障卡	经办经费来源
江苏常熟	乡镇级新农保管理部门建立了规范化的纸质与电子档案，保管到位	建立了完善的"市、镇、村"三级网络平台，实现计算机村村通，相互联网	①尚未推行社会保障卡，但与商业银行合作，发放新农保银行卡，存储相关参保信息②保险费由银行代扣，银行发放养老金③业务流程上，2004年五险合一，将农保业务融合到其他险种中，农保和城保一样的流程和基金征收	大力推行乡镇社会保障公共服务，理顺农保的管理体制，明确管理职责，农保工作经费纳入同级财政预算，不得从新型农保基金中开支
江苏高淳	①镇（街道）经办机构负责保费汇集上缴、审核办理有关手续和档案管理②建立了规范化的纸质与电子档案，保管到位	建立了计算机信息管理平台，实现了县、镇、村联网管理	尚未推行社会保障卡，由农村信用合作社来实施新农保基金的收缴和发放	开展新型农村社会养老保险工作所需的人员经费、工作经费以及信息网络建设维护费用纳入县、镇财政预算
河南通许	①每人建有一份档案，内容包括：参保登记表、待遇核定表、户口本身份证复印件、个人照片、乡保障所工作人员初审签字、盖章，县农保中心分包乡镇负责人审核签字盖章②第一联由农保中心存档，第二联由乡镇保障所存档。特殊群体成员需增加特殊群	建立纵向县、乡业务贯通，横向与合作银行实施联网的信息平台	尚未推行社会保障卡，但与邮政储蓄银行合作，把信息传到省厅信息中心，省邮政储蓄银行发放，每月15日准备好资料，20—25日发放	

地区	建立参保档案	建设新农保信息管理系统	推行社会保障卡	经办经费来源
河南通许	体证件复印件。通许县还十分注意做好新增人员的补录和死亡人员的信息注销 ③纸质档案规范统一,存放有序;与电子档案对应			
河南西峡	乡镇级新农保管理部门建立了规范化的纸质与电子档案,保管到位	①2008 年,河南省首个新型农村社会养老保险管理数据中心在南阳社旗建成落户 ②西峡县内部建立起健全的信息服务网络,努力为参保农民提供优质高效服务	尚未推行社会保障卡,但与农村信用合作社合作,信用社向参保者发放两种存折形式,一种只能存养老金,一种只能领取养老金	县乡农保工作机构和工作人员经费,纳入同级财政预算
陕西陈仓	县区农村社会养老保险管理中心为每个新农保参保人建立终身记录的养老保险个人账户,核发《新农保缴费证》,建立养老保险档案	2010 年 7 月开始试运行新农保网络	尚未推行社会保障卡,或"类社会保障卡"	农保管理经办机构工作经费由同级财政负担,分别列入同级财政预算
陕西商南	县级管理部门建立起规范的参保者纸质档案	尚未建立起统一的互联网式的信息管理系统	尚未推行社会保障卡,或"类社会保障卡"	新农保工作经费,由各级财政根据实际工作需要和有关经费支出标准合理安排,纳入财政预算,不得从新农保基金中提取

14.2.3 新农保基金监督现状

随着新农保基金规模逐步扩大，如何进一步规范新农保基金管理运作行为，加大监督检查力度，防范和化解基金管理风险，是新农保管理部门的一项重要工作。目前，普遍由县级新农保部门承担基金监管的主要责任，上级相关部门定期行使监管权力，基金管理全程接受群众监督。

1. 县级部门承担主要监管责任

为保证新农保基金有序、安全运行，我们调查的六县都理顺了基金管理结构和行为过程，明确了各级机构在监管方面承担的权力和责任。县级管理模式下，县级劳动保障部门承担着新农保基金监管的主要责任。县级劳动保障部门对新农保实施过程中的推进方式、推进进度、推进效果等多方面进行监管，通过定期汇总参保信息、调阅信息平台资料、走访参保户、监控基金收支等方式，实时掌控本地区新农保试点情况，对新农保试点效果负责。此外，县财政、监察、审计部门按各自职责实施监督，严禁挤占挪用，确保基金安全。

表 14 - 5　三省六县对县农保基金监管的相关规定

地区	监督、控制
江苏常熟	市人力资源和社会保障部门要切实履行新型农保基金的监督职责，建立健全内控制度和基金稽核制度，对基金的筹集、预算、发放进行实时监控和定期检查，做到公开透明，加强社会监督，财政、检查、审计部门按各自职责实施监督，严禁挤占挪用，确保基金安全
江苏高淳	①符合领取养老金条件的人员在村（社区）劳动保障站办理养老保险待遇申领手续，经镇（街道）劳动保障所审核、县劳动保障部门确定后，自到龄次月起按月领取养老金 ②县审计部门定期对新型农村社会养老保险基金的筹集、使用和管理情况进行审计

地区	监督、控制
河南西峡	①各级农保工作机构应当建立健全农村社会养老保险基金的财务、会计、统计和内部审计制度 ②建立健全信息服务网络，努力为参保农民提供优质高效服务
陕西陈仓	①县级社保机构应对参保人员的相关信息进行复核 ②县级社保机构应对参保者信息变更的相关信息进行复核 ③县级社保机构应对参保者个人补缴的相关信息进行复核 ④县级社保机构应对集体补缴的相关信息进行复核 ⑤县级社保机构应对终止新农保关系的相关信息进行复核 ⑥县级社保机构应对参保金领取资格的相关信息进行复核 ⑦县级社保机构应于一个结息年度结束时对当年度的个人账户储存额进行结算 ⑧市、县（区）劳动保障部门要切实履行新农保基金的监管职责，制定完善管理规程，建立健全内控制度和基金稽核制度，对基金的筹集、上解、划拨、发放进行监控和定期检查，并定期披露基金筹集和支付信息，做到公开透明，加强社会监督。财政、监察、审计部门按各自职责实施监督，严禁挤占挪用，确保基金安全
陕西商南	①县级社保机构应对特殊困难人员接受补助资格的相关信息进行复核 ②县级社保机构应对参保者退保的相关信息进行复核 ③县级社保机构应对参保金领取资格的相关信息进行复核

2. 上级相关部门定期行使监管权力

2010 年，全国各试点县全面推进新农保试点工作的同时，国家人力资源和社会保障部和各省、市级社保部门以各种方式对新农保工作进行了抽查监督。上级部门监督、审计的主要内容包括：监督经办工作收集的相关资料是否齐全，依据是否充分，手续是否完备，核定结果是否准确，有无因操作不当造成少缴、漏缴；检查经办机构是否按规定的项目、范围和标准支付养老金，有无多支、少支或不支；有无挪用支出户基金；受益人有无骗取保险金行为等。从表 14 –6 可以看出我们调查的六县在 2010 年都接受过上级有关部门的监督、审计，这些监督、审计活动为新农保发展提出了很多具有前瞻性的改进意见和建议。

表 14 - 6　2010 年三省六县接受的上级相关部门的检查或审计活动

地区	监督、控制
陕西陈仓	审计署驻西安特派办对陕西省宝鸡地区新农保试点的审计调查①
河南通许	河南省人口计生委到省新型农村社会养老保险试点县通许县调研工作
河南西峡	国家人社部农村社会保险司督察指导
江苏高淳	国家人力资源和社会保障部社保中心新农保督导组督察指导
江苏常熟	①江苏苏州市审计局深入农户了解新农保政策惠农实效② ②苏州市全面审计调查新农保政策的落实和基金筹集、管理、使用情况③

3. 全程接受群众监督

群众监督主要是指公民或社会组织对权力机构及其工作人员的监督，有时也指一般群众对领导干部的监督。新农保监督环节特别强调群众监督。《指导意见》指出，"试点地区新农保经办机构和村民委员会每年在行政村范围内对村内参保人缴费和待遇领取资格进行公示，接受群众监督。"

江苏省高淳县应用劳动保障信息管理系统实现了参保登记、缴费申报、业务核算、待遇支付等环节的公开、透明，参保者可以应用信息管理系统查询本地区的保费缴纳和待遇支付明细。河南省通许县通过建设县乡联网的信息查询终端，实现了参保户凭借身份证可以就近查询参保、缴费、待遇领取信息。此外，通许县自 2010 年 1 月 15 日开始，按照"三级审核、一榜公示、严把三关、不错一人"的原则，对全县各乡镇上报的 60 周岁以上的农村居民审核后，张榜公示，接受监督，同时实行举报有奖，规定每举报一例，一经核实奖励现金 100 元；对虚报冒领的，每冒领一个月，除追回本金和利息外，加罚 100 元，情节严重的移交司法部门处理。村协管员也承担着进村入户，身份证件核查、随

---

① 资料来源于 http://www. audit. gov. cn/n1992130/n1992150/n1992439/2521795. html。

② 资料来源于 http://www. audit. gov. cn/n1992130/n1992150/n1992394/2569266. html。

③ 资料来源于 http://www. audit. suzhou. gov. cn/news/sjj/2010/7/12/sjj - 17 - 37 - 07 - 2300. shtml。

机抽查,认真核定各项信息等审核、监督任务。河南省西峡县要求村乡两级每月初必须进行参保人员核查工作,村村公示人口变化情况,确保无冒领现象;乡镇社保部门审核领取名单后,由县级社保部门通知金融机构发放养老金。陕西省陈仓区开创了多样化的群众监督途径,参保者可到县级社保机构打印《新型农村社会养老保险个人账户明细表》,或登陆社会保障网站查询、下载本人的个人账户记账明细,也可通过电话查询系统查询相关信息。陕西省商南县新农保经办机构和村民委员会每年在行政村范围内公布参保人缴费和待遇领取信息,接受群众监督。

表 14-7 新农保基金接受群众监督的现状

地区	群众监督
江苏高淳	根据南京市统一要求,高淳县通过劳动保障计算机信息管理系统进行业务管理,确保了参保登记、缴费申报、业务核算、待遇支付等工作程序透明、制度公开,业务流程和经办程序规范有序
河南通许	①通许县购买安装了信息系统查询终端设备(触摸屏查询系统)12 台,查询终端已实现县乡联网,农村居民凭借身份证可以就近查询参保、缴费、待遇领取等信息 ②通许县自 2010 年 1 月 15 日开始,按照"三级审核、一榜公示、严把三关、不错一人"的工作原则,对全县各乡镇上报的 60 周岁以上的农村居民审核后,张榜公示,接受监督,同时实行举报有奖,规定每举报一例,一经核实奖现金 100 元,对虚报冒领的,每冒领一个月,除追回本金和利息外,加罚 100 元,情节严重的移交司法部门处理。同时,充分发挥村协管员的作用,进村入户,身份证件核查、随机抽查,认真核定各项信息
河南西峡	村乡两级每个月都要核查人口,公示人口变化,确保不会出现人死亡后还在领钱的情况。具体程序如下: ①村上建立死亡和新增可领取养老金名单→乡镇汇报→县汇报→信用社打钱→人领钱 ②1—5 号乡镇上报各单→5—8 号县发放资金→8—10 号便可领钱

地区	群众监督
陕西陈仓	①各级社保机构应通过新闻媒体及印发宣传手册等手段，采取各种通俗易懂、灵活多样的方式，有针对性地向农民宣传新农保政策及办理流程 ②参保人员可到县级社保机构打印《新型农村社会养老保险个人账户明细表》，或登陆社会保障网站查询、下载本人的个人账户记账明细等相关信息，也可通过 12333 电话查询系统查询相关信息
陕西商南	试点县农保经办机构和村民委员会每年在行政村范围内对村内参保人缴费和待遇领取资格进行公布，接受群众监督

14.3 新农保基金管理、经办和监督存在的问题

14.3.1 新农保基金管理中存在的问题

1. 新农保金融服务机构的选择问题

目前我们调查的六县虽然都把新农保基金纳入了基金专户管理，并严格按照财务会计制度，专款专用，但各地金融服务网点选择亟待规范。除国有商业银行外，试点地区多选用农村网点较多的农村信用合作社和邮政储蓄银行。新农保合作金融服务机构普遍存在着网点覆盖面低、经办能力差、服务积极性弱等问题。

20 世纪 90 年代开始，国有商业银行在乡镇网点已基本完成战略退出，在农村的网点较少，许多乡镇的经办网点出现空白。农村信用合作社大幅合并乡镇营业机构，在农村基层服务网点增多。但由于信用合作社不属于国有银行，根据相关规定不能开设财政专户，且法人层次较低，抵御风险的能力不强。邮政储蓄是国有控股银行，基层网点数量较

多，还可以借助邮政服务人员走村串户的优势，方便养老金发放工作，但也存在抵御风险的能力不强的问题。

新农保试点工作正处于起步阶段，合作金融服务机构缺乏服务大规模且分散的农村参保者的工作经历和经验，金融服务机构网点少、窗口少，只能提供有限的柜面服务。且现阶段新农保首先覆盖了大量年满60周岁以上的老人，其居住地分散，行动不便，合作金融服务机构难以提供进村入户的针对性金融服务。

目前，国家对试点地区农户参加新农保有财政补贴，鼓励农民积极参保和提高投保额度，但是尚未出台专门针对新农保合作金融服务机构的税收优惠政策和财政补贴政策，导致合作金融服务机构承办新农保相关业务的积极性不高。

2. 新农保基金管理层次较低的问题

三省六县新农保试点地区目前都实行县级管理模式，县级社保部门不仅具有相关政策的制定权，也具有资金调度权和主要的基金监管权。

截至 2011 年初，我国共有 820 个县①（市、区、盟），赋予县级政府新农保政策制定权，必将造成政策"碎片化"现象。我们调查的六县提出了六种不同的实施政策。"一地一策"，甚至"一地多策"，多种政策共存，在体现地区和参保者不同需求的同时，也造成了政策不规范、多样化等问题。政策制定权越分散，政策架构就被切割的越细碎。因此，应该通过提高政策制定层次避免新农保制度建设中出现的政策"碎片化"现象。

由于新农保基金的县级管理，每个县的基金结余规模有限，不利于基金保值增值。2010 年 1—7 月底，河南省开封市（见表 14 - 8）新农保基金收入 2777 万元，支出 2369 万元，结余仅 408 万元。基金结余规模有限加之各地县级基金运营经验不足，多数县级新农保管理机构将养老基金结余存在银行，以一年期存款利率计息。在通货膨胀条件下，保值增值手段单一必然造成参保者个人账户基金的贬值。

---

① 资料来源于 http://finance.qq.com/a/20110101/000838.htm。

表14－8　新农保部分试点地区收支情况统计

单位：万元

	商南	开封	西峡	高淳	常熟
收入	1530①	2777	2836.67	10555②	31639
支出	819.9③	2369	1718.73	4971	29691
结余	710.1	408	1117.94	5584	1948

县级社保部门承担着新农保基金经办审核、运营监管工作，既要指导、领导下级机构准确无误的办理新农保业务，又要监控、审计基金收缴、运作过程，这种一身二任的职能、职责，难免造成新农保基金被挤占、被挪用的安全隐患。

新农保基金的县级管理模式，促成了县级主管部门集政策制定权、资金调度权和基金监管权三权于一身的权利结构，不利于新农保基金保值增值和安全运行。

14.3.2　新农保基金经办中存在的问题

1. 新农保的档案管理和信息化建设问题

参保者档案是新农保制度建设的基础性工作，是农村养老保险经办机构在具体经办保险事务的活动中形成的，参保者档案作为历史保存以备考文件，具有留存时间跨度长、覆盖面广的特点，是全面、系统记录参保者缴费和计发待遇信息的重要依据。此次调研发现，在新农保经办过程中，存在着对档案建设管理工作的忽视，手工填写的相关资料中遗漏和错误信息甚多，纸质档案和电子档案的误差较多，甚至出现故意毁损、仿造、涂改档案或拒绝移交档案等问题。

加强新农保信息系统建设，是实现新农保业务规范化和现代化的重

---

① 数据来源于 http://news.hc169.com/news/2010－07/13513.html。

② 数据来源于《高淳县新型农村社会养老保险实施情况汇报》。

③ 数据来源于 http://news.hc169.com/news/2010－07/13513.html。

要举措，更是加快推进新农保试点工作的必然选择。目前各地新农保信息系统建设水平存在较大差异，其中东部经济发达地区，由于技术基础好、设备全，且推行农村养老保险开始时间早，已基本形成了市、县、镇、村多级联网的信息管理系统。但中西地区，特别是 2009 年末刚开始推行新农保试点的地区，由于试点初期推行速度快、任务重等原因，新农保信息管理系统建设相对滞后。

2. 新农保经办服务能力不足的问题

通过对调查的六县（市、区）的县、乡（镇）、村三级经办机构的建设状况、人员配备、经办职责等的对比分析，我们发现，镇、村级机构经办工作量大、人员不足、经费缺乏等原因直接导致了新农保经办机构服务能力不足的问题。

新农保推广时期，70% 的新农保的宣传和经办业务都集中于乡（镇）、村级经办机构。乡（镇）、村级经办机构既要做好政策宣传与解释、待遇领取资格认证、摸底调查、农村居民基本信息采集、情况公示等工作，还要负责参保登记、缴费档次选定、待遇领取、关系转移接续等业务环节所需材料的收集、审核与数据库建设。

随着新农保覆盖面的不断扩大，各项业务量还将迅速增长，人均工作量极为繁重，管理人员严重不足与服务质量差的问题更加突出。以陕西省陈仓区周原镇为例，全镇 4.3 万余人，镇级工作人员仅有 3 名，每个行政村协办员 1 名，而且还是兼职，工作人员严重不足。在这种条件下，别说做好摸底调查、宣传推广、政策讲解、保单服务等工作，就连基本的收付工作都难以保证质量。随着覆盖面逐步扩大，这一矛盾将更加突出。

乡（镇）、村级经办机构在开办初期，基础建设费、开办费的经费来源很不稳定，更缺乏长效机制。至今仍有很多管理机构租借场地办理业务，面积狭小、设施简陋，办理参保登记、费用报销时人满为患。

14.3.3　新农保基金监督中存在的问题

为保证新农保基金有序、安全运行，我们调查的六县都对新农保基金监管任务和范围进行了严格的规定，明确了各级机构在监管方面承担的权力和责任关系。在调查中我们发现，各试点地区对新农保基金的监管存在很大程度的随意性，各县制定的实施办法其他规定也没有规定对监管过程发现问题的处理、纠正程序与办法，没有制定对有关工作人员的问责制度，致使监督过程流于形式。

14.4 新农保基金管理、经办和监督的对策建议

14.4.1 新农保基金管理的对策建议

1. 推进新农保金融服务配套设施建设

降低新农保合作金融机构的选择范围。《社会保障基金财政专户管理暂行办法》规定，社会保障财政专户只能"在国有商业银行开设"。但是据银监会统计，截至 2009 年 6 月底，全国仍有 2945 个乡镇没有银行业金融机构营业网点，分布在 27 个省（区、市），西部地区 2367 个，中部地区 287 个，东部地区 291 个。其中，有 708 个乡镇没有任何金融服务，占金融机构空白乡镇总数的 24%，分布在 20 个省（区、市）。现行政策规定与农村金融网点缺少的现实之间的矛盾，已经成为新农保试点地区选择基金管理的合作金融机构中面临的难题。因此，为了应对我国农村金融网点不健全的问题，可考虑降低新农保合作金融服务机构的选择门槛，把农村信用社、邮政储蓄银行等纳入到合作范围中来。

制定有关政策，发展农村金融服务业，增加网点。《中国银监会办公厅关于进一步推进空白乡镇基础金融服务工作的通知》提出，2011 年要按照每个省份现存机构空白乡镇平均减少 1/4 的目标进度，力争在全国再解决 500 个机构空白乡镇的机构覆盖问题。2011 年 6 月 20 日，国务院决定进一步加快新型农村社会养老保险试点进度，在本届政府任

期内基本实现制度全覆盖。实现新农保制度的全覆盖，对农村金融服务工作提出了更高的要求，建议加快增设乡镇级金融服务网点的工作进度，在本届政府任期内，即2012年底以前，消除全国所有金融服务空白乡镇。

2. 完善新农保管理系统

确立省级社保部门对新农保工作的主管、规划地位。省级社保部门负责包括制度建设进程、资金投入、机构建设、人员编制、信息化建设等在内的全省新农保制度建设的规划并组织实施，编制本省范围内的新农保宣传资料，制定、完善本省新农保业务经办管理办法，参与制定本省新农保基金管理办法、财务管理细则，编制、汇总、上报本级新农保基金财务、会计和统计报表等。

强化市级社保机构对新农保工作的指导、监督作用。市级社保机构是负责新农保工作的日常管理机构，具体负责新农保工作的业务指导、培训、考核、基金管理、个人账户建立、领取人员资格审核、养老金给付标准核算及拨付养老金，负责新农保内控和稽核制度，负责对基层新农保经办工作的监督、监察。

县人劳局、农保办是新农保工作的主要经办机构。县人劳局、农保办负责本辖区内新农保工作的具体经办事务，进行参保人员信息审核和信息数据库建立等工作，包括对参保人员的参保资格、基本信息、缴费信息、待遇领取资格及关系转移资格等进行审核，录入有关信息，并负责受理咨询、查询和举报、政策宣传、情况公示等工作。

完善乡（镇）、村两级经办服务机构，尤其加强村级服务机构的建设；优化新农保的业务流程，实现参保信息的准确、完整和安全，提高经办效率。加强基层经办机构人才队伍的建设，确保乡（镇）社会保障服务所拥有与服务对象数量相适应的专职人员编制，村社会保障服务站应当配备专职社会保障经办员；定期或不定期对基层经办机构的工作人员进行专业培训。

14.4.2 新农保基金经办的对策建议

1. 强化新农保档案管理和信息化建设

新农保参保档案是参保者缴纳保费、享受待遇的重要依据，新农保档案管理质量的高低直接关系到参保者的切身利益。为了强化新农保档案管理工作，各地应根据自身特点制定新农保业务档案管理工作规划，从归档范围和档案的收集、整理与归档等方面明确各级经办机构的档案管理责任、理顺档案管理流程。严把原始资料收集关，对各参保人员的《参保登记表》和个人身份证复印件等原始资料，经层层审核把关后，以电子表格形式录入电脑；严把参保信息整理关，对上报来的参保信息经审核后，进行分类整理，责任到人；严把档案保管关，根据新农保业务档案资料保管期限长的特点，县社保局应该设立新农保档案室，确保档案存放科学合理、便于查找。

当前我国农村劳动力表现出了较强的外出流动倾向。大量在外务工的农村居民给新农保跨区域经办能力提出了一大难题，为了便于外出人员缴纳保险费或领取养老金，就必须实现新农保信息管理系统的全国联网。但目前各地新农保信息管理系统建设水平存在较大差异，制约着新农保信息管理系统的联网发展。为了加强新农保信息化建设，应该将新农保信息化建设纳入金保工程的总体规划，充分利用金保工程建设成果，采用各省大集中的建设模式，在省级集中数据和系统，通过网络支持省内各市县经办机构、乡镇事务所及村协办员开展新农保业务。信息系统的日常管理工作由省社保部门统筹指导，市、县分别负责本级涉及的软硬件系统和网络线路的运行维护工作。

2. 加强新农保经办机构的服务能力建设

在我国农村人口众多、居住分散、流动性大、新农保参保者迅速增长的情况下，为了实现新农保制度的长期有效推进，加强经办机构建设，不断提升经办能力是新农保建设的重中之重。

针对目前基层经办机构人员不足的问题，首先要充分挖掘现有行政编制资源，大幅减少职能弱化工作部门的人员编制，扩大新农保经办机构的人员编制；其次要加强现有行政人员的管理，根据业务、科室目标考核管理需要，进一步优化业务流程，分解权责，明确目标，不断提高工作效率；最后要立足经办工作的实际需要，适当增大非在编人员的数量，公开招聘临聘人员，按照要求组织必要的业务学习培训后考核上岗。

针对目前基层经办机构服务能力低的问题，要加强经办机构队伍建设，不断提升经办能力。随着新农保不断扩面，新农保经办机构自身压力日趋增大，必须大力加强经办机构工作人员的队伍建设。通过强化业务培训，把经办人员培训学习纳入经办机构能力建设工作，每年分层次、分期、分批次，围绕业务政策、操作规程和新问题研究等内容，对经办人员进行全面培训，大力提高经办人员的政策和业务水平。

14.4.3 新农保基金监督的对策建议

提升新农保基金监督效果首先应该加大主管部门对新农保基金的监督力度。一方面，县纪检监察部门牵头组成新农保监督委员会，由县社保、财政、民政、老龄、残联、计生等部门抽调人员兼职组成，每月末对新农保专项资金发放情况进行日常和专项监督检查，加大资金使用情况审计、审核，加强个人账户监管，确保不出现挤占、挪用资金和冒领、伪造证件情况；另一方面，促进各部门间的信息沟通，通过网络信息共享实现对新农保基金的实时监控。各部门统一规划，新农保信息系统应该采用标准数据接口，与财政、公安、银行、民政、计生、残联等其他电子政务系统的共享信息在省级数据中心集中进行交换。

公众监督是新农保基金监督管理中不可缺少的监督力量。目前，各地主要采用村村张榜公布的方式，提高养老金领取人的信息透明度，这种方法简单易行，但却存在监控途径单一、效果不稳定的问题。因此，在今后的新农保建设中，可以应用电话、电视、网络等多种信息平台，打造多渠道并行的信息查询和举报途径，更好的发挥公众监督作用。

14.5 结 论

本章以陕西、河南、江苏三省六个县（市、区）的抽样调查资料为依据，分析了新农保试点过程的基金经办、管理、监督三个方面的经验与问题，提出了完善管理制度、提高新农保基金经办效率、加大监督力度等对策建议。

基金管理方面，为应对现行政策规定与农村金融网点缺少的现实之间的矛盾，我们提出：一方面，扩大新农保合作金融机构的选择范围，把农村信用社、邮政储蓄银行等纳入到合作范围中来；另一方面，制定有关政策，发展农村金融服务业，增设网点。此外，为了完善新农保管理系统，需要确立省级社保部门对新农保工作的主管、规划地位；强化市级社保机构对新农保工作的指导、监督作用；由县人劳局、农保办承担新农保工作经办责任。

基金经办方面，首先要强化新农保档案管理工作，各地应根据自身特点制定新农保业务档案管理工作规划，从归档范围和档案的收集、整理与归档等方面明确各级经办机构的档案管理责任、理顺档案管理流程；其次要加强新农保信息化建设，通过信息系统联网来支持各经办机构开展新农保业务；再次要通过明确职能分工、优化业务流程等方式，确实提升新农保基层经办机构的经办管理与服务能力。

基金监管方面，成立专门的新农保监督委员会，加大资金使用情况审计、审核，加强个人账户监管。促进财政、公安、银行、民政、计生、残联等各部门间的信息沟通，通过网络信息共享实现对新农保基金的实时监控。同时，应用电话、电视、网络等多种信息平台，打造多渠道并行的信息查询和举报途径，更好的发挥公众监督作用。

参考文献

[1] 周运涛:《中国新农保基金管理制度研究》,《广西经济管理干部学院学报》2010 年第 4 期,第 27—32 页。

[2] 张泉、涂永波:《关于完善新农保基金管理模式的建议》,《中国劳动保障报》2010 年 6 月 1 日。

[3] 陕西省劳动和社会保障厅课题组:《宝鸡新农保实验》,《中国社会保障》2009 年第 2 期,第 13—17 页。

[4] 员莎、张大勇:《基层社保所是新型农村社会养老保险制度推行的关键点》,《产业与科技论坛》2010 年第 1 期,第 16—19 页。

[5] 张艳花:《新农保的近喜与远忧》,《中国金融》2009 年第 22 期,第 45—50 页。

[6] 雒庆举:《新农保的新挑战与新思路》,《中国金融》2010 年第 7 期,第 78—82 页。

[7] 赵意焕:《培育河南省新型农村养老保险制度的经济支柱研究》,《产业与科技论坛》2009 年第 4 期,第 23—30 页。

[8] 单大圣:《新农保的工作重心应是优化现行制度》,《中国经济时报》2010 年 8 月 13 日。第 002 版。

[9] 王石:《社会保险稽核的内容及程序》,《中国社会保障》2007 年第 9 期,第 66 页。

[10] 杨翠迎、周永水:《基层农村社会养老保险机构建设及其管理现状与问题》,《消费导刊》2009 年第 11 期,第 39—41 页。

[11] 李银燕:《广西政协专题调研报告:新农保应设相应管理部门》,《中国经济时报》2010 年 1 月 4 日。

[12] 陈娟:《社会保险经办机构人事管理制度研究》,《人口与经济》2009 年第 S1 期,第 100—103 页。

[13] 赵英侠:《农村社会养老保险经办机构内控制度建设的思

考》，《科技信息》2008 年第 28 期，第 28—35 页。

　　［14］李强、张娜威：《完善农保制度需提高财政扶持力度》，《中国审计报》2008 年 3 月 28 日，第 001 版。

　　［15］米红：《基于真实参保率的新型农村社会养老保险基金发展预测研究》，《山东科技大学学报》2009 年第 1 期，第 57—65 页。

附　录

新型农村社会养老保险制度
调　查　问　卷

（国家级新农保试点区县专用）

西安交通大学新农保制度研究项目组
二〇一〇年六月

致调查户的一封信

尊敬的被调查户：

您好！2009 年，国务院《关于开展新型农村社会养老保险试点的指导意见》明确提出"2009 年试点覆盖面为全国 10% 的县（市、区、旗），以后逐步扩大试点，在全国普遍实施，2020 年之前基本实现对农村适龄居民的全覆盖"。但是，建设什么样的新农保制度，怎样建设新农保制度是急需解决的关键问题。

本次调查是西安交通大学国家社会科学基金重大招标项目《新型农村社会养老保险制度建设模式与推进路径研究》课题组组织开展的，旨在了解农村居民参加新农保制度的基本情况，以期总结经验，探索新农保制度的理想模式和推进路径。您的配合是本次社会调查顺利进行的关键，您的意见和见解将直接或间接的服务于政府决策。

我们会严格遵守《统计法》规定，对您提供的有关情况严加保密，请您不必担心。

谢谢您抽出时间接受调查员的访谈！

请您在正确选项后打"√"；需要填写的问题请您在右栏填写答案。

西安交通大学新农保制度研究项目组

二〇一〇年六月

新型农村社会养老保险制度调查问卷

（国家级新农保试点区县专用）

住户处所及基本构成

地址：＿＿＿＿＿＿＿＿＿省（区、市）＿＿＿＿＿＿＿市＿＿＿＿＿＿＿区（县）＿＿＿＿＿＿＿＿＿镇（乡、街道）＿＿＿＿＿＿＿＿＿村（居委会）

本户户籍人口为＿＿＿＿＿＿人，0—16 周岁有＿＿＿＿＿＿人，17—59 周岁有＿＿＿＿＿＿人，60 周岁以上有＿＿＿＿＿＿人。

（1）具有劳动能力的有＿＿＿＿＿＿人，其中，在乡务农＿＿＿＿＿＿人，外出务工＿＿＿＿＿＿人，经营生意＿＿＿＿＿＿人。

（2）不具有劳动能力的有＿＿＿＿＿＿＿＿人，其中，学龄前儿童＿＿＿＿＿＿人，在读学生＿＿＿＿＿＿人，因病残丧失劳动能力＿＿＿＿＿＿人，因年老丧失劳动能力＿＿＿＿＿＿＿＿人，因其他原因丧失劳动能力＿＿＿＿＿＿人。（按当前情况填写）

（3）本户常住人口为＿＿＿＿＿＿人。（户籍人口与未取得户籍儿童少年人口数之和）

第一部分　家庭基本信息

	问　题	备选答案	成员 1	成员 2	成员 3	成员 4	成员 5
1.1	填答者与户主关系	(1) 户主 (2) 配偶 (3) 子女 (4) 孙子女 (5) 父母 (6) 祖父母 (7) 兄弟姐妹 (8) 其他					
1.2	性别	(1) 男性 (2) 女性					
1.3	年龄	请在右边填写					
1.4	婚姻状况	(1) 已婚 (2) 丧偶 (3) 离异 (4) 从未结过婚 (5) 未达到结婚年龄					
1.5	文化程度	(1) 不识字或很少识字 (2) 小学 (3) 初中 (4) 高中（含中专、技校）(5) 大专 (6) 本科 (7) 研究生及以上 (7) 未达到入学年龄					
1.6	当前您的主要身份	(1) 务农 (2) 养殖专业户 (3) 学生 (4) 村干部 (5) 乡镇干部 (6) 教师 (7) 医生 (8) 个体户 (9) 私营企业主 (10) 外出务工人员 (11) 本乡镇企业打工 (12) 工匠 (13) 儿童 (14) 老年人 (15) 其他					
1.7	当前健康状况	(1) 健康 (2) 一般 (3) 体弱 (4) 长期慢性病 (5) 重症疾病 (6) 身体残疾					

续表

问题		备选答案	成员 1	成员 2	成员 3	成员 4	成员 5
1.8	在过去 12 个月里是否正在或曾经外出打工	(1) 是　(2) 否					
1.9	过去一年您家庭总收入	请在右边填写					
1.10	过去一年您家庭总支出	请在右边填写					
1.11	过去一年，您家庭平均每月下述支出的金额	食品：　衣着：　文化教育娱乐：　居住：　家庭设备用品：　交通和通讯：　医疗保健：　杂项商品和服务：　其他					
1.12	目前您家庭的收入来源（可多选）	(1) 自己劳动，依靠农产品的收入 (2) 子女的赡养费 (3) 国家或村里补助 (4) 外出打工挣钱 (5) 财产性收入 (6) 经营生意净钱 (7) 依靠家里父母 (8) 依赖各种扶贫救济金 (9) 退休金 (10) 其他					
1.13	您家拥有土地情况	(1) 家有土地总面积：　　(2) 经济作物播种面积：　(3) 粮食作物播种面积：　(4) 设施农业占地面积（主要指各类温室）：　(5) 林地面积：　　(6) 草地面积：　(7) 水面面积（鱼塘等）：					
1.14	您家的住房面积	请在右边填写					
1.15	您家房屋主要建筑结构	(1) 土坯房 (2) 砖混平房 (3) 二层楼 (4) 三层楼及以上					
1.16	您家享受过何种社会救助	请在右边填写					

第二部分 家庭参加新型农村社会养老保险制度现状

	问题	备选答案	成员 1	成员 2	成员 3	成员 4	成员 5
2.1	您是否参加了新农保	(1) 是　(2) 否（跳至 3.1）					
2.2	您现在缴纳的保费档次	(1) 100 元 (2) 200 元 (3) 300 元 (4) 400 元 (5) 500 元 (9) 其他					
2.3	政府每月给您的缴费补贴	(1) 30 元 (2) 40 元 (3) 45 元 (4) 50 (5) 其他					
2.4	您参加新农保总月数	请在右边填写					
2.5	您是否被强制参加新农保	(1) 强制　(2) 不强制					
2.6	您是否改变过缴费档次	(1) 调高过 (2) 没变过 (3) 调低过					
2.7	您是否领取养老金	(1) 是　(2) 否（跳至 2.14）					
2.8	您每月领取基础养老金	请在右边填写					
2.9	您每月领取个人账户养老金	请在右边填写					
2.10	您能否按月领取养老金	(1) 能（跳至 2.12）　(2) 不能					
2.11	您不能按月领取养老金的原因	(1) 经办机构没有按月发放；(2) 不方便领取；(3) 不知道能够按月领取 (4) 其他					
2.12	您已经领取了多长时间的养老金	请在右边填写					

续表

问题	备选答案	成员 1	成员 2	成员 3	成员 4	成员 5
2.13	除新农保外，您其他的养老途径（可多选）	(1) 失地农民养老保险 (2) 城镇职工基本养老保险 (3) 城镇居民养老保险 (4) 家庭养老 (5) 社会救助 (6) 商业养老保险 (7) 其他				
2.14	参加新农保对您家生活水平的影响	(1) 生活水平降低了 (2) 没有影响 (3) 生活水平提高了				
2.15	您最初是通过何种方式了解新农保政策的	(1) 媒体（电视、广播、报纸等）(2) 当地政府、村干部宣传 (3) 邻居家人的宣传 (4) 其他方式				
2.16	您所在乡镇社保部门经常给您宣传新农保政策吗	(1) 经常宣传 (2) 多次宣传 (3) 宣传过一两次 (5) 不宣传				

第三部分 对新型农村社会养老保险制度的基本认知

注：本部分了解度、满意度、合理度分为五级，分别为：(1) 非常不了解 (2) 不了解 (3) 一般 (4) 了解 (5) 非常了解；(1) 非常不满意 (2) 不满意 (3) 一般 (4) 满意 (5) 非常满意；(1) 非常不合理 (2) 不合理 (3) 一般 (4) 合理 (5) 非常合理。

问题	了解度	满意度	合理度
3.1	新型农村社会养老保险总体政策	(1) (2) (3) (4) (5)	(1) (2) (3) (4) (5)	(1) (2) (3) (4) (5)
3.2	100 元、200 元、300 元、400 元、500 元等缴费档次的设定	(1) (2) (3) (4) (5)	(1) (2) (3) (4) (5)	(1) (2) (3) (4) (5)

续表

	问　题	了解度	满意度	合理度
3.3	保险费 15 年的缴费年限设定	(1) (2) (3) (4) (5)	(1) (2) (3) (4) (5)	(1) (2) (3) (4) (5)
3.4	保险费按年（月，季）缴纳	(1) (2) (3) (4) (5)	(1) (2) (3) (4) (5)	(1) (2) (3) (4) (5)
3.5	200 元及以下标准缴费者每年补贴 30 元，300 元标准补贴 40 元、400 元标准补贴 45 元、500 元及以上补贴 50 元的政府补贴政策	(1) (2) (3) (4) (5)	(1) (2) (3) (4) (5)	(1) (2) (3) (4) (5)
3.6	村（组）集体经济给予的缴费补助	(1) (2) (3) (4) (5)	(1) (2) (3) (4) (5)	(1) (2) (3) (4) (5)
3.7	对待残疾人的优惠政策	(1) (2) (3) (4) (5)	(1) (2) (3) (4) (5)	(1) (2) (3) (4) (5)
3.8	一年期同期存款利率计息政策	(1) (2) (3) (4) (5)	(1) (2) (3) (4) (5)	(1) (2) (3) (4) (5)
3.9	基础养老金标准 55 元/月	(1) (2) (3) (4) (5)	(1) (2) (3) (4) (5)	(1) (2) (3) (4) (5)
3.10	个人账户计发月数为 139 个月	(1) (2) (3) (4) (5)	(1) (2) (3) (4) (5)	(1) (2) (3) (4) (5)
3.11	参保人死亡，个人账户中的资金余额，除政府补贴外，可以依法继承	(1) (2) (3) (4) (5)	(1) (2) (3) (4) (5)	(1) (2) (3) (4) (5)
3.12	符合参加社会养老保险条件的家庭成员，但其符合参保条件的配偶、子女应当参保缴费，可享受养老金待遇	(1) (2) (3) (4) (5)	(1) (2) (3) (4) (5)	(1) (2) (3) (4) (5)
3.13	新保经办人员的服务	(1) (2) (3) (4) (5)	(1) (2) (3) (4) (5)	(1) (2) (3) (4) (5)
3.14	新农保政策的宣传	(1) (2) (3) (4) (5)	(1) (2) (3) (4) (5)	(1) (2) (3) (4) (5)
3.15	允许农民流转土地承包权	(1) (2) (3) (4) (5)	(1) (2) (3) (4) (5)	(1) (2) (3) (4) (5)

续表

	问 题	了解度	满意度	合理度
3.16	新型农村社会养老保险交钱多养老金发放多，交钱时间长养老金发放多	(1) (2) (3) (4) (5)	(1) (2) (3) (4) (5)	(1) (2) (3) (4) (5)
3.17	参加新农保	(1) 非常不愿意 (2) 不愿意 (3) 一般 (4) 愿意 (5) 非常愿意		
3.18	鼓励家人全部参加新农保	(1) 非常不愿意 (2) 不愿意 (3) 一般 (4) 愿意 (5) 非常愿意		
3.19	提高缴费档次	(1) 非常不愿意 (2) 不愿意 (3) 一般 (4) 愿意 (5) 非常愿意		
3.20	降低缴费档次	(1) 非常不愿意 (2) 不愿意 (3) 一般 (4) 愿意 (5) 非常愿意		
3.21	主动宣传新农保政策	(1) 非常不愿意 (2) 不愿意 (3) 一般 (4) 愿意 (5) 非常愿意		
3.22	用转让土地的钱参加新农保	(1) 非常不愿意 (2) 不愿意 (3) 一般 (4) 愿意 (5) 非常愿意		
3.23	您认为现在老人每月领取的养老金够不够生活	(1) 完全够用 (2) 基本够用 (3) 不太够用 (4) 不够用 (5) 完全不够用		
3.24	您认为现在有人不愿意参加新型农村养老保险的原因（可多选）	(1) 缴费率过高 (2) 缴费年限过长 (3) 对政府不信任 (4) 对政策不了解 (5) 没有固定收入 (6) 家里每人领取 (7) 家庭关系不和谐 不太了解		
3.25	您对政府推行新农保政策的看法	(1) 解决了农民的实际问题 (2) 较好缓解了养老压力，但需要改进 (3) 没有实质性的效果 (4) 不关心，也不信任这个政策		

第四部分　新型农村社会养老保险需求

问题	备选答案	选项
4.1	您选择的养老保障方式是什么（可多选）	(1) 参加社会养老保险 (2) 依靠子女养老 (3) 自我储蓄养老 (4) 依靠社会救助 (5) 参加商业养老保险 (6) 还没有考虑过 (7) 其他	
4.2	您为在老年时与谁居住最好	(1) 子女 (2) 自己或与配偶单独住 (3) 去敬老院 (4) 还没有考虑过 (5) 其他	
4.3	您认为每年专门用于养老方面的投入是多少	请在右边填写	
4.4	以您现在对养老方面的投入，您认为年老时的生活水平会如何	(1) 非常好 (2) 比较好 (3) 一般 (4) 比较差 (5) 非常差	
4.5	在保持当前物价水平不变的条件下，您期望每月的养老费用是多少	请在右边填写	
4.6	您感觉养老压力如何	(1) 非常大 (2) 比较大 (3) 一般 (4) 比较小 (5) 非常小	
4.7	您期望每年的缴费金额是多少	请在右边填写	
4.8	您认为养老金缴费年限为多少为合理	请在右边填写	
4.9	您是否期望您及家人未来参加城乡一体的社会养老保险制度	(1) 希望 (2) 不希望	
4.10	您认为新型农村社会养老保险制度还需要在那些方面优化（可多选）	(1) 缴费环节 (2) 个人账户 (3) 政府补贴 (4) 参保范围 (5) 新农保管理 (6) 制度衔接 (7) 待遇环节 (8) 不了解	

新型农村社会养老保险制度调查问卷（附卷）

（国家级新农保试点区县专用）

注：本部分均由填答者填写，其中第二部分由填答人代老年人填写。

第一部分　养老行为

问 题	备选答案	父母	配偶父母
F.1　您的父母是否健在?（若都不在跳至 F.11）	父亲：（1）健在，目前 _____ 岁；（2）不在了		
	母亲：（1）健在，目前 _____ 岁；（2）不在了		
F.2　您的父母（或父或母）生活上能否自理?	（1）不能自理（2）基本自理（3）可以做家务（4）可以干农活或工作		
F.3　您的父母（或父或母）与谁同住?	（1）您的已婚兄弟（2）您的已婚兄弟的配偶（3）您的已婚姐妹（4）您的已婚姐妹的配偶（5）您的兄弟姐妹的子女（6）您的未婚兄弟姐妹（7）您的爷爷奶奶或外公外婆（8）与您同住（9）自己居住（10）其他人		
F.4　您父母现在的生活来源主要靠什么?	（1）子女供给（2）本人收入（3）集体和政府补贴（4）新农保（5）其他		
F.5　在过去 12 个月中，您给父母的经济资助（含现金与实物）共多少元?	请在右边填写		
F.6　在过去 12 个月中，父母给您的经济资助（含现金与实物）共多少元?	请在右边填写		

	问　题	备选答案	父母	配偶父母
F.7	在过去 12 个月，您为父母提供生活照料（穿衣）和家务支持（洗衣做饭）的频率？	（1）每天都做（2）一星期几次（3）一个月几次（4）一月一次（5）一年几次（6）没有做		
F.8	您跟您父母聊天或讲心事的频率？	（1）每天都聊（2）一星期聊几次（3）一个月聊几次（4）一月聊一次（5）一年聊几次（6）从来不聊		
F.9	您平均多久和父母联系一次？	（1）每周 1 到 2 次（2）每月 1 到 2 次（3）每季度 1 到 2 次（4）半年 1 到 2 次（5）一年 1 到 2 次（6）几乎不联系		
F.10	您的子女的成长过程所得到的照顾中，父母做了多少？	（1）几乎全部（2）超过一半（3）大约一半（4）少于一半（5）没有做		

第二部分 赡养情况

问题	备选答案	选项
F.11 您现在的生活来源主要靠什么?	(1) 子女供给 (2) 本人收入 (3) 集体和政府补贴 (4) 其他	
F.12 您认为最好的养老保障是什么?	(1) 参加社会养老保险 (2) 依靠子女养老 (3) 自我储蓄养老 (4) 依靠社会救助 (5) 参加商业养老保险 (6) 还没有考虑过 (7) 其他	
F.13 您每个月需要花多少钱?	(1) 100元以下 (2) 100-300元 (3) 300-500元 (4) 500-700元 (5) 700元以上	
F.14 您是否愿意参加农村养老保险?	(1) 非常不愿意 (2) 不愿意 (3) 一般 (4) 愿意 (5) 非常愿意	
F.15 您是否参加了新农保?	(1) 是 (2) 否	
F.16 您每月领取的养老金是多少?	请在右边填写	
F.17 您对新农保制度满意吗?	(1) 非常不满意 (2) 不满意 (3) 一般 (4) 满意 (5) 非常满意	
F.18 您对自己的生活满意吗?	(1) 非常不满意 (2) 不满意 (3) 一般 (4) 满意 (5) 非常满意	
F.19 总的来说,您对自己得到的帮助满意吗?	(1) 非常不满意 (2) 不满意 (3) 一般 (4) 满意 (5) 非常满意	
F.20 参加新农保后,您觉得您的生活有什么变化?	(1) 变好了 (2) 没有变化 (3) 变差了	
F.21 在过去12个月中,您本人(及您的配偶)的收入是多少(钱和物)	请在右边填写	

续表

	问 题	备选答案	选项
F. 22	在过去的 12 个月里，孩子有没有给过您（或您的配偶）钱、食品或礼物？	(1) 有 (2) 没有	
F. 23	给您的这些财物共值多少钱？	请在右边填写	
F. 24	在过去 12 个月中，您有没有给孩子钱、食品或礼物？	(1) 有 (2) 没有	
F. 25	给他（她）的这些财物共值多少钱？	请在右边填写	
F. 26	在过去的 12 个月中，有没有孩子因为您身体不好帮助您做家务（比如打扫卫生、洗衣服、做饭、洗碗）？	(1) 有 (2) 没有	
F. 27	在过去的 12 个月中，有没有孩子因为您身体不好在生活起居上（如洗澡、穿衣）帮助您？	(1) 有 (2) 没有	
F. 28	在过去的 12 个月中，您有没有在家务上给孩子提供帮助？	(1) 有 (2) 没有	
F. 28	在过去的 12 个月中，您有没有在生活起居上给您孩子提供帮助？	(1) 有 (2) 没有	
F. 29	您觉得新农保制度应如何改进？	请在右边填写	

感谢的配合！祝您身体健康，合家欢乐！

调查员： _____   调查时间： _____

农村社会养老保险经办机构经办人员
服务能力调查问卷

您好！本次调查是西安交通大学国家社会科学基金重大招标项目《新型农村社会养老保险制度建设模式与推进路径研究》课题组组织开展的，此次问卷调查的目的是通过了解您作为经办机构服务人员的看法和意见，您的见解和观点对于政府制定社会养老保险制度至关重要。问卷匿名填写，我们将对您填写的内容严格保密，并承诺只在研究范围内作统计和分析使用。

填写说明：

1. 请独立填写问卷，并客观发表意见；

2. 请在您认可的选项前的字母上或方框内画"√"号，或在横线上填写具体数字或其他您认可的内容。

_____区_____县_____（机构名称）

一、经办机构人员基本信息

1. 性别　（1）男　（2）女

2. 年龄：_____

3. 您的学历学历：（1）高中专及以下　（2）高中专　（3）专科
　　　　　　　　（4）本科　（5）硕士　（6）博士及以上

4. 您所学的专业：（1）工学　（2）理学　（3）文学
　　　　　　　　具体专业_____

5. 您所在的岗位：_____

6. 您的职称：（1）未评级　（2）初级　（3）中级　（4）高级

7. 您是通过什么方式得到现在的工作的：

（1）其他事业单位选调 （2）借用 （3）公开招聘

（4）临时工 （5）其他＿＿＿＿＿＿＿＿＿＿＿＿＿

8. 您是否属于编制内人员 （1）是 （2）否

9. 您的级别是：（1）协管员 （2）副科长 （3）科长

               （4）副处长 （5）处长 （6）处长级别以上

10. 您参加工作几年？＿＿＿＿＿＿＿＿年

    从事现在的工作几年？＿＿＿＿＿＿＿＿年

二、经办机构管理（11～15：任务目标；16～20：考核与激励；21：业务推进能力；22～25：执行情况）

11. 您的工作任务、目标是否明确？

（1）是 ⟹

> 12. 2009年工作任务完成情况：
>
>   A. 超额完成
>
>   B. 全部完成
>
>   C. 未完成
>
>   D. 部分完成（90%以上、70%—90%、50%—70%、50%以下）
>
> 13. 过去5年完成任务情况：
>
>   A. 好   B. 一般
>
>   C. 差   D. 较差

（2）否 ⟹

> 14. 您认为任务不能达成的原因有？
>
>   A. 任务太重   B. 业务能力限制
>
>   C. 政策不合理   D. 宣传不到位
>
>   E. 服务设施等客观原因

15. 您任务工作责任是否落实到每一个网点及人员？

    （1）是   （2）不完全是   （3）否

16. 您认为工作中是否有明确的奖惩政策？

17. 这些考核与奖励政策对您的激励作用大吗?
    A. 非常大　　　　B. 比较大
    C. 一般　　　　　D. 没有作用

(1) 有 ⟹

(2) 没有 ⟹

18. 您认为是否有必要建立明确的奖惩措施?
    A. 非常必要　　　B. 有必要
    C. 没必要　　　　D. 无所谓

19. 您认为工作中是否有明确的业务考核指标?
    (1) 有　　　(2) 不完全有　　　(3) 没有　　　(4) 不清楚

20. 您认为目前机构各职能岗位人员配备合理吗?
    (1) 合理

(2) 不合理 ⟹

21. 您认为哪些部门和岗位需要增加人手?
    A. 基础业务办理部门
    B. 基金管理部门
    C. 稽查审核部门
    D. 信息化服务部门
    E. 政策宣传部门
    F. 行政部门
    H. 其他

22. 您认为本机构得到的支持力度如何?
    22-1. 上级部门的支持情况:
          A. 弱支持　　B. 支持　　C. 一般　　D. 不支持
    22-2. 上级部门监督稽查情况:
          A. 一个月多次　　　　B. 一个月一次

C. 一个季度一次　　　　　　D. 一年一次

E. 不定期　　　　　　　　　F. 从来没有

22-3. 部门的任务下达情况：

A. 任务很重　　B. 任务一般　　C. 任务不重　　D. 没有任务

22-4. 其他部门的支持情况：□税务部门　　　□农业部门

□财政部门

A. 弱支持　　　　B. 支持　　　　C. 一般　　　　D. 不支持

23. 新农保方案执行方法情况：

（1）执行省里统一制定的农保方案

（2）执行地级市制定的农保方案

（3）执行县结合当地情况制定的农保方案

24. 新农保方案的执行过程中是否对方案做过调整：

（1）没有　　　　（2）1次　　　　（3）2次　　　　（4）3次

（5）4次以上

25. 据您所知，您所在机构对新农保实施过程中出现的新情况、新问题有无改进计划和措施？

（1）都没有　　　　（2）有计划没有措施　　　　（3）没有

26. 您个人对新农保工作的看法：

（1）很有前景　　　　（2）有前景　　　　（3）一般

（4）没有前景　　　　（5）很没有前景

衷心感谢您的积极配合！

调查员：＿＿＿＿＿＿　调查时间：＿＿＿＿＿＿

访 谈 提 纲

◆ **访谈提纲一**

1. 基本信息

姓　名：_____　性　别：_____　职　务：_____

学　历：_____　专　业：_____　参加工作时间：_____

访谈者：_____　记录者：_____

时　间：_____　地　点：_____

---

2. 访谈提纲

(1) 请您介绍本地新型农村养老保险制度实施以来的基本情况。

(2) 您认为当地试点开展的新型农村养老保险制度与其他省的制度相比，其优点和缺点分别是什么？

(3) 您认为新型农村养老保险制度在试点工作中最大的障碍是什么？

(4) 您认为新型农村养老保险制度要在全国推广必须具备哪些条件？（制度、政策、资金、人员机构等方面）

(5) 针对新型农村养老保险制度试点中出现的问题，您认为应采取哪些措施？

(6) 新型农村养老保险制度未来发展的理想模式是什么？

(7) 根据统筹城乡经济发展的目标，您认为建立城乡一体养老保障制度体系的内容是什么？

◆ **访谈提纲二**

1. 基本信息

姓　名：_____　性　别：_____　职　务：_____

学　历：_____　专　业：_____　参加工作时间：_____

访谈者：_____　记录者：_____

时·间：_____　地　点：_____

---

2. 访谈提纲

(1) 请您介绍本地新型农村养老保险制度实施以来的基本情况，有哪些经验？

(2) 您认为新型农村养老保险制度在试点工作实施中遇到的困难有哪些？

(3) 您认为新型农村养老保险制度在具体实施时，与国家颁布的《指导意见》有哪些不同之处？为什么？

(4) 根据您所在县的实际情况，您认为如何优化新型农村社会养老保险制度？

(5) 新型农村养老保险制度未来发展的理想模式是什么？

(6) 根据统筹城乡经济发展的目标，您认为建立城乡一体养老保障制度体系的内容是什么？

◆ **访谈提纲三**

1. 基本信息
   姓　名：_____　　性　别：_____　　职　务：_____
   参加工作时间：_____　　访谈者：_____　　记录者：_____
   时　间：_____　　地　点：_____

2. 访谈提纲
（1）请您介绍本地新型农村养老保险制度实施以来的基本情况。
（2）您认为农村居民对待新农保制度的态度是什么？如何提高居民参保的积极性？
（3）农村居民对新农保制度有哪些期望或要求？
（4）根据您所在县的实际情况，您认为如何优化新型农村社会养老保险制度？

◆ **访谈提纲四**

1. 基本信息
   姓　名：_____　　性　别：_____　　职　务：_____
   学　历：_____　　专　业：_____　　参加工作时间：_____
   访谈者：_____　　记录者：_____
   时　间：_____　　地　点：_____

2. 访谈提纲
（1）全省范围内，省、市、县三级养老保险经办机构分别有几个？他们之间的隶属关系如何？其中，农村养老保险经办机构设置情况如何，新农保试点地区基层农保工作如何开展？
（2）各级经办机构一般设有哪些部门，分别从事哪些业务，对农保工作的开展起到什么样的作用？
（3）新农保试点地区基层农保机构设置情况：是否设有专门机构？是否有专业从事农保工作的工作人员？有几个工作人员？他们的个人基本信息如何（年龄、性别、政治面貌、学历、是否有编制等）？他们的工作主要包括哪些？
（4）新农保试点地区工作人员的工作任务和目标是否明确，完成情况如何？个人工作负担如何？
（5）经办机构经费来源是？有没有纳入统计财政预算（全部、部分、没有）？是否可以满足工作开展的支出？日常工作经费拨付有没有统一的标准和依据？
（6）对于目前开展的农村社会养老保险工作做全面的评价，包括主要的成就、取得的工作经验、面临的问题和解决的方法？
（7）在农村社会养老保险方案的制定与逐步完善过程中，您认为应主要考虑哪些因素？为什么？
（8）对于未来农村社会养老保险工作的开展，您有何建议？

新型农村社会养老保险制度建设基础资料搜集表

一、政策法规类

序号	资料名称	搜集情况
1	新型农村社会养老保险制度实施办法	
2	新型农村社会养老保险年度总结报告	
3	新型农村社会养老保险汇报材料	
4	新型农村社会养老保险调研资料	
5	新型农村社会养老保险研究资料	
6	上级指示资料	
7	新型农村社会养老保险年度规划	
8	新型农村社会养老保险长期规划	

二、基金运行类

序号	资料名称	年度			搜集情况
		2007	2008	2009	
1	新型农村社会养老保险参保人数				
2	新型农村社会养老保险待遇领取人数				
3	新型农村社会养老保险基金年度总收入				
4	新型农村社会养老保险基金年度总支出				
5	新型农村社会养老保险个人账户收入				
6	新型农村社会养老保险个人账户支出				
7	新型农村社会养老保险社会统筹账户收入				

序号	资料名称	年度			搜集情况
		2007	2008	2009	
8	新型农村社会养老保险社会统筹账户支出				
9	市级财政补贴额				
10	区级财政补贴额				
11	省级财政补贴额				
12	国家财政补贴额				
13	新型农村社会养老保险基金收缴率				
14	新型农村社会养老保险覆盖率				
15	养老金年调整率				

三、制度运行环境类

序号	资料名称	搜集情况
1	1990—2009 年商南县统计年鉴	
2	1990—2009 年商南县社会经济发展公报	
3	1990—2009 年商南县政府工作报告	
4	1990—2009 年商南县社会保障统计公报	
5	1990—2009 年农村居民人均纯收入	
6	农村居民人口年龄结构	
7	参保农村居民人口年龄结构	
	2000 年人口普查的分城乡、性别、年龄数据	

农村社会养老保险各级经办机构建设情况调查表

机构名称		
机构情况	**类型**	○参照公务员管理单位　　○事业编制单位　　○企业编制单位
	规格	○省级　　○市级　　○县级
	内设机构	○
	性质	○全额拨款事业单位　　○差额拨款事业单位　　○自收自支事业单位是否具有严格的预算、核算标准：○是/○否
	效度	○参保人数_____人/年　　　参保率_____% ○征缴总额_____元/年　　　征缴率_____% ○给付水平_____元/月　　　给付率_____% ○基金收入_____元/年 ○基金支出_____元/年　　（2009 年的数据）

服务设施	场所总面积	M²	计算机网络化方式	○手工方式
	其中：前台服务用面积	M²		○单机方式
	信息化系统（机房）用面积	M²		○局域网方式
	业务管理用面积	M²		○市域网方式
	行政部门用面积	M²		○其他方式
	计算机数量	台	交通工具	台

管理成本	_____元/年

业务工作	□参保登记	□缴费申请	□基金征缴
	□缴费稽核	□基金管理	□待遇支付
	□其他 1 （说明：_____）	□其他 2 （说明：_____）	
	业务开展的持续性： A. 该业务一直在开展　　　　　　　　B. 曾经停过，现在又开展了 C. 曾经开展过，现在彻底停了　　　　D. 试点过从来没有正式开展过		

人员情况（人）	编制落实	编制内人员 _____人	兼职人员 _____人	应聘人员 _____人	总人数 _____人
	性别	男_____人		女_____人	
	经办人员来源	事业单位在编人员中选调_____人	公开招聘_____人	借用_____人	
	经办人员学历构成	本科及以上_____人	专科_____人	高中专及以下_____人	
	职称机构	未定级_____人	初级_____人	中级_____人 高级_____人	

后　记

　　2009 年 12 月 29 日，我担任首席专家的国家社会科学基金重大招标项目《新型农村社会养老保险制度的建设模式与推进路径研究》被批准立项。2010 年 4 月 14 日，由全国人大常委、中国人民大学教授郑功成，人力资源和社会保障部农村社会保险司原司长赵殿国，陕西省人力资源和社会保障厅厅长禹向前，西安交通大学教授边燕杰、李树苗组成的课题开题委员会，在对课题的研究目标、研究内容、研究方法、研究计划等给予肯定性评价的基础上，提出了一些具有指导意义的建议。

　　2010 年 4 月 15 日—6 月 20 日，课题组对参加新农保试点的三省六县大调查方案进行了反复论证，并于 2010 年 6 月 21 日—25 日在陕西省宝鸡市陈仓区进行了预调查，2010 年 7 月 5—9 日在陕西省商洛市商南县进行了调查；2010 年 7 月 24 日—8 月 12 日调查组分四个小组分赴河南省开封市通许县、南阳市西峡县，江苏省高淳县、苏州市常熟市进行社会调查。

　　2010 年 9 月，课题组对问卷调查数据进行了整理、录入、建立数据库，对访谈资料、统计报表进行了分类、编号。2010 年 10 月 3 日起，开始书稿写作，11 月 17 日完成了初稿。先后经过 6 次修改，于 2011 年 6 月 26 日交付出版社编辑出版。

　　本书各章写作分工如下：绪论（张思锋）、第一章（王立剑）、第二章（王立剑、毛静静）、第三章（张冬敏、张一恒）、第四章（马伟、韦铭）、第五章（王立剑、唐敏）、第六章（杨潇、何江平）、第七章（张丹、吴桂龙）、第八章（张文学）、第九章（王立剑）、第十章（杨潇）、第十一章（吴桂龙）、第十二章（李宝娟）、第十三章（马伟、唐燕）、第十四章（张冬敏）。雍岚组织了本书写作提纲的讨论和第一稿的写作；王立剑设计并组织了三省六县的调查，主持了第二至第六稿的讨论与修改；张文学、张园协助进行了书稿第二、第三稿的统稿工作。张思锋设计并提出整个课题的研究方案和本书的总体思路，参加了调查设计、本书提纲与每次书稿的讨论，对全书进行了系统修改并定稿。

参加三省六县调查的有：封铁英、雍岚、马伟、杨潇、张文学、张冬敏、张丹、腾晶、张立、王立剑、张园、吴桂龙、李宝娟、唐燕、张艳、仇敏、董璇、何江平、唐敏、韦铭、张一恒、杨洲、何飏、文成、熊建铭、倪光玉、马娟、李刚、宦天雯、刘付生等。葛照强、封铁英、靳小怡、毛瑛、温海红、胡书孝在社会调查方案制定与实施过程中提出了十分中肯的建议。郑育林、杨致忻、沈志江、王舟浩、余海红为社会调查的实施提供了必要的协调、联系等帮助。

感谢人力资源和社会保障部农村社会保险司原司长赵殿国，农村社会保险司刘从龙副司长、综合处高帆处长等对本课题和本书的关注，他们为课题调研进行了联系和协调，使调查工作得以顺利进行；赵殿国司长、刘从龙副司长多次听取我们的研究工作汇报，并给予了具体指示和指导。

感谢帮助我们实施社会调查的三省六县相关部门的领导和工作人员，他们是：陕西省人力资源和社会保障厅厅长翟向前、处长杨若飞、副处长王伟华等，陕西省省委办公厅处长吴延旗，宝鸡市陈仓区区长苏国宝、人事和劳动社会保障局局长王锋刚、主任谢岩等，商洛市政府办秘书科科长尹章银、商南县副县长段永康、商南县人力资源和社会保障局书记黄敦华、商南县农村社会养老保险事业办公室贺主任等；河南省人力资源和社会保障厅农村社会保险处处长马力，江苏省人力资源和社会保障厅农村社会保险处长处徐庚乾，开封市人力资源和社会保障局副局长文正浩，南阳市人力资源和社会保障局局长樊雅理，开封市鼓楼区组织部部长曹志力，通许县人力资源和社会保障局局长郭凯、书记张建民、汤副局长，西峡县人事劳动和社会保障局局长孙占梅、副局长吕洪超，高淳县人力资源和社会保障局局长孙佳斌、副局长刘传军、副局长邢国平、副局长汤建敏、所长陈斌等，常熟市人力资源与社会保障局局长陆凤妹等，还有陈仓区、商南县、通许县、西峡县、高淳县、常熟市有关乡镇、街办党委、政府、劳动保障服务所，有关村党支部、村委会、劳动保障服务站的领导和工作人员。

感谢人民出版社陈登编辑，先后于 2006 年、2007 年支持、编辑了我的《社会保障精算理论与应用》、《循环经济：建设模式与推进机制》两本著作。在本书的写作和出版过程中，陈登编辑也提出了很好的建议。

本书的研究与著述中，参考了大量的专著和论文，凡是引用原文、原意的地方，我们都给出了注释。诚挚的感谢所有为我们提供研究借鉴的学者们。

张思锋

2011 年 6 月

责任编辑:陈　登

图书在版编目(CIP)数据

新型农村社会养老保险制度试点研究——基于三省六县的调查/张思锋
　　王立剑 等著. -北京:人民出版社,2011.10
ISBN 978 - 7 - 01 - 010449 - 2

Ⅰ.①新…　　Ⅱ.①张…　　Ⅲ.①农村-社会养老保险-养老保险制度-研究-
　　中国　　Ⅳ.①F842.67

中国版本图书馆 CIP 数据核字(2011)第 248038 号

新型农村社会养老保险制度试点研究
XINXING NONGCUN SHEHUI YANGLAO BAOXIAN ZHIDU SHIDIAN YANJIU
——基于三省六县的调查

张思锋　王立剑　等著

人民出版社 出版发行
(100706　北京朝阳门内大街 166 号)

北京龙之冉印务有限公司印刷　新华书店经销

2011 年 10 月第 1 版　2011 年 10 月北京第 1 次印刷
开本:710 毫米×1000 毫米 1/16　印张:22
字数:305 千字

ISBN 978 - 7 - 01 - 010449 - 2　定价:45.00 元

邮购地址 100706　北京朝阳门内大街 166 号
人民东方图书销售中心　电话 (010)65250042　65289539